《列国志》编辑委员会

主　任　陈佳贵
副主任　黄浩涛　武　寅
委　员　（以姓氏笔画为序）
　　　　于　沛　王立强　王延中　王缉思
　　　　邢广程　江时学　孙士海　李正乐
　　　　李向阳　李静杰　杨　光　张　森
　　　　张蕴岭　周　弘　赵国忠　蒋立峰
　　　　温伯友　谢寿光
秘书长　王延中（兼）　谢寿光（兼）

中国社会科学院重大课题
国家"十五"重点出版项目

列国志

GUIDE TO THE WORLD STATES

中国社会科学院《列国志》编辑委员会

以色列

● 雷　钰　黄民兴　等　编著

社会科学文献出版社
SOCIAL SCIENCES ACADEMIC PRESS (CHINA)

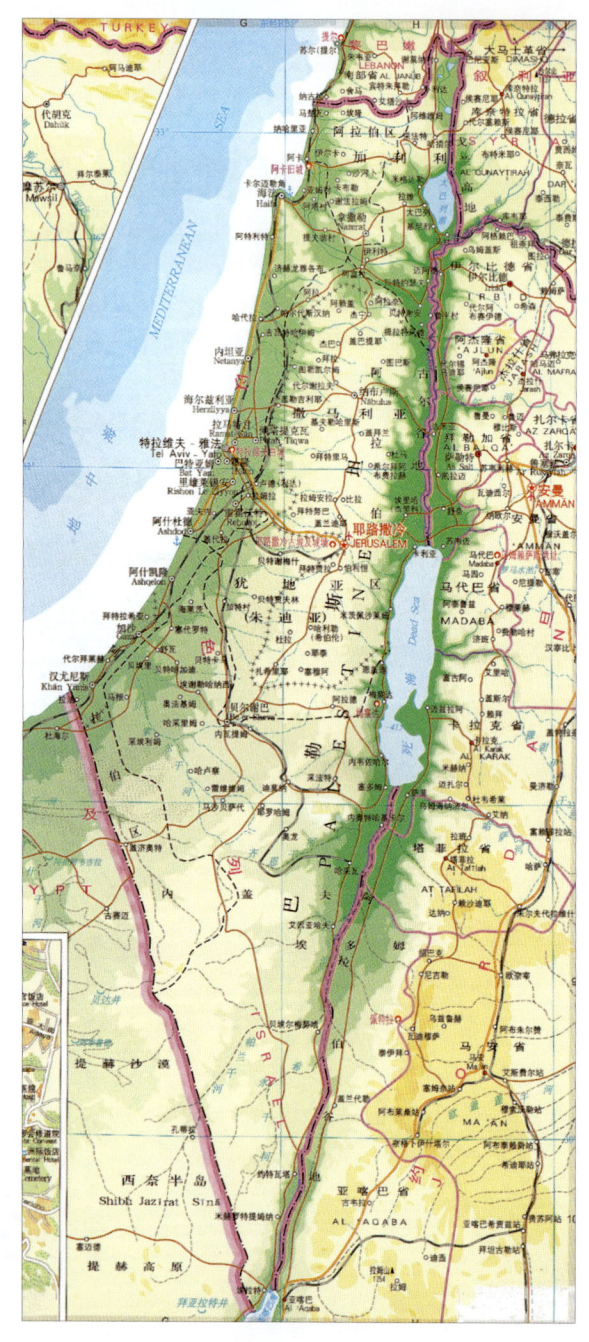

以色列行政区划图

------ 1947年11月联合国安理会决议所规定的"犹太国"（以色列）疆域
++++++ 1949年巴勒斯坦地区以色列和阿拉伯国家的停战界线

以色列国旗

以色列国徽

死海

内盖夫沙漠的公路

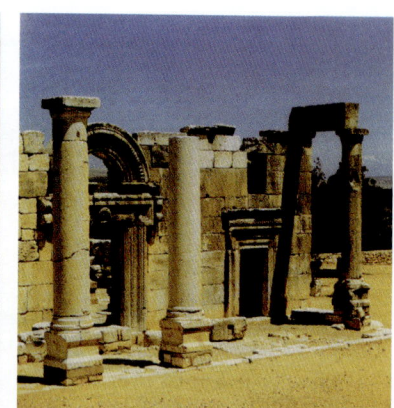

古代犹太会堂

耶路撒冷的哭墙

耶路撒冷远眺

罗马帝国时代的犹太君主希律王的都城凯撒利亚的斗牛场

据传葬有耶稣的耶路撒冷圣墓大教堂内景

犹太复国主义运动创始人西奥多·赫茨尔

早期巴勒斯坦的犹太移民

1948年5月14日,本—古里安在特拉维夫博物馆宣读《独立宣言》

基布兹的食堂

犹太教正统派信徒

犹太人在过逾越节时的传统家宴

一群基督徒在约旦河里做洗礼

特拉维夫海滨

以色列议会大厦

隔离墙

约以边境的壁画

箭式导弹发射现场

前　　言

自 1840 年前后中国被迫开关、步入世界以来，对外国舆地政情的了解即应时而起。还在第一次鸦片战争期间，受林则徐之托，1842 年魏源编辑刊刻了近代中国首部介绍当时世界主要国家舆地政情的大型志书《海国图志》。林、魏之目的是为长期生活在闭关锁国之中、对外部世界知之甚少的国人"睁眼看世界"，提供一部基本的参考资料，尤其是让当时中国的各级统治者知道"天朝上国"之外的天地，学习西方的科学技术，"师夷之长技以制夷"。这部著作，在当时乃至其后相当长一段时间内，产生过巨大影响，对国人了解外部世界起到了积极的作用。

自那时起中国认识世界、融入世界的步伐就再也没有停止过。中华人民共和国成立以后，尤其是 1978 年改革开放以来，中国更以主动的自信自强的积极姿态，加速融入世界的步伐。与之相适应，不同时期先后出版过相当数量的不同层次的有关国际问题、列国政情、异域风俗等方面的著作，数量之多，可谓汗牛充栋。它们

以色列

对时人了解外部世界起到了积极的作用。

当今世界,资本与现代科技正以前所未有的速度与广度在国际间流动和传播,"全球化"浪潮席卷世界各地,极大地影响着世界历史进程,对中国的发展也产生极其深刻的影响。面临不同以往的"大变局",中国已经并将继续以更开放的姿态、更快的步伐全面步入世界,迎接时代的挑战。不同的是,我们所面临的已不是林则徐、魏源时代要不要"睁眼看世界"、要不要"开放"问题,而是在新的历史条件下,在新的世界发展大势下,如何更好地步入世界,如何在融入世界的进程中更好地维护民族国家的主权与独立,积极参与国际事务,为维护世界和平,促进世界与人类共同发展做出贡献。这就要求我们对外部世界有比以往更深切、全面的了解,我们只有更全面、更深入地了解世界,才能在更高的层次上融入世界,也才能在融入世界的进程中不迷失方向,保持自我。

与此时代要求相比,已有的种种有关介绍、论述各国史地政情的著述,无论就规模还是内容来看,已远远不能适应我们了解外部世界的要求。人们期盼有更新、更系统、更权威的著作问世。

中国社会科学院作为国家哲学社会科学的最高研究机构和国际问题综合研究中心,有11个专门研究国际问题和外国问题的研究所,学科门类齐全,研究力量雄厚,有能力也有责任担当这一重任。早在20世纪90年代初,中国社会科学院的领导和中国社会科学出版社就提出编撰"简明国际百科全书"的设想。1993年3月11日,时任中国社会科学院院长的胡绳先生在科研局的一份报告上批示:"我想,国际片各所可考虑出一套列国志,体例类似几年前出的《简明中国百科全书》,以一国(美、日、英、法等)或几个国家(北欧各国、印支各国)为一册,请考虑可行否。"

中国社会科学院科研局根据胡绳院长的批示,在调查研究的基础上,于1994年2月28日发出《关于编纂〈简明国际百科全书〉和〈列国志〉立项的通报》。《列国志》和《简明国际百科全书》一起被列为中国社会科学院重点项目。按照当时的计划,首先编写《简明国际百科全书》,待这一项目完成后,再着手编写《列国志》。

1998年,率先完成《简明国际百科全书》有关卷编写任务的研究所开始了《列国志》的编写工作。随后,其他研究所也陆续启动这一项目。为了保证《列国志》这套大型丛书的高质量,科研局和社会科学文献出版社于1999年1月27日召开国际学科片各研究所及世界历史研究所负责人会议,讨论了这套大型丛书的编写大纲及基本要求。根据会议精神,科研局随后印发了《关于〈列国志〉编写工作有关事项的通知》,陆续为启动项目拨付研究经费。

为了加强对《列国志》项目编撰出版工作的组织协调，根据时任中国社会科学院院长的李铁映同志的提议，2002年8月，成立了由分管国际学科片的陈佳贵副院长为主任的《列国志》编辑委员会。编委会成员包括国际片各研究所、科研局、研究生院及社会科学文献出版社等部门的主要领导及有关同志。科研局和社会科学文献出版社组成《列国志》项目工作组，社会科学文献出版社成立了《列国志》工作室。同年，《列国志》项目被批准为中国社会科学院重大课题，新闻出版总署将《列国志》项目列入国家重点图书出版计划。

在《列国志》编辑委员会的领导下，《列国志》各承担单位尤其是各位学者加快了编撰进度。作为一项大型研究项目和大型丛书，编委会对《列国志》提出的基本要求是：资料翔实、准确、最新，文笔流畅，学术性和可读性兼备。《列国志》之所以强调学术性，是因为这套丛书不是一般的"手册"、"概览"，而是在尽可能吸收前人成果的基础上，体现专家学者们的研究所得和个人见解。正因为如此，《列国志》在强调基本要求的同时，本着文责自负的原则，没有对各卷的具体内容及学术观点强行统一。应当指出，参加这一浩繁工程的，除了中国社会科学院的专业科研人员以外，还有院外的一些在该领域颇有研究的专家学者。

现在凝聚着数百位专家学者心血,共计 141 卷,涵盖了当今世界 151 个国家和地区以及数十个主要国际组织的《列国志》丛书,将陆续出版与广大读者见面。我们希望这样一套大型丛书,能为各级干部了解、认识当代世界各国及主要国际组织的情况,了解世界发展趋势,把握时代发展脉络,提供有益的帮助;希望它能成为我国外交外事工作者、国际经贸企业及日渐增多的广大出国公民和旅游者走向世界的忠实"向导",引领其步入更广阔的世界;希望它在帮助中国人民认识世界的同时,也能够架起世界各国人民认识中国的一座"桥梁",一座中国走向世界、世界走向中国的"桥梁"。

《列国志》编辑委员会
2003 年 6 月

CONTENTS

目　录

序言 / 1

第一章　国土和人民 / 1

第一节　自然地理 / 1

一　地理位置 / 1

二　地形 / 1

三　气候 / 3

第二节　自然资源 / 3

一　矿产资源 / 3

二　土地和水资源 / 3

三　动植物 / 4

第三节　居民 / 5

一　人口 / 5

二　语言 / 7

三　宗教信仰 / 7

第四节　民俗与节日 / 8

一　饮食 / 8

二　服饰 / 10

CONTENTS

目 录

三 礼仪 / 10

四 节日 / 14

第二章 历 史 / 18

第一节 古代简史 / 18

一 古代犹太国家的流变 / 18

二 希腊化和罗马时代的犹太人 / 20

三 大流散时期阿拉伯世界的犹太人 / 22

四 大流散时期的欧洲犹太人 / 24

第二节 近现代简史 / 27

一 启蒙运动 / 27

二 赫茨尔与犹太复国主义 / 28

三 阿里亚运动 / 30

四 《皮尔报告》与《英国政府白皮书》/ 31

五 二战中的犹太人活动与以色列建国 / 33

第三节 当代简史 / 35

一 巴勒斯坦战争与以色列的政治社会变迁 / 35

二 战争岁月 / 38

CONTENTS

目 录

　　三　利库德上台——一个新时代的到来 / 41

　　四　和平进程的希望与失望 / 44

　第四节　著名历史人物和当代政治人物 / 49

第三章　政　治 / 57

第一节　政治制度的演变 / 57

　　一　近代犹太复国主义和伊休夫时代的政治 / 57

　　二　以色列政治的特点 / 59

　　三　工党主导以色列政坛的时代 / 61

　　四　两党轮流及联合执政的时代 / 63

　　五　21世纪初以色列政治的新倾向 / 65

第二节　宪法与司法体系 / 67

　　一　宪法 / 67

　　二　法律和司法体系 / 68

　　三　国家审计长 / 71

　　四　警察机构 / 72

　　五　监狱 / 72

第三节　立法机构和选举制度 / 72

CONTENTS 目 录

  一　国会 / 72

  二　选举制度 / 73

第四节　政府 / 75

  一　内阁 / 75

  二　总统 / 79

第五节　主要政党 / 80

  一　以色列工党 / 80

  二　前进党 / 81

  三　利库德集团 / 81

  四　"我们的家园以色列"党 / 82

  五　沙斯党 / 82

  六　独立党 / 83

第四章　经　济 / 84

第一节　概述 / 84

  一　经济快速增长时期（1948～1973年）/ 84

  二　经济结构转变时期（1973～1985年）/ 88

  三　转折时期（1985～1989年）/ 91

  四　经济自由化时期（1990年以来）/ 94

CONTENTS

目　录

第二节　农业 / 97

　　一　先进的节水农业 / 97

　　二　独具特色的温室农业 / 101

　　三　特有的农业合作组织 / 103

第三节　工业 / 105

　　一　所有制形式 / 106

　　二　发展历程 / 112

第四节　对外贸易 / 113

　　一　发展状况 / 113

　　二　主要贸易伙伴 / 115

第五章　军　　事 / 118

第一节　概述 / 118

　　一　国家安全体制和军事战略 / 118

　　二　军队简史 / 125

　　三　兵役制度与军衔 / 127

　　四　指挥体制 / 127

　　五　国防教育结构 / 128

　　六　军费开支 / 128

第二节　实力、编成和装备 / 129

CONTENTS 目录

　　一　陆军 / 129
　　二　海军 / 132
　　三　空军 / 135
第三节　军工产业 / 139
　　一　国营军工产业 / 139
　　二　私营军工产业 / 143
第四节　大规模杀伤性武器与导弹防御 / 145
　　一　核武器的运载工具 / 145
　　二　大规模杀伤性武器 / 147
　　三　导弹防御系统 / 149
第五节　安全战略的演变 / 151

第六章　教育、科学、文化、卫生 / 155

第一节　教育 / 155
　　一　发展简史 / 155
　　二　教育体制 / 158
第二节　科学技术与人文社会科学研究 / 169
　　一　科技发展简史和科研机制 / 169
　　二　自然科学成就 / 175
　　三　人文社会科学 / 179

CONTENTS

目 录

第三节 文化 / 182
    一 文学 / 182
    二 电影 / 185
    三 美术、雕塑与摄影 / 187
    四 音乐与舞蹈 / 193
    五 文化设施 / 197

第四节 医疗卫生 / 200
    一 公共医疗卫生体系 / 200
    二 卫生配置和管理概况 / 202
    三 筹资与医疗保险 / 203
    四 公共健康问题 / 204
    五 卫生服务公平性 / 205
    六 注重人才培养与国际合作 / 205

第五节 体育 / 206
    一 竞技运动联合会 / 206
    二 奥林匹克竞赛 / 208
    三 体育教育 / 208
    四 残疾人体育工作 / 209

第六节 新闻出版 / 209
    一 报纸与通讯社 / 209

CONTENTS

目 录

　　二　广播电视与通信 / 213

　　三　图书出版 / 216

第七章　对外关系 / 219

第一节　外交政策 / 219

　　一　影响外交决策的主要因素 / 219

　　二　外交政策的主要内容与演进 / 220

第二节　与美国的特殊关系 / 223

　　一　1948年至20世纪50年代末 / 223

　　二　20世纪60年代至80年代 / 225

　　三　后冷战时期 / 227

第三节　与西欧各国的关系 / 228

　　一　与英国、法国、德国的关系 / 228

　　二　与欧共体（欧盟）的关系 / 230

第四节　与日本的关系 / 231

第五节　与周边阿拉伯国家的关系 / 233

　　一　与埃及的关系 / 233

　　二　与巴勒斯坦的关系 / 234

　　三　与约旦的关系 / 235

　　四　与叙利亚的关系 / 236

CONTENTS

目 录

  五 与黎巴嫩的关系 / 237
  六 与其他阿拉伯国家的关系 / 238
 第六节 与伊朗的关系 / 239
  一 1979 年以前 / 239
  二 1979 年以后 / 240
 第七节 与土耳其的关系 / 242
  一 1980 年以前 / 242
  二 1980 年以后 / 244
 第八节 与苏联/俄罗斯的关系 / 245
  一 与苏联的关系 / 245
  二 与俄罗斯的关系 / 247
 第九节 与中亚国家的关系 / 249
 第十节 与中国的关系 / 250
  一 1992 年以前 / 250
  二 1992 年以后 / 252

主要参考文献 / 255

后 记 / 259

序　言

　　以色列是一个独特的国家。它的面积不大，人口不多，然而，它在世界上的影响与其人口远不成比例。翻开各国尤其是西方国家的报纸，就会发现有关以色列的报道数量之多令人震惊。打开西方国家有关历史、宗教和文化方面的图书出版目录，里面有关以色列和犹太主题的标题同样令人目不暇接。但是，关于以色列同样有许多负面的消息，这充分说明了这个小国的复杂性。

　　下面列举这个国家的一些极为独特的地方。

　　第一，作为一个小国，以色列的犹太人对世界历史作出了巨大贡献，影响到整个西方世界的文化。众所周知，西方世界的一个突出特点是它的主体文化属于基督教文化，而这一文化发源于犹太教，犹太教的《圣经》构成基督教的《旧约》，而耶稣也是犹太人。尽管欧洲基督徒在传统上把耶稣之死归罪于犹太人，并在中世纪多次发起反犹运动，但这种联系是割不断的。因此，一些美国犹太人甚至把1948年以色列的建国视为上帝意志的实现。

　　第二，以色列的建国是一种思想的产物，即犹太复国主义（Zionism），或者音译为锡安主义。这种思想与欧洲历史上的反犹运动、近代资产阶级革命以来欧洲对犹太人的继续歧视以及犹太教中回归圣地的传统等有关。纵览世界各国的历史，以一种政治思想为指导，在异国他乡从头创建一个国家，这种情况是非常罕见的（大概只有非洲的利比里亚有些相似，这个小国是依据"回归非洲"的思想由美国黑人创建的）。而且，在以色列重建的过程中，早已成为死语言的希伯来语成为能够反映20世纪科技的活生生的新语言，这同样是一个奇迹。

第三，以色列国家也是犹太民族主义与巴勒斯坦民族主义冲突的产物，它因此与周边的阿拉伯世界处于长期的敌对状态，经历了多次战争和军事冲突。当欧洲犹太人在复国主义思想的推动下，一波又一波进入巴勒斯坦地区时，他们与当地的阿拉伯人发生了日益严重的冲突，双方都要在巴勒斯坦建立各自的民族国家，冲突必不可免，其结果是阿拉伯人的巴勒斯坦民族主义的失败。可以说，以色列是二战后经历地区性战争和军事冲突最多的小国，它们包括了4次中东战争（1948、1956、1967和1973年）和黎巴嫩战争（1982年），巴勒斯坦两次起义（1987～1993年，2000～2003年），对黎巴嫩和加沙地带的两次进攻（2006、2009年）。中东也因此成为世界上最重要的热点地区。此外，阿拉伯国家对以色列进行了长期的经济封锁。尽管身处中东，以色列在本地区的地位相当孤立，只有北约成员国土耳其和1979年革命前的伊朗与其关系良好。

第四，由于阿以冲突长期未能全面解决，至今以色列国土未定，首都有争议。这在世界上是罕有的。以色列国家的建立依据的是1948年联合国分治决议，决议规定耶路撒冷作为一个独立主体由联合国管理。此后，以色列与阿拉伯国家多次发生战争，领土不断扩大，同时于1967年战争中夺取了耶路撒冷旧城，并宣布包括旧城和新城在内的耶路撒冷为首都。但是，以色列始终没有对"六五战争"中夺取的约旦河西岸和加沙地带宣布吞并，而1993年以后的巴以仍未解决有关边界问题的争端，以色列至今仍不断通过扩建定居点蚕食巴勒斯坦领土。此外，世界各国绝大多数没有承认耶路撒冷为以色列的首都，它们的驻以使馆仍然设在特拉维夫（以色列外交部也因此设在那里，成为唯一不在首都的政府部门）。

第五，以色列政治体制存在内在的矛盾性。著名的建国三原则有两条规定了以色列国家的民主性、犹太性。但是，既然是民主体制，就应当承认少数民族的公民权，以及以色列社会的多元性，但对犹太性的主张恰好削弱了阿拉伯人的公民权，表现出对后者的排斥性。事实上，建国后阿拉伯人曾长期生活在军事管制下，他们的土地被军事当局随意而无偿地征用，他们的出行受到严格限制。今天，阿拉伯人仍不得参加国防军，只有贝都因人可以服役。在阿拉伯被占领土，以色列更是实行极为严厉的管理，近年来建立的隔离墙便是一个突出的例子。

第六，以色列社会具有明显的多元性。首先，在民族上，它的主体民族是犹太人，阿拉伯人则是第二大民族，而犹太人中又分为西方犹太人（阿什肯纳兹人）、东方犹太人（塞法尔迪人），因此欧洲文化对以色列影响很大，如劳工犹太复国主义就属于欧洲的社会民主主义流派。由于移民来自不同国家，以色列的语言更加丰富多彩，主要语言有阿拉伯语、俄语、波斯语等。也因为此，不同的犹太人在宗教仪式上存在区别，而受欧洲世俗化思想的影响，西方犹太人中存在着人数众多的世俗犹太人。这就导致了以色列的一个特点，即现代与传统并存。一方面，以色列有世界上最先进的科技，但另一方面，它的文化在某些方面却呈现出鲜明的传统色彩，如今天犹太人的婚姻仍受制于古老的犹太教法。

第七，以色列经济繁荣，科技发达。由于以色列的犹太移民早期主要来自欧洲，文化素质高，加上犹太人重视教育的传统，以色列在科技和文化教育方面取得了突出的成绩，尤其是在农业技术、信息技术和国防工业等领域。以色列经济也因此表现不俗，成为中东经济最发达的国家。中国科学院中国现代化研究中心使用第一次和第二次现代化的概念来分析各国现代化的发展阶段，第一次现代化的特点为工业化、城市化和物质化，第二次现代化的特点为智能化、知识化、分散化、网络化、全球化、个性化、生态化等。根据他们的计算，以色列属于发达国家，第一次和第二次现代化的指数分别为 100 和 80，后一项指数 2007 年全球排名第 21 位，超过意大利、爱沙尼亚、葡萄牙、希腊等国。①

第八，犹太人与中国的关系源远流长，且历经曲折。早在北宋时期，就有犹太人从中东来到中原，定居在河南等地，犹太教在中国以"挑筋教"（因犹太人吃牛肉不吃筋，故名）或"一赐乐业教"（我国旧时译名）而闻名。犹太人在中国安居乐业，最终融入本地文化。中华人民共和国建立后，两国曾一度出现建交的可能，但最终因冷战的世界格局而错失良机，直到 1992 年双方才正式建立外交关系，此后一直保持良好关系。

今天，世界正处在全球化不断发展的时代，和平与发展成为时代的主流。我们衷心希望以色列早日与阿拉伯世界实现全面和解，巴勒斯坦国早日成立，中东各国人民能够早日过上和平、幸福的生活！

雷　钰　黄民兴

---

① 中国现代化战略研究课题组、中国科学院中国现代化研究中心：《中国现代化报告 2010——世界现代化概览》，北京大学出版社，2010，第 267 页。

第一章

国土和人民

第一节 自然地理

一 地理位置

以色列国位于亚洲西部的巴勒斯坦地区,地中海东岸,亚非欧三大洲的交会处,地理位置非常重要,既是西连地中海和大西洋以及在亚喀巴湾东连红海并通向印度洋的枢纽,又是连接埃及与肥沃新月地带各国之间唯一的陆路通道。以色列的北部与黎巴嫩接壤,东北部与叙利亚、东部与约旦、西南部与埃及为邻,西濒地中海。根据1947年联合国关于巴勒斯坦分治决议的规定,以色列国的面积为1.49万平方公里。1948年5月14日,以色列国正式成立。经过4次中东战争,以色列实际控制的面积为2.7万平方公里。国土呈南北狭长形,从最北边的迈图拉到最南端的埃拉特,全长450公里,东西最宽处仅有135公里,海岸线长198公里。

二 地形

以色列国的面积虽然不大,但地形地貌、气候环境却复杂多变。根据地形,可划分为4个区域。

1. 地中海沿岸平原地区

这是一条狭长地带,由北到南从海岸沿线平均伸进内地约 40 公里。地中海沿岸平原占国土面积的 5%,土地肥沃,海法、纳塔尼亚、特拉维夫等大城市分布于此,集中了全国大部分的工业、农业、旅游业以及近一半的人口,是以色列人口最稠密的地区。

2. 中部丘陵山区

这一地带从北到南主要有加利利、撒玛利亚和犹地亚三个山区。最北部的赫尔蒙山脉常年积雪。加利利山海拔 500～1200 米,山间溪流和较充足的雨水使这里终年长青。加利利山和撒玛利亚山之间的杰茨雷埃勒谷地是以色列最富饶的农牧业区,占国土总面积的 25%。蜿蜒起伏的撒玛利亚和犹地亚山地,展现出岩石山峦与肥沃河谷交相辉映、城镇与村庄点缀其间的景象,以巴间存在争议的圣城耶路撒冷就坐落在犹地亚山地。政治意义上的约旦河西岸包括了撒玛利亚和犹地亚山地的大部分地区。[1]

3. 约旦河谷地带

这是一条从北向南贯穿以色列东部的大裂谷,构成了以色列与约旦的边境。约旦河全长约 300 公里,源自赫尔蒙山,流经胡拉谷地后进入太巴列湖(加利利海),然后穿越约旦河谷进入死海。死海南北长 75 公里,东西宽 5～16 公里,面积约 1000 平方公里,湖面是地球陆地的最低点,海拔 -422 米。死海也是世界上最深、最咸的咸水湖,最深处湖床海拔 -800 米。由于含盐量极高,达 23%～25%,鱼类无法生存于水中,只有细菌及浮游生物,但富含镁、钠、钾、钙盐等矿物。因盐水密度高浮力很大,任何人皆能轻易地漂浮在死海水面。

4. 内盖夫沙漠

内盖夫沙漠面积约为以色列领土的一半,但居民仅占总人口

---

[1] 肖宪著《中东国家通史·以色列卷》,商务印书馆,2001,第 3～4 页。

第一章 国土和人民

的8%。这里的地质构成主要是石灰岩和白垩岩,地势较平缓,外表呈低矮的砂岩山和峡谷以及干涸的河道。以色列建国后,进行了北水南调和土壤改良,将内盖夫北部大片沙漠变成绿洲,出产的粮食、棉花、水果、蔬菜和鲜花甚至可供出口。

三 气候

以色列北部地区属于地中海气候,夏季炎热干燥,冬季温和多雨,但在不同的高度则有相当大的变化。低于海面的河谷地带,尤其是埃梅克谷,以及约旦河上游的邻近地区,酷热潮湿。气温从北向南递增,夏季为 24～40℃,冬季为 10～17℃。有两个明显的季节:每年11月至次年3月为湿季,4月至10月为旱季。各地的降水量悬殊,由北向南递减。南部内盖夫地区气候炎热干燥,沙漠广布。

第二节 自然资源

一 矿产资源

以色列钾盐丰富,为世界最大生产国,其他矿产资源较为贫乏,仅有磷酸盐、溴化物、镁、食盐、铜、石膏、石灰石、云石、石英砂和少量的石油、天然气等。

二 土地和水资源

犹太人重返巴勒斯坦地区时,这里的谷地大多成了滋生瘴气的沼泽;牧场的青草已被啃光,变成了饱受风旱之灾的不毛之地;梯田大多被破坏,到处是荒山秃岭,岩石裸露;昔日许多繁荣的村庄变成了废墟。然而,在这块贫瘠的土地上,犹太人带来了组织方法、技能、资金和科学,尤其是全心全意的献身精神,其最大的功绩正是对土地资源的开发利用。他们排干沼泽,开垦良田,改良了农作物的品种和耕作方法;植树造林,抗沙防沙,让沙漠开出鲜花。

农用土地一直是以色列最重要的资源,可耕地占国土面积的1/5以上,其中半数得到灌溉,国有灌溉输水系统是供水主要途径。全国的大部分地区水资源都被并入一个由泵站、管道、沟渠组成的供水综合网,由输水工程中心进行统一调用。但淡水资源缺乏,若不节约用水、寻找新的水源就不能进一步发展农业。20世纪60年代,以色列人终于找到了能够大面积开发干旱少雨地区的金钥匙——滴灌技术,该技术在以色列农业生产中的普及率达70%~80%(世界第一),节水40%~50%,为农作物带来300%的增产,为全球的沙漠农业开辟了道路。居住着720万人口的以色列每年用水为5.6亿~6亿立方米。尽管人口、水质要求和农业生产用水不断增加,但该国全部用水自60年代以来就一直没有变化:75%的用水来自循环利用,这一利用率为全球第一(第二位是12%的西班牙)。同时,以色列人开始淡化海水,向地中海要水喝。阿什凯隆海水淡化厂是全球最大的海水淡化厂之一,使用反渗透技术每年生产1亿立方米淡化水,每立方米水成本为0.52美元,因而创造了世界上最经济实惠的淡水处理系统。为缓解供水压力,以色列将在已运营的两个海水淡化厂的基础上,再建造第三座全新的淡水工厂(2013年),届时海水淡化能力将达到每年5.05亿立方米。

三 动植物

以色列地处气候和植被分布的过渡区,动植物种类较为丰富。北部地区是地中海式气候,南部是干旱的荒漠气候,中部是这两种不同生物地理区的过渡带,最适宜于动物的繁衍生息和植物的生长。以色列有25%的国土面积被确定为自然保护区,其中80%位于干旱区。

以色列有数百种动物,其中有300多种鸟。以色列人的动物保护意识很强,不仅保护小瞪羚、大角山羊、豹和秃鹫等珍稀动物,还给狼、鬣狗和狐狸等常见动物建造饲养站,为鸟类搭建营巢的地方,收集并孵化地中海岸的海龟蛋,将小龟放归大海,跟踪记录鸟类迁徙的路线,严禁飞机在这些路线上飞行。

以色列中部有一个"奴阿基杜明"风景保护区,主要收集保存《圣经》中提到的尚未灭绝的植物,其中有些花园就专门种有古代以色列地区生长的植物。至于圣经时代就已存在而后来消失或面临灭绝威胁的动物,政府也在尽力加以保护或重新引进。现在以色列的动植物学家正在世界各地寻觅,一经发现,就把它们送往保护区养育,待适应环境后就让它们回归以色列故土上的自然栖息地。现在迁徙回来的已有鸵鸟、波斯黄鹿、羚羊和索马里野驴等。

从北部赫尔蒙山坡的阿尔卑斯山植物,到南部阿拉瓦谷地的撒哈拉植物,以色列已识别的植物有2800多种。以色列很重视花卉的栽培,四季鲜花不断,诸如长梗玫瑰、郁金香、风信子、百合花、金盏花、藏红花等,除供人们欣赏外,花卉多出口,带来了一定的经济效益。

以色列政府制定了保护自然资源和野生动植物的法律,即便是在路旁采摘一朵普通的野花,也被视为非法。政府于1964年专门设立了一个自然保护局,与自然保护协会共同负责环保工作,既要照顾发展基础设施的需要,同时还得保护好风景和自然环境。

第三节 居民

一 人口

以色列是世界上唯一一个以犹太人为主要民族的国家。以色列国的《独立宣言》和《回归法》确认:世界上凡是犹太人均有在以色列国定居的权利。1952年颁布的《国籍法》规定：无论是本地出生者、本地居民，还是归化者，不分种族、性别、宗教或政治信仰，均享有以色列公民权。每个公民可按其愿望持双重国籍。

建国时，以色列有人口80.6万，1949年首次达到100万人，1958年人口达到200万。自2003年以来，以色列人口增长率为1.8%，与80年代人口增长率相似。2010年以色列中央统计局公布的数据显示，本国人口已达764.55万，其中，犹太人为577.09万，占人口总数的75.5%；阿拉伯人为155.9万，占人口总数的20.4%；其余为德鲁兹人和少量切尔克斯人等。以色列的阿拉伯人按宗教信仰可划分为穆斯林和基督教徒。由于阿拉伯人口的自然增长率远远超过犹太人口，且从海外移居以色列的犹太人口总体上日益减少，因此预计未来阿拉伯人口的数目和比例还将进一步上升。据以色列中央统计局预测，到2015年阿拉伯人口将达到181.4万人，到2025年将达到232万人。

以色列是一个相当年轻的国家。2009年，国内有16.1042万新生儿，比上年增长2.6%，年龄低于14岁的人口占人口总数的28%，而大部分西方国家为17%；65岁以上人口占人口总数的10%，大部分西方国家为15%。目前，以色列人口构成依然是女多男少，男女比例为979:1000。近年来，以色列本土出生率稳步上升。建国初期，只有35%的犹太人出生在以色列（这类犹太人在希伯来语中称"萨卜拉"），到2008年年底，这一比例已升至70.7%。[①]

以色列社会基本上已实现城市化，90%的居民生活在城市。耶路撒冷、特拉维夫—雅法、海法是其三大城市，另有上百个中

---

① 郑晓春：《以色列人口总数超过750万》，2010年9月10日《科技日报》，引自科技网，http://www.stdaily.com/kjrb/content/2010－09/10/content_228334.htm。

小城市。农业人口主要分布在众多的基布兹和莫沙夫中。基布兹为集体农场性质，有 300 个左右；莫沙夫为合作制性质，有 400 个左右。此外，还有少数个体经营者。

二　语言

希伯来语为国语，希伯来语和阿拉伯语均为官方语言，通用英语。

希伯来语曾是古代犹太人的语言，《旧约·圣经》就是用古希伯来语写成。当犹太民族流散到世界各地后，他们在日常生活中逐渐接受了当地的语言，遂使希伯来语同当地语言混合使用，如西亚阿拉伯国家的犹太人基本上都说阿拉伯语；中、东欧的犹太人把希伯来语与德语相混合，形成了意第绪语；西南欧和拉美的犹太人讲古希伯来语与西班牙语混合而成的拉迪诺语。自中世纪以后，希伯来语逐渐成为犹太教拉比们在举行宗教活动和祈祷时使用的书面语言，以及学者们研究古代历史和宗教、进行诗歌创作及篆刻碑铭的文字，作为日常口语的希伯来语已经消亡了。在犹太复国主义运动中，本·耶胡达通过教育和写作实践，成功地把希伯来语从一种复杂生硬费解的老式语言转化成一种简明实用、逻辑性强、容易学习和掌握的现代语言。希伯来语的复兴不仅创造了语言学上的奇迹，还带来了希伯来文化的复兴，是犹太民族复兴的重要标志。

在以色列，由于家庭和文化背景的影响，人们往往在正式、公开的场合讲希伯来语，在家里和本移民集团中仍说他们自己熟悉的语言。这一点在第一代移民中尤为突出。

三　宗教信仰

以色列的《独立宣言》保障全体国民的宗教信仰自由，每个人都有选择信仰的权利。2005 年，以色列中央统计局公布了全体公民的宗教信仰，大致情况是：犹太人占76.2%，穆斯林占16.1%，基督教徒占2.1%，德鲁兹教派占1.6%，其他宗教信徒占4.0%。在犹太人中，约12%的属于哈西德派（极端正统派犹太教徒），9%"有宗教信仰"，35%自认为是"传统派"，43%自认为是"现世派"（53%的现世派相信上帝）。在阿拉伯裔以色列人中，有82.6%是穆斯林，8.8%是基督徒，8.4%是德鲁兹教派，还有一些是艾哈迈迪教派穆斯林。

各个宗教派别、团体都获得受法律保护的自治地位，可保有各自的宗教、教育和慈善制度。各宗教团体都有自己的宗教理事会和宗教法庭，享有对诸如结婚、离婚、安葬等个人事务的管辖权，并管理自己的宗教建筑和礼拜场所、庆祝各自的宗教节日等。宗教事务部负责满足各宗教团体的礼仪要求，对圣地进行监督和保护。以色列法定每周休息日是星期六（犹太人的安息日）。穆斯林可选择星期五，基督教徒可选择星期日。[1]

第四节　民俗与节日

一　饮食[2]

对于犹太人而言，由宗教决定的犹太教饮食规定，对烹调术和饮食习惯起着决定性作用。对于遵守这些教规的人而言，一般食用的多为牛、羊和禽类的肉，不吃猪肉、贝类、无鳞鱼和任何种类的食腐动物的肉。遵循《圣经·利未记》规定的禁止事项，他们在做饭及就餐时也不会将肉制品和奶制品

---

[1] 徐新、凌继尧主编《犹太百科全书》，上海人民出版社，1993，第127页。
[2] 本小节主要参考了孙正达等著的《世界列国国情习俗丛书·以色列》，当代世界出版社，1998。

放在一起食用。

犹太人的主食是饼，用小麦面或大麦面烙成。由于饼在犹太人的食物中占头等地位，所以常被视为"生命线"。犹太人吃流质食物时，把饼掰成小块，然后蘸着吃。犹太人爱吃鹰嘴豆、蚕豆、扁豆、豌豆等豆类食物。雅各就是用红豆汤换得了以扫的长子名分和特权（《创世记》）。《圣经》多次提到迦南是"流奶与蜜之地"，这说明犹太人经常食用蜂蜜和奶。他们常喝牛奶、羊奶、骆驼奶，还吃奶酪。犹太人通常吃的蔬菜有西红柿、茄子、土豆、葫芦科植物、灯笼椒、辣椒、葱、蒜、韭菜和瓜类等。犹太人吃的水果种类不多，主要有葡萄、石榴、无花果和橄榄。除了西方餐桌上通常能找到的草药和香料外，小豆蔻、桂皮粉、姜、芫荽、土茴香和薄荷也用于许多菜肴之中。

由于以色列人来自四面八方，他们带来了风格迥异的烹调术和饮食习惯。在"以色列餐桌"上，你会看到来自约80个不同国家的许多独特的菜肴。在以色列影响最大的烹调术是西亚、北非、地中海盆地、中欧以及东欧的烹调风格。由于中东国家的居民多数是穆斯林，同时他们和犹太人一样禁食猪肉，以色列人很容易把这类风格的菜肴搬到自己的餐桌上。除了以色列阿拉伯人（他们自身受到黎巴嫩的先进烹调和巴勒斯坦田园风格烹调的影响）原有的烹调方法外，来自伊朗、伊拉克、叙利亚、埃及、利比亚和也门的犹太人也各自对以色列的餐桌作出独特的贡献。

意第绪式烹调，是中欧和东欧最出名的烹调法，多数美国人和欧洲人认为这些是典型的"犹太式"烹调。常见的菜肴有："盖菲勒泰"（gefilte）鱼，用剁得很细的鲤鱼肉、梭鱼肉或两者混合做成的鱼饼或鱼丸配上鱼冻再浇上辣根汁；"霍伦特"（cholent），文火炖牛肉，传统上的安息日餐；"基什凯"（kishke），像做香肠一样把面包皮、鸡油和洋葱等用辣椒拌好填在鸡脖皮或牛肠衣里;"克纳伊德拉赫"(knaidlach),主要用鸡蛋和未发酵面包与肉做成的饺子;"克雷普拉赫"(kreplach),用肉末或干酪作馅,用水煮或油煎的饺子;"拉特凯斯"(latkes),油炸土豆片;还有"马特亚斯"(matjas),鲱鱼菜。

自古以来,山羊奶和乳酪一直被视为珍品,深受贝都因人喜爱。近年来,在以色列出现了数家专门制作山羊奶酪和绵羊奶酪的奶酪场,一些产品甚至可与法国、意大利及巴尔干地区的上等奶酪相媲美。

二　服饰

正统的犹太教徒一身黑色,头戴宽边黑礼帽,身着黑装,按《圣经》中关于不可剪去发鬓的戒律,理发时要保留两鬓卷发,以盖住耳朵。而对于多数犹太人而言,男子头戴无边小圆帽是很平常的装束,而其他正式的传统服饰仅限于安息日和其他宗教节日。从本—古里安执政开始,穿着随意、整洁便成为以色列的风尚。

德鲁兹男人蓄着浓密而漂亮的小胡子,妇女头上裹着纯白的头巾。

以色列的贝都因人,男人身穿叫"格拉皮耶斯"的白色长袍,头上围着叫"卡啡耶哈"的格子花头巾;妇女身着饰有大量刺绣的黑色长袍,头上系着头巾,佩戴各种粗重而结实的饰品。

三　礼仪

1. 出生

在以色列,婴儿呱呱坠地是一件令人兴奋的大事,人们习惯亲自或通过犹太国家基金会栽种一棵树来纪念孩子的出生,希望孩子像树苗一样茁壮成长。无论是男婴女婴,父母都要为其举行隆重而独特的庆生仪式。

通常，在女婴出生后的第一个安息日，父亲要在犹太会堂或家里举行起名仪式。在仪式上，女婴的父亲要在诵经坛上诵读《托拉》，宣布女婴的名字，并讲明取名的原因。随后，众人在祈祷和诵读的赞美诗中反复念叨她的名字，为她祈福。祈祷仪式结束后，女婴的父母要招待来宾，共同庆祝女婴已成为一名犹太人。

2. 割礼

犹太人的男婴在其出生第八天要施行割礼，这是犹太人生活的一个重要组成部分。如果是家中的第一个男孩，在出生后的第31天还有一个赎子仪式。犹太人的割礼具有特殊的神圣含义，是上帝与他及其后代之间契约的一种象征。据《圣经》记载："上帝对亚伯拉罕说：你和你的后裔必世世代代遵守我的约。你们所有的男子都要受割礼，这就是我与你并你的后裔所立的约，是你们所当遵守的。你们都要受割礼，这是我与你们立约的证据。你们世世代代的男子，无论是家里生的，是在你后裔之外用银子从外人那里买来的，生下来第八日都要受割礼。这样我的约就立在你们肉体上，作永远的约。不受割礼的男子，必从族中剪除，因他背了我的约。"据说亚伯拉罕99岁时在提斯利日的第十天即赎罪日———一年中最神圣的这一天行的割礼，由此允许人们行割礼的时间不受安息日或赎罪日的限制。

传统上，犹太家庭男婴的割礼仪式与命名仪式合二为一。割礼一般在家里举行，也可以在医院举行。清早，亲朋好友应邀到场，共同欢庆。母亲先给男婴洗澡，穿戴整齐后把他交给儿子的教母。教母把男婴交给教父，教父转交给手术师。手术师将男婴放在右边的"以利亚的椅子"① 上，让其得到上帝的庇护。随

---

① 据犹太经典《塔木德》记述，上帝曾经命令先知以利亚，在每一位犹太男人施行割礼之时，都应该到场。因此，犹太人在举行割礼仪式时要先准备两把椅子，右边的椅子被称为"以利亚的椅子"，要以豪华的白布幔和丝绸装饰。在行割礼之前，婴儿要先被放在这把椅子上，让他成为一个健康的人。

后，一位坐在左边椅子上的长者把孩子仰放在膝头上，以备施行割礼。割礼手术由专司割礼的"莫海尔"或医生来完成。这时婴儿的父亲吟诵一段特别的祈祷词："赞美你，我们的上帝，宇宙的主宰。你用圣谕使我们圣洁，你命令我们的孩子入我先人亚伯拉罕的约。"手术后，教父抱着孩子，手术师端起一杯酒，吟诵祈祷词，并当众宣布孩子的名字。在场的亲朋好友齐诵祷词"他立了约，因此进入了《托拉》（即《摩西五经》），进入婚姻许可的范围"，以表示祝贺。婴儿的父母为这个孩子成为犹太人而骄傲。在正统犹太人家里，还要请10个（法定的正式祈祷活动人数）13岁以上的男人来专门负责祈祷和诵读赞美诗，之后是简短的餐饮庆祝活动，象征富裕幸福的鲱鱼和甜食是不可少的食物。

3. 成年礼

依照犹太律法，男孩从13岁，女孩从12岁生日那天起就算成人了，意味着从这一天起就要加入到成年教徒行列中。"他（她）已经过成年礼了"意味着，他（她）已经开始有义务诵读《托拉》了。古代犹太法学书说，犹太男子年满13周岁后，就必须谨守犹太教的613条戒命，因此，成年礼又称受戒礼。

犹太人十分重视成年礼仪式，其重视程度甚至不亚于婚礼。成年礼一般在满13周岁（女孩12周岁）的第一个安息日早晨举行，也允许在周一、周四以及新日节诵读《托拉》时进行。在仪式上，行成年礼的孩子第一次披上祈祷巾，在约柜前用希伯来语做一次正式祈祷，男孩诵读《托拉》，女孩诵读《哈费他拉》（从《圣经》各先知书中摘选的经文）。随后发表成年礼演讲，宣誓自己将终身遵照犹太教教义生活，献身《托拉》，并对父母的养育之恩以及宾客表示感谢。根据传统，除了犹太教书籍和镶着宗教图案的饰物等礼物外，受礼男孩的父亲要赠送儿子一条犹太男子披戴的祈祷巾——"塔利特"，男孩常收到的礼物还有圣日祝祷杯,供安息日和犹太圣日晚祷时盛葡萄酒,祈祷感恩上帝时用;女孩最常得到的礼物是烛台,安息日和圣日晚祷前,按规定由家庭主妇点燃蜡烛。如果收到的礼物是钱,他(她)就会利用成年礼这个机会,捐一部分给慈善机构。

4. 犹太婚礼

通常,犹太婚礼在新娘家或犹太会堂里举行,新娘身着洁白的长婚纱,新郎身穿西装。婚礼在犹太乐曲中开始,新郎和新娘分别由父母双亲陪同走进用鲜花或祈祷披巾装饰的婚篷。在婚篷下,新郎面向耶路撒冷站立,若在耶路撒冷举行则面向圣殿。在拉比和众人面前,新郎和证人签署用阿拉米语写的婚书。随后,拉比面对一杯酒,诵读祝福词。新郎新娘共饮这杯祝福酒后,新郎用右脚脚后跟踩碎玻璃杯,意在追忆圣殿被毁和犹太人的大流散。之后,新郎和新娘遵照古老的所谓"同处"习惯,在一间房中待上几分钟。按照犹太传统,婚礼当天,新郎新娘要禁食,同处时才能进食。① 最后,宾主欢聚一堂,亲朋好友们对新人表示衷心祝福。

5. 葬礼

犹太教义规定,人死后必须要举办葬礼,否则不能进入伊甸园,但犹太人遵从一切从简和迅速下葬的丧葬习俗。犹太人去世后必须尽快掩埋,至多停放 24 小时。葬礼一般不在安息日、赎罪日和其他犹太节日期间举行。入殓前,须为死者洗净全身、涂抹上香料,然后以本色麻布或棉布缠绕放入棺内,男性可加上他生前所披戴的祈祷巾,但要去掉流苏,因为犹太教经典规定流苏仅用于生者。下葬前,亲人们要在亡者生前常去的犹太教会堂中举行葬礼,仪式非常简单但很庄严,无任何献祭、鲜花。人们只

---

① 孙正达著《世界列国国情习俗丛书·以色列》,当代世界出版社,1998,第147页。

是祈祷和诵读《圣经》。下葬时也无须任何陪葬品。

死者亲属从墓地回家后，便开始了为期7天的哀悼期——"息瓦"，要遵循一系列特殊的行为准则。他们要在衣领上挂一黑布条，不准洗澡或涂抹香料，不照镜子，只能坐在小矮凳或地板上，也不得开伙做饭，其饮食由亲属朋友负责。每日要在家里举行祈祷仪式，诵读《卡迪什》（赞美上帝的祈祷词，有助于死者的灵魂得到安息）和其他哀悼祈祷词。其间，亲朋好友及有关社团人员不断到家中祭奠死者和慰问哀悼者。根据传统，在"息瓦"期间的安息日不守丧，因为安息日是不允许哀痛的，家庭的所有成员都要离开家，到一个犹太教会堂参加聚礼活动。此外，如逢重大宗教节日，丧期立即终止。①

犹太人相信，人死后会得到一种升华，救世主弥赛亚一旦出现，坟墓下的死者就能死而复生。犹太教不主张以具有生命的物品进行祭祀活动，因此犹太人扫墓祭拜死者时常用无生命的物品（如小石子之类）来寄托哀思。

四　节　日

1. 犹太新年（Rosh Hashana）

在每年公历9月为犹太新年。犹太新年为犹太历（阴阳合历）一年的开始，是犹太人最重要的节日之一。节日期间，全国放假两天。教堂里吹起羊角号，取意与上帝通话，期望得到上帝祝福。朋友见面问新年好（shana tova）。根据传统，人们在新年期间要吃蘸了蜜的苹果，预示新的一年甜甜美美。

2. 赎罪日（Yom Kippur）

赎罪日约在每年公历10月。赎罪日是犹太新年过后的第十

---

① 黄陵渝：《犹太教的生命礼仪》，《世界民族》2001年第5期。

天，为重要的宗教节日。犹太人设此节日是为了向上帝忏悔，请求宽恕。犹太教规定，犹太人在赎罪日要禁食，去犹太会堂祷告、思过。人们在教堂相遇时，彼此祝愿得到上帝良好的评价。赎罪日在傍晚悠扬的羊角号声中结束。

3. 住棚节（亦称结庐节，Sukkot）

住棚节约在每年公历10月，开始于赎罪日后第五天，持续8天。此节日是为纪念摩西带领犹太人出埃及后，流落西奈半岛40年的帐篷生涯，以及上帝对以色列人的荫蒙庇护。因为此节正赶在收获季节，也被称为收获节。家家户户搭建棚舍，以色列国防军通常在特拉维夫市市政广场举办坦克展览。

4. 诵经节（Simhat Torah）

诵经节约在每年公历9、10月。犹太教徒诵读犹太经典《托拉》（Torah）通常要一年时间，诵经节即为庆祝读完《托拉》而设，宗教气氛浓厚。此节是欢乐愉快的节日，因此人们（主要是教徒）要唱歌、跳舞、吃甜食。庆祝仪式中，一个必不可少的项目是取下经卷，并拿在手中走7圈。

5. 哈努卡节（也称灯节，Hanukah）

哈努卡节约在每年公历12月。此节是为纪念公元前165年马卡比抗击希腊侵略者起义的胜利，犹太人收复耶路撒冷，洁净圣殿。此节共8天，首尾两天放假。主要庆祝仪式是每天点燃一支蜡烛。带有9个烛座的烛台是专门为此节而设置的，中间较高的一支是为点燃其他8支而设。节日开始时，人们要吃一种特制的土豆饼，之后交换礼物。以色列建国后，政府在节日期间举办火炬长跑等各种体育活动。

6. 普尔节（Purim）

普尔节约在每年公历2、3月。Purim意为抽签。据说，一恶官因痛恨曾得罪过他的一个犹太人而以抽签方式要杀害所有犹太人，一个做了王后的犹太女子通过周旋，处死了恶官，挽救了犹太人。节日期间，剧院通常上演有关这一故事的剧目。人们（主要是儿童）还戴上故事中有关人物的面具参加晚会，因此也有人称之为化装节。晚会上，人们通常吃一种特殊的三角甜饼，象征恶官的耳朵或帽子。

7. 逾越节（Pessah）

逾越节约在每年公历3、4月。犹太人最重要的宗教节日之一，为了纪念摩西带领犹太人成功逃出埃及。摩西带领犹太人出埃及走至红海时，举起手杖，使红海分开一条路，犹太人顺利走出红海，而追击的埃及军队被淹没在海水中。节日庆祝8天，首尾两天放假。节日前，人们要清除家中所有发酵面食。节日期间，禁止出售和食用发酵食品，只能吃一种被称为马特沙（Matsa）的特制无酵薄饼，以纪念犹太人出埃及时因时间紧迫而吃不上发酵饼的日子。

8. 燔祭日（即大屠杀纪念日，Holocaust Day）

燔祭日约在每年犹太历尼散月27日（公历4月27日）。燔祭日是为了纪念1933~1945年惨遭纳粹杀害的600万犹太人。节日期间，全世界正统犹太教徒要禁食一天，家家户户点燃蜡烛，诵读犹太教经卷《卡迪什》。以色列国内要举行有总统、总理等重要人物出席的集会或游行，悼念受害者，庆祝犹太民族的生存。当天上午10时，全国鸣笛两分钟，国民停止一切工作，为死难者伫立默哀。

9. 阵亡将士纪念日（IDF Memorial Day）

此节日设在独立日（公历5月14日）前一天，以纪念独立战争以来，为保护国家安全而献身的国防军将士。节日前一天晚8时，全国鸣笛一分钟，国民伫立默哀，国防军举行有总统出席的正式纪念仪式。次日上午11时，再次鸣笛两分钟。

10. 独立日（Independent Day）

独立日为每年犹太历8月5日（公历5月14日）。为纪念以色列国于1948年独立而设。节日的前一天晚上8时，以色列议会在耶路撒冷城赫茨尔山举行正式庆祝仪式，议员及内阁成员参加。仪式包括点燃12支火把及鸣礼炮等。节日当日的主要活动包括国防军列队游行、飞行表演、总统为外交使团及优秀将士举行招待会、国际圣经比赛及"以色列国家奖"颁奖仪式等。此外，各市政府还举办娱乐晚会、燃放烟火等。

11. 篝火节（Lag Ba-Omer）

逾越节首日后的第33天为篝火节。相传犹太拉比阿奇瓦（Akiva）在此日组织犹太人从罗马人手中夺回耶路撒冷城后，点起篝火通知周围村庄。犹太人从此以篝火纪念阿奇瓦拉比和他夺回耶城的功绩。

12. 耶路撒冷日

犹太历以珥月28日（公历4、5月）为耶路撒冷日。为纪念1967年以色列统一耶路撒冷而设的节日。节日期间，耶路撒冷城内通常要举行盛大的庆祝活动。主要庆祝仪式于前一天日落时在西墙前进行。仪式开始前，首先点起18支火烛，以纪念在夺回耶城的战斗中阵亡的将士，随后是感恩仪式。节日当天，举行群众游行等欢庆活动。

13. 五旬节（Shavot）

逾越节首日后第49天，约在公历5月为五旬节，是纪念摩西获得"十戒"的日子。此节恰逢小麦和水果收获，因此也叫丰收节。这是一个欢乐的节日，人们要用鲜花把家中装饰一新，节日的前一天晚上要吃丰盛的节日饭，饭中要有牛奶和奶酪。节日当日要诵读"十戒"。目前，这一节日已基本演变成孩子们的节日。

14. 禁食节（Tesha B'Av）

Tesha B'Av意即犹太历阿布月初九为禁食节。相传两次犹太圣殿被毁均在这一天。犹太人以禁食纪念这一悲伤的日子。

第二章
历 史

第一节 古代简史

一 古代犹太国家的流变

约公元前 2000 年,属于闪米特人分支的希伯来人生活在阿拉伯半岛西南地区,过着逐水草而居的生活。此后,希伯来人北迁,定居乌尔。由于不堪古巴比伦国王的压迫,他们在亚伯拉罕的带领下又辗转到达了迦南(今巴勒斯坦地区),并定居下来。① 亚伯拉罕生子以撒,以撒生两子,即以扫和雅各。据《圣经》记载,雅各因与天神角力获胜,被后者赐名"以色列"(Israel,意为"与神摔跤的人")。雅各率领下的希伯来人也因此被称作"以色列人",雅各生 12 子,其后代成为以色列人的 12 个支派。到埃及希克索斯人统治期间,迦南地

---

① 迦南人称他们为"哈卑路人",即"渡(幼发拉底河)而来的人",后来逐渐转音为"Hebrew",即"希伯来人"。参见 Hershel Shanks ed., Ancient Israel: From Abraham to the Roman Destruction of the Temple, Prentice Hall and Biblical Archaeology Society, 1999, p.18。转引自张倩红著《以色列史》,人民出版社,2008,第 3 页。

区发生严重饥荒,希伯来人逃往埃及。①

拉美西斯二世统治埃及期间,他任意屠杀希伯来人,激起后者的不满,这时希伯来杰出的政治与宗教领袖摩西应时而出。公元前 1230 年(一说是 1250 年),摩西率领希伯来人逃出埃及,跨红海,入西奈旷野,共经历了 40 年。其间,摩西以神的指示颁布了强调一神信仰、规范社会伦理秩序的"摩西十诫"。②"摩西十诫"的颁布标志着犹太一神教的产生,结束了多神信仰时代的混乱局面,为希伯来民族的统一奠定了基础。犹太教既是犹太文明内部交往的产物,也是犹太文明与埃及文明、迦南文明互动交往的结果。

摩西的继承人约书亚继续利用宗教精神激励士气,希伯来人逐步成为迦南的霸主,同时融合了当地的一些居民。在迦南,他们完成了从游牧民族向农耕民族的转变。13 世纪,希伯来人进入了"士师时代"。"士师"的希伯来文含义为"审判者"或"拯救者",他们对内管理政事,对外御敌抵抗,这是犹太历史上的军事民主制时期。公元前 11 世纪,西亚地区最先使用铁器的"海上民族"腓力斯人来到迦南。犹太人在与腓力斯人争夺领地的过程中,扫罗王脱颖而出,统一了希伯来王国,他英勇善战,屡次大败腓力斯人。扫罗之后,大卫成为希伯来王国的第二任国王,他开疆扩土,迁都耶路撒冷,后者意为"和平之城"。它随后成为犹太民族的精神中心和向往的圣地。

所罗门作为大卫王的幼子继承并发展了其父的制度文明与丰功伟绩,他将全国分为 12 个行政区,建立了铜矿和冶金等重要

---

① 主要参考张倩红著《以色列史》,人民出版社,2008。
② 即 1. 除了耶和华之外不得信别的神;2. 不可为自己雕刻任何偶像,不可叩拜也不可敬奉这些雕像;3. 不可妄呼耶和华的名字;4. 当守安息日为圣日,六天的勤劳工作;5. 当孝敬父母;6. 不可杀人;7. 不可奸淫;8. 不可偷盗;9. 不可作假证陷害人;10. 不可贪婪他人的一切。

行业，注重发展外贸。公元前956年，所罗门在耶路撒冷修建了一所雄伟的圣殿，史称"第一圣殿"或"所罗门圣殿"。由于所罗门骄奢淫逸、大兴土木，希伯来王国逐渐由盛转衰。公元前930年，所罗门去世，其子罗波安继位（公元前930～前913年）。此时，希伯来王国北部的10个部落，因不堪忍受苛杂重负，宣布独立，建立以色列王国（公元前930～前722年），定都撒玛利亚。南部的两个部落组成南部联盟，建立犹大王国（公元前930～前586年），仍定都耶路撒冷。公元前722年，亚述王萨尔贡二世占领撒玛利亚，以色列国王及臣民被流放到边疆地带，后来神秘地消失，成为历史之谜。犹大王国国小力弱，先后依附埃及、亚述。公元前586年，新巴比伦国王尼布甲尼撒二世攻陷耶路撒冷，犹大国王与贵族被掳到巴比伦。史称"巴比伦之囚"，犹大亡国。对犹太人来说，"巴比伦之囚"的历史意义是双重的：一方面，犹太人遭受苦难，使他们坚信犹太教并回归故土；另一方面，作为世界文明中心的巴比伦的宗教和文化，使犹太人的视野大为开阔，他们崇拜的上帝从此从一个民族神上升为世界之神，犹太人的宗教观念大大强化。

公元前538年，波斯帝国灭新巴比伦。居鲁士善待犹太人，让他们回归耶路撒冷，并重建圣殿。圣殿修复工作持续了20年，直到公元前515年才完成，史称"第二圣殿"。犹大是波斯帝国的一个行省。在此期间，在巴比伦犹太社团的帮助下，犹太律法体系初步形成。犹太文化表现出亚述、巴比伦和埃及文明相互交往的痕迹，而波斯文明的影响微乎其微。

二　希腊化和罗马时代的犹太人

公元前332年，马其顿国王亚历山大大帝（公元前336～前323年在位）征服了犹大，巴勒斯坦进入希腊化时代。他死后，其将军托勒密建立的托勒密王朝统治犹大地区。

其间，犹太文化逐渐吸收了希腊文化的基本元素。公元前198年，塞琉古王朝的安条克四世打败托勒密王朝，控制了巴勒斯坦。塞琉古王朝推行希腊化政策，禁止信仰犹太教和割礼，违反者处以绞刑或钉死在十字架上。公元前166年，犹太人犹大发起了"马卡比起义"以反抗当局的宗教压制政策。犹大收复了耶路撒冷，并重建犹太宗教。马卡比起义最终失败，但起义者所表现出来的顽强精神鼓舞了犹太人。公元前160年，犹大的兄弟约拿单和西蒙建立了以耶路撒冷为中心的哈斯蒙尼王朝（公元前142～前63年），又称"马卡比王国"，犹太民族出现了短暂的中兴。马卡比王国是政教合一的王国，犹太教祭司享有较大的权力。王国规模宏大，版图超越了大卫与所罗门时代，还重修了圣殿山，继续推行希腊化政策。犹太文化因此成为东西方文化滋养的世界文化，为犹太哲学的产生奠定了基础，并孕育了一批思想家，斐洛（约公元前20～公元50年）便是其中的佼佼者。

公元前63年，罗马人攻陷耶路撒冷，犹大地区成为罗马帝国的附庸。公元前40年，希律统治犹太人，成为犹地亚（罗马征服后对犹大的拉丁文拼写）地区的实际统治者。独裁专制的希律开疆拓土，引进希腊的建筑风格，耶路撒冷因其壮丽辉煌号称"希律的都城"。

公元前4年希律死后，犹大成为罗马帝国的一个行省。犹太民族产生分化，部分攀附罗马权贵的祭司阶层压迫犹太民众，犹太人起义不断。公元66年，犹太战争爆发，起义因寡不敌众而失败，大批犹太人被屠杀。耶路撒冷被攻破后，起义者退守马萨达要塞并集体自杀。这一天是公元73年4月15日。"马萨达精神"体现了酷爱自由、捍卫正义、视死如归的犹太精神与气节。公元132～135年，犹太人发动声势浩大的起义，抗议罗马皇帝哈德良禁止割礼和放弃重修圣殿。罗马人镇压起义后实行焦土政策，将犹太人逐出巴勒斯坦。此后，犹太民族在巴勒斯坦地区定居的历史宣告结束，"第二圣殿时期"画上了句号，犹太人开始了长达1800多年的"大流散"（Diaspora）的历程，其地域包括小亚细亚、阿拉伯半岛、两河流域、北非以及欧洲各国。

就在巴勒斯坦的犹太人走向世界各地之时，巴比伦的犹太社团正处于上升之势。其原因一是"巴比伦之囚"后，许多犹太人没有回归故土，壮大了当地犹太社团的力量；二是巴勒斯坦犹太人衰落后，一些著名的巴勒斯坦学者也来到巴比伦。幼发拉底河畔小城内哈达被称为"巴比伦的耶路撒冷"，这里聚集了一大批潜心犹太宗教学说的犹太学者，他们著书立说，推动了巴比伦犹太社团的繁荣。犹太教经典《密西拿》就是巴比伦两所重要的圣经学院组织学者集体编纂的成果。此后，圣经学院的学生于公元5世纪完成了250万字的《巴比伦塔木德》，是仅次于《圣经》的犹太圣书。该书叙述了巴勒斯坦和巴比伦犹太人从公元前6世纪到公元5世纪的宗教与文化生活，其内容涉及犹太人日常生活的宗教规范与基本准则。巴比伦犹太人还汇编了布道书《米德拉希》与祈祷书《悉杜尔》。拥有较大自治地位的巴比伦犹太社团在犹太人历史上具有较高的历史地位，巴比伦成为犹太人的宗教学术中心。巴比伦帝国末期，巴比伦犹太人逐渐向周边国家流散，流向印度、中亚和东亚（包括中国），形成了"东方犹太人"的一部分。

三　大流散时期阿拉伯世界的犹太人

犹太人与阿拉伯人在《圣经》时代就有了交往，早在公元1世纪，许多犹太人流散到阿拉伯半岛，在汉志、麦地那、也门等地定居下来。伊斯兰教兴起之前，阿拉伯半岛上的犹太人与阿拉伯人有一定的交往，而且保持着比较友好的关系。

犹太人与阿拉伯人的交往历史悠久，它体现在犹太教对伊斯兰教的影响上。公元6世纪，阿拉伯人兴起的"哈尼法运动"，主张崇拜一神、反对偶像、追寻正道等思想，与犹太教主张相同。穆罕默德曾说，伊斯兰教是继承了易卜拉欣（阿拉伯人对亚伯拉罕的称谓）的宗教。伊斯兰教承认犹太先知，尊重犹太人和基督教的经典。《古兰经》所叙述的传说与故事，与《旧约》的内容极为相似。一些伊斯兰的经注学家利用《旧约》的内容与风格来诠释《古兰经》。伊斯兰教的教义和习俗继承了犹太教的某些成分。

公元7世纪后，由于伊斯兰教急于建立与巩固政权，对反伊斯兰势力采取了强硬措施，导致了犹太人与阿拉伯人之间的冲突。如犹太人曾与拜物教徒联合进攻穆罕默德及其穆斯林部队，阿拉伯穆斯林与犹太人在麦地那曾发生流血冲突。犹太人抵抗失败后，穆斯林将两个有名的犹太部落奈迪尔部落和古来扎部落驱逐出麦地那。当阿拉伯政权巩固后，阿犹关系趋于缓和，犹太人在阿拉伯世界拥有一定的发展空间，犹太文化得以繁荣。

阿拉伯大帝国时期，流散于阿拉伯半岛、巴比伦与波斯等地的犹太人处于阿拉伯帝国的统治之下。阿拉伯帝国允许犹太人保持宗教信仰自由，前提是缴纳"人丁税"。由于从事商业与手工业的特殊身份，犹太人成为穿梭于世界各文明间，从事商业、贸易与文化交往的载体。他们精通罗马语、希腊语，也会讲希伯来语与阿拉伯语，因此成为阿拉伯帝国商界的弄潮儿。9世纪，巴黎和巴格达或开罗之间的绝大部分商业用语已采用希伯来语，西班牙、法国、意大利、拜占庭、巴勒斯坦、埃及、突尼斯等地都不时闪现着犹太人的身影。一些经济地位较高、具有较好文化素养的犹太人，担任了阿拉伯帝国宫廷的外交、贸易和财政顾问。

巴勒斯坦的犹太社团也逐渐恢复了活动，耶路撒冷的犹太人日益增多。奥马尔哈里发甚至允许犹太人上圣殿山，并在耶路撒冷定居，当地的希伯来文学、语言等逐渐发展起来。此外，犹太社团在叙利亚、埃及、马格里布地区也得到发展，特别以阿拉伯人控制下的西班牙最为突出。

犹太人约于公元1世纪来到西班牙。公元711年，阿拉伯军队进攻西班牙时得到犹太人的慷慨相助，前者允许后者享有信仰自由和司法独立。在西班牙和葡萄牙的犹太文化被称为"塞法尔迪文化"，它在8～13世纪出现了繁荣。其间，出现了一些著名学者，如犹大·哈列维尔（1075～1141年）和摩西·迈蒙尼德（1135～1404年），前者被认为是12世纪上半叶最杰出的诗人与哲学家，代表作是《库萨里》；后者被誉为"最伟大的摩西"，代表作为《迷途指南》。不少西班牙犹太人也成为统治者的座上宾，有的还担任了哈里发的政治、经济、金融和首席外交顾问。11世纪，阿拉伯帝国统治下的西班牙四分五裂，犹太人成为各诸侯国的咨询、问政对象，格拉纳达的犹太人随处可见。西班牙犹太学者把希腊、罗马文化中的经典作品翻译成阿拉伯语、希伯来语，同时又把阿拉伯人的著作译成拉丁语，直接推动了东西方文化的交流。14世纪后，随着基督教政权在西班牙的兴起，犹太社区遭受毁坏，反犹活动席卷整个西班牙。1492年，约20万犹太人被驱逐出西班牙。同年8月，犹太人被全部逐出，流散到意大利、叙利亚、土耳其及北非等地，他们被称为"塞法尔迪犹太人"（东方犹太人）。

四　大流散时期的欧洲犹太人

欧洲犹太人主要集中在法国、德国、英国、意大利及北欧地区。随着犹太人经济实力的增强和基督教主导欧洲，犹太人开始受到当地居民的排斥，双方矛盾十分尖锐。西欧的犹太人被迫向立陶宛、波兰、匈牙利、俄国迁徙，还有的移民到美国、南非、澳大利亚等地。欧洲犹太人被称为阿什肯纳兹人（西方犹太人）。

犹太人在加洛林王朝时进入法国，被迫宣誓效忠，并定期纳税。10~11世纪，犹太社区遍布法国各大城区，犹太人建立了研究《塔木德》的学院，涌现出一批有名的《塔木德》学者。但随后，法国曾四次掀起驱犹运动，到16世纪，大部分犹太人被驱逐出境。

德国犹太人集中在美因茨，这里还是犹太学术中心。11世纪以前，德国犹太人享有自由贸易权。但在1298年和1336年，遍布欧洲的黑死病，促使欧洲教会对犹太人进行清洗，200多个犹太社团被毁灭。到15世纪，德国的犹太人被大批驱逐。

1066年，来自法国、西班牙、意大利和摩洛哥的犹太人进入英国，为国王提供高利贷业务，推进金融市场。12世纪，英国犹太人仅占全国总人口的1/400，但缴纳税收占全国的8%。他们在帮助国王筹措资金方面起了很大作用，但13世纪以后其处境日益恶化，1290年有1.6万犹太人被驱逐。

意大利犹太社团形成于公元2世纪。当地犹太人与基督徒关系和缓，过着平静的生活，并参与当地的经济与文化生活。13世纪，从他们中涌现出一批翻译家、作家、音乐家、大银行家、医生等。16世纪下半期，大部分犹太人被驱逐出境。

由于基督教会禁止犹太人从事生产劳动，西哥特人立法禁止犹太人拥有土地，他们又随时面临着被驱逐的可能，没有安全感，只能从事手工业与商业活动。欧洲犹太人在长期的社会实践中，掌握了高超的手工技艺，他们将亚非等地的手工业技术带到欧洲，并进一步实现创新。但好景不长，随着行会制度的确立，犹太人的手工业经营活动被禁止。被逼无奈的犹太人只得从事高利贷业务，或者经商。一些在经商中暴富的犹太人，引起当地主体民族的不满，二者矛盾重重。欧洲统治者也经常在没收犹太人的财产后将他们驱逐出境，当经济出现困难时，又将他们召回国内。犹太人缴纳的税收名目繁多，有人头税、财产税、屠宰税、酒税、珠宝税、进口税等。犹太人必须在发生战争、国王加冕和巡游时"自由乐捐"。基督教会也是迫害犹太人的主体力量。基督教认为犹太教是异端邪说，马丁·路德曾把犹太人比作瘟疫。许多犹太人表面上皈依基督教，实际上秘密信仰犹太教，这些人被称为"马兰诺"。教会的异端裁判所因此发起了迫害马兰诺运动。其间，受到审讯的犹太人多达40万，有3万人被处以死刑。

十字军东征期间，基督教徒宣布穆斯林破坏其圣地，阿拉伯海盗袭击基督教商人，其结果是犹太人成了牺牲品。在此期间，欧洲流行着各种反犹言论，如"杀一个犹太人，以拯救你的灵魂"，德国和法国的犹太人被强迫到教堂接受洗礼，拒绝者被处死。巴勒斯坦的犹太人被入侵的十字军大批屠杀。东征结束后，欧洲的反犹主义迅速兴起。许多国家制定并颁布了限制犹太人的立法，禁止他们从事某种职业，征收额外的赋税。

基督教会还以法律形式建立隔都，使犹太人完全孤立于主流社会之外。隔都是为犹太人划定的居住区，四周有围墙，留一出入的大门，白天有人把守，晚上禁止出入。犹太人在隔都之内保持自己的社会管理结构与交往模式。隔都拥有12人组成的帕尔纳斯，即犹太社区行政管理委员会，其领袖是拉比。他们还有自己的法院、公墓、屠宰场、旅馆和监狱，而最具代表性的是布拉格隔都。

欧洲犹太人在中世纪还创造了以意第绪语（散居犹太人将希伯来语和日耳曼方言混合而成的语言）为基础的意第绪文化，包括文学、戏剧。该文化兴起于13世纪，19世纪末20世纪初继续发展，到20世纪中叶逐渐衰落。

第二节 近现代简史

一 启蒙运动

由文艺复兴、宗教改革所引领的启蒙运动对欧洲犹太人产生了深刻的影响,它推动了犹太历史上的启蒙运动和追求解放的新时代,并导致了犹太复国主义的产生。在犹太史上诸多划时代人物中,摩西·门德尔松是一位著名的启蒙者。他否定传统犹太教中的蒙昧主义,以理性主义重新解释犹太教,协调宗教文化与世俗文化,被尊称为"德国的柏拉图"、"犹太人的苏格拉底"。其思想核心是基于理性主义的宗教观,坚持政教分离,主张通过世俗化实现犹太民族的解放。① 他在践行自己的理想时,翻译了《圣经》,普及世俗教育,要求犹太人与非犹太人进行交往。他掀起了18世纪中后期至19世纪中欧及东欧的犹太启蒙运动。18世纪,以门德尔松为首的犹太精英在柏林成立启蒙中心。19世纪40年代,犹太启蒙运动在俄国兴起。犹太启蒙运动呼吁犹太人走出隔都,大力发展现代教育以及现代化的生活方式,主张改革犹太教的习俗、礼仪与观念。它是犹太人摆脱蒙昧状态,步入现代文明社会的第一步。

随后的法国大革命与1848年革命也推动了犹太人的解放意识。北美独立后,当地犹太人获得公民权。法国大革命后,欧洲各地犹太人也先后获得了公民权。革命洪流和民族主义激情促使许多犹太人不再沉溺于救世主的救赎,而是积极投入民族解放的大潮。革命锻炼了一批社会精英,更多的犹太人接受了启蒙与改革的思想。犹太解放运动加快了犹太文化的现代化进程,提高了

---

① 张倩红:《试论摩西·门德尔松的启蒙思想》,《世界宗教研究》2003年第3期。

犹太人在欧洲知识界的地位，弱化了犹太人的民族与宗教意识，推进了犹太人口的城市化进程，培养了大量精英，为犹太复国运动奠定了坚实的物质和思想基础。

二 赫茨尔与犹太复国主义

从犹太人大流散开始，就出现了犹太人问题，同化和启蒙运动即是欧洲犹太人在不同时期的某种回应。尽管近代欧美的资产阶级革命给予了犹太人以平等的公民权，但欧洲根深蒂固的反犹思想依然故我。尤其是犹太人口众多的东欧和俄国，当地犹太人反对把同化和在保持犹太文化的同时寻求平等的公民权作为解决犹太人问题的出路，而把希望寄托于复国。[①]

犹太复国主义音译为锡安主义（Zionism），源于希伯来先知将锡安山看做耶路撒冷的精神象征，而耶路撒冷代表巴勒斯坦。这一思想的基本内容是犹太人回归巴勒斯坦，建立民族国家，该思想形成于19世纪。1890年4月，内森·伯恩鲍姆在《自我解放》期刊中最早使用该名称，后来被犹太复国主义大会正式采用。犹太复国主义源于《圣经》中的弥赛亚观念，但也是一场世俗的、民族主义的现代政治运动，被称为"世俗化的弥赛亚主义"（Secularized Messianism）。犹太复国主义包括不同的流派，有政治犹太复国主义、宗教犹太复国主义、文化犹太复国主义、劳工犹太复国主义（社会主义的犹太复国主义）、修正派犹太复国主义等。此外，犹太复国主义的兴起还受到反犹主义的强烈影响。犹太复国主义的先驱有波兰的兹维·希尔施·卡里舍尔（1795～1874年）、"社会主义的犹太复国主义"之父摩西·赫斯（1812～1875年）、生于波兰的俄国医生列奥·平斯克（1821～1891年）、俄国的阿哈德·哈阿姆（1856～1927年）。但最重要

---

① 阎瑞松主编《以色列政治》，西北大学出版社，1995，第4页。

的先驱是出生于匈牙利的政治犹太复国主义代表人物西奥多·赫茨尔（1860~1904年）。

赫茨尔最重要的作品是出版于1896年的《犹太国》，该书充满激情，在犹太世界掀起轩然大波。它直接指出了犹太国家的重建这一犹太人梦想几千年的理想与信念，认为建立犹太民族国家是犹太人的最终归宿。赫茨尔为即将建立的犹太国家构想了宏伟蓝图，即由欧洲大国批准，国际法给予肯定，得到全世界犹太人财力支持的、政教分离的国家。《犹太国》不仅阐述了完整的、逻辑清晰的复国思想，而且设计了具有操作性的行动计划与具体步骤。1897年6月，他创办了《世界》周刊，大力宣传犹太复国主义思想。

赫茨尔的动员与宣传取得了效果。1897年8月29~31日，来自世界各地的犹太人在巴塞尔举行第一届犹太复国主义代表大会。他在开幕式上明确指出，代表大会的目的就是为犹太人未来的民族大厦奠定基础，复兴犹太民族意识。会议上形成了三个派别，以赫茨尔为首的"政治犹太复国主义"主张在大国支持的基础上，在巴勒斯坦建国；以"锡安山热爱者协会"为代表的行动派主张通过移民造成既成事实；而文化犹太复国主义者强调使巴勒斯坦成为犹太人的精神中心。会议最后通过了《世界犹太复国主义纲领》，即《巴塞尔纲领》，其目标有：在巴勒斯坦地区殖民，建立团结全世界犹太人的地方性或国际性机构，培养犹太人的民族情感与民族意识。巴塞尔大会成立了世界犹太人复国主义组织，赫茨尔当选主席。大会预示着犹太复国主义运动进入了有组织的阶段，政治诉求、获得国际社会支持以及犹太人移居巴勒斯坦成为犹太精英的策略与目标。但赫茨尔先后向德国、奥斯曼帝国寻求支持未果。同时，犹太复国主义者在建国地点上存在各种争议：一是"艾尔—阿里什方案"，即在西奈半岛的艾尔—阿里什建国；二是"乌干达方案"，即在今肯尼亚（误传为乌干达,故称"乌干达方案")划出一片6000平方英里的土地供犹太人建立家园。前者遭埃及反对,后者受到俄国与东欧犹太人的拒绝,赫茨尔为此奔波劳碌,1904年7月3日,他在维也纳病逝,年仅44岁。

三 阿里亚运动

巴勒斯坦被多数欧洲犹太人看做建国的理想场所。1730年,一些犹太学者、商人和手工业者开始向巴勒斯坦移民。到1845年,耶路撒冷等地的犹太人大约有1.2万人。到1882年,巴勒斯坦的犹太人为2.4万人,耶路撒冷约1.5万人,信仰正统犹太教。同年8月,犹太复国主义的"热爱圣山运动"组织开始向巴勒斯坦移民,这一运动被称为"阿里亚运动"。第一次"阿里亚运动"始于1882年,延续到1903年,约2.5万名犹太人从俄国、罗马尼亚等地移居巴勒斯坦。但由于奥斯曼帝国政府的抵制,阿拉伯人的反对,以及犹太人缺乏农耕经验,第一次"阿里亚运动"以失败而告终。第二次"阿里亚运动"始于1904年,结束于1914年,这期间共有3.5万名犹太人移居巴勒斯坦,巴勒斯坦犹太人达到8.5万。此次移民主要是俄国与东欧、东亚的犹太人,他们创建的基布兹(即集体农庄)引人瞩目。1914年,巴勒斯坦地区一共有14个基布兹。后来,这些移民的80%都离开了,剩下的犹太人成为劳工犹太复国主义的核心。

1905年后,巴勒斯坦的犹太社团迅速发展,并出现了政党组织。移民内部发生分裂,形成青年工人党和锡安工人党巴勒斯坦支部。锡安工人党巴勒斯坦支部的领袖是本—古里安,他们的行动纲领是在巴勒斯坦建立一个犹太国。20世纪初,在语言学家埃利泽尔·本—耶胡达(1858~1922年)的宣传推广下,希伯来语在巴勒斯坦的犹太移民中复活了。到1916年,巴勒斯坦已有3.5万人将希伯来语作为主要语言,占此地犹太人总数的

40%，在儿童中这一比例已经高达70%。1922年，英国委任统治当局将希伯来语、英语与阿拉伯语作为巴勒斯坦的官方语言。

第一次世界大战前夕，犹太复国主义运动领袖将建国希望寄托于奥斯曼帝国，但后者态度冷漠，并将入境的犹太复国主义分子驱逐出境。战争期间，巴勒斯坦犹太社团经济上损失惨重：一方面，战争使得捐赠资金中断；另一方面，犹太农民赖以生存的柑橘与葡萄酒出口被迫中止。再加上天灾人祸，导致当地的犹太人口大幅度下降。犹太人阵营也分为"亲德派"和"亲英派"。前者鼓励犹太人为德国而战，以弗兰茨·奥本海默为代表；后者认为巴勒斯坦应划入英国势力范围，以魏茨曼为代表。1917年5月，英军占领巴勒斯坦，巴勒斯坦犹太人开始处于英国的统治之下。魏茨曼是典型的亲英派，要求在英国的帮助下在巴勒斯坦建国。经过与英国政府屡次交涉，1917年11月2日，英国外交大臣贝尔福代表英国政府发表《贝尔福宣言》，其内容是赞成在巴勒斯坦建立犹太人的民族家园。这标志着犹太复国主义第一次得到一个大国的支持，而为此奔走的魏茨曼也成为犹太复国主义运动的新一代领袖。

四 《皮尔报告》与《英国政府白皮书》

1919年6月，巴黎和会召开。犹太复国主义组织也派出代表团与会。会议认可了《贝尔福宣言》的原则。而1920年在圣雷莫召开的协约国会议正式确认了英国对巴勒斯坦的委任统治。1921年3月，英国当局以约旦河为界，将巴勒斯坦一分为二，约旦河以西仍称巴勒斯坦，由英国专员统治，约旦河以东成立外约旦酋长国。

巴勒斯坦阿拉伯人反对犹太人移民，开始袭击犹太定居点。但在英国当局纵容下，移民继续发展。第一次世界大战结束后，犹太人的"阿里亚运动"出现了三次高潮，巴勒斯坦犹太人达到9万。1920年12月,犹太人成立了"巴勒斯坦犹太工人总会",简称犹太工总。该组织不仅是工人联合会,还是生产组织和政治组织。1937年,犹太工总发生分裂,其中一部分组成激进的军事组织"伊尔贡"。同时,犹太人的移民和收购土地等逐渐激化了阿犹矛盾。1929年8月,阿犹双方因西墙事件发生冲突,犹太人死亡133人,受伤339人。

1932年以后,犹太难民开始大批涌入巴勒斯坦,阿犹关系进一步恶化。1936年,阿拉伯人发动总罢工,阿犹双方不断上演着袭击与报复的场面,阿拉伯人遭到当局压制和最重要的犹太军事组织哈加纳和伊尔贡的不断袭击。同年11月,英国派出以罗伯特·皮尔为首的皇家委员会来调查此事,并形成了《皮尔报告》。报告得出的结论是:阿拉伯人受到不公平待遇,二者建立共同家园已经不可能,并提出"皮尔委员会分治计划"。[1] 犹太复国主义组织内部虽然对《皮尔报告》充满争议,但魏茨曼和本—古里安都赞同分治计划,而阿拉伯人表示拒绝。1937年9月,埃及、伊拉克、叙利亚、黎巴嫩、外约旦在叙利亚的布鲁丹召开会议,强烈反对犹太人建国。阿拉伯人和犹太人的相互袭击活动仍在继续,1937~1939年,阿拉伯人、英国人和犹太人丧生者分别有3000~5000人、700人和1200人。

为了应对即将来临的世界大战,英国不得不考虑阿拉伯世界的利益。1939年5月,英国就巴勒斯坦问题发表《英国政府白皮书》,此即《麦克唐纳白皮书》。白皮书反对犹太人在巴勒斯坦建国,而主张建立一个与英国有条约关系的巴勒斯坦国,限制犹太移民和购买土地。白皮书与《贝尔福宣言》相背离,标志

---

[1] 即巴勒斯坦地区分为犹太国家(包括巴勒斯坦北部的加利利地区、埃斯德拉隆平原以及从黎巴嫩边界到雅法南部的沿海平原,其总面积占巴勒斯坦的20%)、英国托管区(耶路撒冷、伯利恒、拿撒勒以及通往雅法的走廊)、阿拉伯国家(巴勒斯坦其他地区与外约旦)。

着英国的政策从"扶犹抑阿"变成"扶阿抑犹"。但白皮书遭到阿拉伯人和犹太人的共同反对,前者认为英国没有结束犹太人向巴勒斯坦的移民,后者更认为英国背叛了犹太人。伊休夫随后发动了大规模的反英示威和罢工。1942年,在纽约比尔特莫尔饭店召开了美国犹太复国主义者会议,会议通过了比尔特莫尔纲领,第一次明确提出建国要求。会议的召开表明,以本—古里安为首的激进的亲美派已经取代以魏茨曼为首的温和的亲英派成为犹太复国主义运动的领导,而美国也取代英国成为犹太复国主义的主要支持者。

五 二战中的犹太人活动与以色列建国

纳粹大屠杀是20世纪历史上的一场种族灭绝事件,是1933~1945年由纳粹德国主持的、有计划地迫害与消灭欧洲犹太人的行动。纳粹大屠杀共分为三个阶段:第一阶段(1933~1939年),德国制定反犹立法,扩大反犹宣传;第二阶段(1939~1941年),以驱逐为主的反犹政策;第三阶段(1941~1945年),"最后解决"政策,即肉体消灭。[①] 死于纳粹大屠杀的犹太人为500万~600万。大屠杀使欧洲犹太人的思想真正发生了转变,他们转而支持复国主义。

巴勒斯坦的犹太人积极参与英国的反法西斯战争。1944年,为抵御德国军团入侵北非,在犹太社团的强烈要求下,英国同意成立由巴勒斯坦犹太人、无国籍犹太人与英国犹太人组成的犹太旅。犹太旅采用象征着犹太复国主义的军旗。1941年5月,设在耶路撒冷的犹太代办处的执行委员会决定建立一支独立的犹太突击队(希伯来语为"帕尔马赫"),以便武装保卫巴勒斯坦。帕尔马赫后来发展成为单独建制的常备军,与英军配合作战。到

---

① 参见张倩红著《以色列史》,第173~180页。

二战结束时,其人数达到 1500 人。二战爆发前夕,犹太代办处与犹太防务(哈加纳)对英国当局采取了克制态度。英国当局严格执行《麦克唐纳白皮书》,具有反英情绪的犹太人日益增多。1940 年,伊尔贡成员在亚伯拉罕·斯特恩的带领下组成了新组织——"以色列自由战士",简称"斯特恩帮"。该组织采用恐怖手段打击英国当局。1945 年 8 月,伊尔贡、哈加纳等联合成立"希伯来抵抗运动",发动反英暴动,遭到殖民当局的镇压。身处旋涡的英国人也一直在寻求解决巴勒斯坦问题的最佳办法。

二战结束后,大批从纳粹集中营里出来的欧洲犹太人无家可归,英国面临着来自美国等国家要求其开放犹太人向巴勒斯坦移民和巴勒斯坦犹太组织恐怖活动的巨大压力。1947 年 4 月 2 日,英国把巴勒斯坦问题提交联合国。

1947 年 4 月 28 日到 5 月 15 日,联合国在纽约总部召开巴勒斯坦问题特别会议,会上提出四种方案:一是成立阿拉伯—犹太联邦;二是成立犹太国和阿拉伯国两个国家;三是仅建立一个阿拉伯国家;四是仅建立一个犹太国。特别会议决定成立"联合国巴勒斯坦特别委员会",到巴勒斯坦地区广泛听取犹太人和阿拉伯人的意见。同年 8 月 31 日,特别委员会提交了报告,要求结束英国委任统治,在巴勒斯坦实行自治。1947 年 11 月 29 日,经过长达几个月的马拉松式的讨论之后,联合国大会对巴勒斯坦分治决议进行表决。由于西方国家、拉美国家和苏联东欧国家的支持,尽管阿拉伯国家和其他伊斯兰国家强烈反对,大会最终还是通过了"巴勒斯坦未来治理问题的决议",即有关分治的 181 号决议。决议规定,英国必须在 1948 年 8 月 1 日前撤出巴勒斯坦,在委任统治结束后的两个月内成立阿拉伯国与犹太国。其中阿拉伯国家的面积为 1.12 万平方公里,犹太国的面积为 1.49 万平方公里,二者国土比例分别为 42.8% 和 56.4%;耶路撒冷及其周围 158 平方公里的土地由联合国管理。

分治决议颁布后，阿拉伯人与犹太人之间发生了激烈的冲突。从 1947 年年底到 1948 年 3 月，阿犹双方各有 1000 人在冲突中丧生。但这些并没有阻挡犹太人建国的决心。1948 年 5 月 14 日，就在英国军队离开巴勒斯坦几小时后，犹太民族委员会就在特拉维夫博物馆举行建国仪式，本—古里安宣读了《独立宣言》，宣告以色列国家诞生。

第三节　当代简史

一　巴勒斯坦战争与以色列的政治社会变迁

就在以色列宣布建国的次日，即 1948 年 5 月 15 日，埃及、外约旦、叙利亚、伊拉克、黎巴嫩五个阿拉伯国家派兵进入巴勒斯坦，向以色列开战。这次战争被称为第一次中东战争或巴勒斯坦战争，以色列称之为独立战争。阿拉伯人在战争初期取得了主动权，但由于联合国的干预，双方从 6 月 11 日起开始停火。1948 年 5 月 26 日，以色列临时政府颁布建立国防军的命令，将哈加纳、伊尔贡等武装力量整合为统一的军队。8 月底以前，以色列国防军的力量是 7.8 万人，12 月达到 9.6 万人，而阿拉伯方的参战力量为 4 万人左右。7 月 9 日，阿以重开战事，以军占据优势。此时，联合国再次干预，以色列和阿拉伯国家从 7 月 18 日开始进入第二次停火期。其间，以色列从国外获得大量物资和人员援助，而阿拉伯阵营却发生分裂。随后，双方战端再起，以色列军队先后实施了"约夫战役"、"希拉姆行动"、"霍雷夫行动"，埃及被迫求和。在联合国的施压下，以色列接受调停，巴勒斯坦战争结束，除伊拉克以外的阿拉伯各国与以色列签订了停战协定。战争造成了 72.5 万巴勒斯坦难民，他们流落到约旦河西岸、加沙地带以及阿拉伯各国。战争结束之时，以色列占领了原属阿拉伯国的加利利地区和原定联合国托管的耶路撒冷西区，领土面积达到2.11万平方公里，比分治决议规定的1.49万增加了6200平方公里，占整个巴勒斯坦面积的80%，停火线成为双方的边界，并逐渐得到国际社会的承认。另外，外约旦兼并约旦河西岸并控制了耶路撒冷东区（老城），加沙地带由埃及控制，拟议中的"阿拉伯国"完全化为泡影。

以色列的政治、经济、国防体制和文化均受到西方的强烈影响。在政治上，它实行议会制，国家元首总统仅有象征性权力，由执政联盟产生的总理掌握行政权力，而1977年以前一直由工党主导以色列政坛。从1948年5月到1949年3月，由临时政府管理国家，1949年魏茨曼总统授权工党领袖本—古里安组阁。随后，工党与宗教联合阵线、进步党等达成联合组阁的协议。3月10日，以色列第一届政府宣布建立，本—古里安为首任总理。建国后的头十年，以本—古里安为首的马帕伊（巴勒斯坦工人党，即工党前身）联合政府一直执政，它出台了一系列重要政策，如军队国家化、统一教育制度、国家干预经济等措施，规范了以色列国家政治、经济与文化诉求。① 因此，本—古里安被尊称为"现代以色列之父"。

20世纪50年代中期，以色列执政联盟中分为少壮派和元老派，前者支持国家主义和快速工业化以及强硬的外交政策，后者主张温和的内外政策。本—古里安归隐后，摩西·夏里特被任命为代总理，平哈斯·拉冯接任国防部长。摩西·夏里特的任职并不顺利，拉冯事件②爆发后，本—古里安再次出山任总理，但与

---

① 参见阎瑞松主编《以色列政治》，第76~82页。
② 1954年秋，以色列国防部与情报部门在埃及策划了针对英美文化机构的爆炸事件，目的是利用英国准备撤出苏伊士军事基地的机会，破坏埃及与西方国家的关系。后因计划败露，时任国防部长的拉冯被迫辞职。

党内元老派的矛盾日益尖锐。1963年7月,本—古里安辞去总理职务。随后列维·艾希科尔担任总理,他延续了本—古里安的内外政策。

以色列建国后,1950年7月,政府颁布了《回归法》,要求居住在境外的犹太人"回归祖国"。1952年4月,国会通过了《国籍法》,规定年满18岁的犹太人只要一踏上以色列国土,就自动具有以色列公民身份。该法于同年7月14日正式施行。在《回归法》和《国籍法》的鼓励下,以色列的入境移民飞速增加,到1966年,其人数已超过100万,以色列具有了移民国家的典型特征。移民对以色列国家的贡献是显而易见的,他们为以色列提供了充足的劳动力。腰缠万贯的犹太富翁带来的雄厚资金,成为以色列工业化建设所需资金的基本来源。移民还扩大了国内需求,促进了住房、教育、卫生等各领域的需求,推动了相关产业的发展。以色列经济学家得出的结论是:建国后国民经济的快速增长有30%归功于移民。移民潮所产生的一个不可忽视的负面影响是:以色列社会分裂为西方犹太人、东方犹太人、阿拉伯与其他少数民族,这造成社会的鸿沟和矛盾,甚至表现在语言上(西方犹太人说希伯来语、英语、俄语等,东方犹太人说阿拉伯语)。

战后初期,联邦德国与以色列关系十分微妙。波恩方面首先打破双方的尴尬,于1951年提出对以色列和来自欧洲的犹太人个人进行经济赔偿。以色列政府内部经过激烈的讨价还价,以微弱多数通过了联邦德国赔偿15亿美元的要求。1952年9月,两国签署《德国赔款协定》,规定大多数赔款用于以色列从德国进口的货物。到1967年,联邦德国完成了全部的赔款承诺。联邦德国赔款安抚了犹太人受伤的心灵,缓解了以色列建国初期经济拮据的局面,有助于新生的以色列国家的成长。

二 战争岁月

以色列赢得了巴勒斯坦战争，但阿拉伯各国对以色列的敌意不减，它们对以实行贸易禁运，并且没有一国与以色列建交。以色列在阿拉伯世界处于完全的孤立中。随着1952年埃及革命开始的阿拉伯世界的共和制浪潮，以色列面临的环境更趋严峻。由于埃及总统纳赛尔宣布苏伊士运河国有化，而导致得到英法支持的以色列于1956年10月29日对埃及发动进攻，第二次中东战争即苏伊士运河战争爆发，以色列占领了西奈半岛。在美国的施压和苏联的最后通牒，以及亚非许多国家的谴责下，英、法、以决定停火，以色列被迫从西奈撤军。对以色列来说，苏伊士运河战争的影响是双重的：一方面，它确立了以色列在国际社会的地位，联合国设置的缓冲区使埃以之间出现10年的和平，战争还促使以色列社会整合力增强；另一方面，以色列参与英法对埃及的战争，遭到国际社会的谴责，而其敌人纳赛尔却在战争中声誉鹊起。

苏伊士运河战争后，巴勒斯坦出现了不同的政治组织，其中最著名的当属法塔赫，即巴勒斯坦民族解放运动。1957年10月，法塔赫在科威特开始秘密活动。1963年，它的10名成员秘密组成了第一届中央委员会，领导人为亚西尔·阿拉法特。1964年5月，阿拉伯联盟成立了一个温和的巴勒斯坦解放组织，简称"巴解组织"，它受到埃及的控制，其成立后面临的第一件事就是抵制以色列的"国家引水工程"。1964年9月，阿拉伯国家在亚历山大举行会议，制定了约旦河截流的具体计划。随后，以色列对叙利亚的截流工程发动空袭。1967年5月13日，苏联给叙利亚和埃及发送了假情报，宣称以色列准备进攻阿拉伯国家。同月，埃及宣布关闭蒂朗海峡，对以色列实行封锁。以色列最高指挥部立即制定了占领加沙地带的军事计划，其总体计划有三个方

第二章 历 史

向，即埃及、约旦和叙利亚。

1967年6月5日，以色列对埃及发动了代号为"穆克德"计划的军事行动。因此这次战争又称"六五战争"，即第三次中东战争。以色列先发制人的打击行动取得理想结果，埃及空军遭受毁灭性打击。随后以色列地面部队出动，实施代号为"萨迪姆—阿多姆"的作战计划，占领加沙地带和西奈半岛。与此同时，在约旦战线，以色列军队占领了约旦河西岸和东耶路撒冷。以色列与叙利亚的战斗始于6月9日，以军占领具有重要意义的戈兰高地。在联合国的呼吁下，6月11日，以色列和阿拉伯国家实现全面停火，"六五战争"结束。以阿双方都在战争中损失惨重，阿拉伯国家死亡人数为2万~3万，以色列方面有777名士兵阵亡。拉宾在此次战争中获得了较高的声誉。战争对以色列社会也产生重大影响：一是以色列的安全感增高，自信心增强，优越感明显；二是东方犹太人因在战争中屡立奇功，而得到其他犹太人的重视，以色列社会融合加速；三是国防需求促进了经济复苏，推进了以色列经济的发展；四是对阿拉伯被占领土的占领，它不但使以色列的战略腹地大大扩大，安全环境改善，而且使其控制了具有重要意义的圣地（约旦河西岸）和石油资源（西奈），推动了以色列社会宗教情绪和宗教政党势力的增长；五是世界各地的散居犹太人积极援助以色列，到以色列定居的人也越来越多。

联合国安理会于1967年6月22日一致通过了美国提议的242号决议，要求以色列撤出其在"六五战争"中占领的全部领土，尊重和承认该地区所有国家的主权、领土完整和政治独立。该决议为解决阿以冲突奠定了基础。同时，阿盟也在此后的喀土穆首脑会议上通过了对以色列的"三不"原则（不谈判、不缔和、不承认）。中东局势进入了"不战不和"的阶段，以色列与美国的关系空前加强，前者成为后者对抗亲苏的阿拉伯前线国家的有力工具。

1969年3月7日,果尔达·梅厄接替突然病逝的艾希科尔,成为以色列历史上第一位女总理。梅厄夫人果断刚强,经常把部长们召集到家中商量国家大事,被称为"厨房内阁"。从1967年开始,以色列与埃及陷入低烈度冲突不断的"消耗战",后在美国国务卿威廉·罗杰斯的积极调停下,双方于1970年8月实现了最后停火。

巴解组织在"六五战争"中遭受沉重打击。1968年,巴勒斯坦各派在开罗开会,修改了《巴勒斯坦民族章程》,认为解放巴勒斯坦的唯一途径就是武装斗争。这次会议选举阿拉法特为执委会主席。同年,法塔赫在卡马拉战役中重挫以色列,尽管它自己也损失惨重,但阿拉法特却威名远播。20世纪70年代,一些巴勒斯坦激进组织对以色列策划了一系列恐怖事件,尤其是1972年奥运会期间对以色列运动员实施绑架的事件。

1970年9月,纳赛尔病逝,萨达特出任总统。萨达特决定对以色列发动一场有限战争,以战促和。1973年10月6日,埃及、叙利亚向以色列发动袭击。历史上称此次战争为第四次中东战争、十月战争、斋月战争,以色列称之为赎罪日战争。在战争后期,以色列扭转了战局,尤其是沙龙在战争中表现突出。22、23日,联合国安理会通过了要求双方停火、执行242号决议的338、339号决议,埃及、叙利亚于22日和24日宣布接受停火协议,以色列于25日接受停火。十月战争是第二次世界大战后中东地区规模最大的一次现代化战争,人员与兵器都损失惨重。埃及以此洗刷了在1967年战争中所蒙受的耻辱,民族自信心得以恢复。以色列经济受到重大影响,增长速度下降,通货膨胀严重,公共消费扩大,贸易逆差严重。更重要的后果是,战争从心理上撼动了犹太人的自信心。

在国际上,许多第三世界国家纷纷与以色列断交。在阿拉伯国家石油武器的压力下,欧共体和日本先后发表声明,宣称242号决议是中东和平的基础,尊重巴勒斯坦人的合法权益,从而进一步孤立了以色列。美国也意识到解决阿以冲突的迫切性,开始参与中东问题的和平解决。十月战争标志着中东和平曙光的到来。1973年12月,美、苏、埃、约、以五国参加了日内瓦国际和平会议。会后,美国的基辛格在埃以之间进行穿梭外交,促使双方于1974年1月和8月签署了两项埃以军事脱离接触协议,这是阿以之间第一次通过直接谈判签订的协议,它使埃及收回了西奈的部分领土,埃以承诺互不使用武力,苏伊士运河对以色列民用船只开放。5月,叙利亚和以色列也签署了军事脱离接触协议。

1974年,梅厄夫人辞职,拉宾上台。拉宾上台后,重整国防军,打击恐怖主义。拉宾政府也面临着许多困难,如与联合国关系紧张,经济滑坡,财政赤字严重,通货膨胀率直线上升。1977年4月,拉宾被迫辞职,两周后,工党的佩雷斯出任看守内阁总理,他面临着贝京领导的利库德集团的挑战,后者得到东方犹太人的大力支持。1977年5月,举行第九届议会选举,工党惨败。贝京的利库德集团获得43个议席,而工党联盟仅获得32席。工党统治的时代结束,以色列进入"利库德革命"的动荡年代。

三 利库德上台——一个新时代的到来

1977年6月20日,贝京组成了以利库德集团为核心的新一届联合政府,强硬派人物沙龙和工党人物摩西·达扬均进入内阁。新政府的施政纲领主要体现在《利库德集团关于和平和建立一个正常的以色列的计划》,其核心内容是:增强以色列人的民族与宗教意识;消灭巴解组织是利库德集团的既定目标;经济自由与政府保障相结合;缩小社会差距。

贝京当政时期，极端正统派势力迅速崛起，享有扩展宗教教育、信教妇女免服兵役、禁止堕胎、反对尸检等特权，而许多宗教思想浓厚的犹太人纷纷到西岸定居。同时，利库德集团实施了新经济政策，即出售国营经济，推行私有化，尝试对税收与退休制度进行改革，取消外汇管制和进口补贴，实现从混合经济体制向自由市场经济的转变。利库德集团所推行的政策并未取得实际效果，1973年，国内通货膨胀率达20%，1979年高达80%，到了80年代则达到100%。① 恶性通货膨胀与军费开支过大，个人消费超支以及利库德集团的经济政策密切相关。

此时，以色列与美国的关系得以加强。1977年7月，贝京抵达华盛顿，与卡特总统举行会谈，承诺接受联合国242号和338号决议。同年，美国向以色列提供了18亿美元的援助，以色列成为世界上接受美国援助最多的国家。

1977年11月19日，埃及总统萨达特访问以色列，与贝京总理握手，这标志着长期以来阿拉伯世界对以色列的孤立的打破。随后，萨达特和贝京在以色列议会分别发表演讲，两人表达了实现两国和平的基本看法，但分歧也很明显：萨达特想实现中东问题的全面解决，而贝京只想解决埃以之间的问题。1978年9月，在卡特总统的积极斡旋下，萨达特与贝京在美国总统的休养胜地戴维营举行会谈，双方签署了《关于实现中东和平的纲要》和《关于埃及同以色列之间和平条约的纲要》，即通常所说的《戴维营协议》。1979年3月，经过艰苦谈判，萨达特和贝京在白宫正式签署了《关于阿拉伯埃及共和国和以色列的和平条约》，双方相互承认并尊重对方的主权、独立与领土完整等。协议签署后不久，贝京应邀访问埃及，受到欢迎。1979~1980年，

---

① 1985年8月16日英国《金融时报》。转引自张倩红著《以色列史》，第335页。

埃及从以色列基本收回了西奈半岛。1980年2月，埃及同以色列建交。《戴维营协议》与埃以关系正常化打破了阿以冲突的僵局，但萨达特也受到了阿拉伯世界的指责，并因此遭暗杀。

1983年，身为总理的贝京面临着极其严重的统治危机，被迫辞职，外交部长伊扎克·沙米尔担任以色列总理。沙米尔面临着黎巴嫩内战的纠结，经济持续衰退以及内阁危机，不久内阁宣告解体。1984年7月，工党在议会大选中胜出。9月，工党与利库德签署了组建联合政府、轮流担任总理的协议，佩雷斯首先出任为期2年的总理。新政府采取措施稳定经济，如冻结物价与工资，压缩政府开支，减少税收、教育经费、卫生保健经费及老年补助金，整顿货币等，取得明显成效。美国随后向以色列提供大量军事援助，佩雷斯的支持率迅速增加。但工党与利库德仍在黎巴嫩撤军问题、中东和平进程等问题上存在矛盾。

1986年10月，沙米尔总理上任后，决心阻止佩雷斯推进中东和平进程的努力，而以色列长期的占领终于导致被占领土民众不满的突然爆发。1987年11月，巴勒斯坦难民营发生起义，遭到沙米尔政府的镇压。这次起义被称为"因提法达"（intifada），意为"驱逐"、"摆脱"，其后果一是引起了以色列社会中犹太人与阿拉伯人的分裂，以色列阿拉伯人处于极为尴尬的境地；二是推进了巴勒斯坦伊斯兰极端势力的兴起，哈马斯在起义中异军突起，而巴解组织的威信也得到提高；三是1988年11月，巴勒斯坦全国委员会在阿尔及尔召开第19次特别会议，宣布建立巴勒斯坦国。

海湾战争结束后，美国决心推动和平进程。1991年10月，举世瞩目的马德里中东和会召开，与会的有以色列、叙利亚、黎巴嫩、埃及的代表团和约旦—巴勒斯坦代表团，以及美国、苏联、海湾合作委员会、联合国和欧盟的代表。会议由布什总统主持。它的召开反映了冷战结束后国际格局发生的重大变化，即美国在中东的力量增强,希望推动阿以冲突的和平解决,而阿拉伯激进势力受到削弱,苏联则愿意配合美国的努力。会议的核心议题涉及阿以冲突的所有方面,包括被占领土、水资源、安全、难民、多边合作等问题。由此,阿以对抗在43年之后,冲突各方第一次面对面坐在谈判桌前展开会谈。但由于沙米尔政府的强硬立场,会谈未能取得明显进展。1992年1月,沙米尔政府倒台。

四 和平进程的希望与失望

1992年,以色列第13届议会选举产生了新政府,工党的拉宾获胜。拉宾政府的政策包括:提倡"以领土换和平",冻结在约旦河西岸与加沙地带修建定居点的计划,加大基础设施、教育和工业的资金投入力度,增加就业机会。拉宾对巴解组织的态度也较为温和,明确表示要与其进行接触。它与美国的关系也明显改善,后者解冻了对以的100亿美元贷款,政府将其用于安置移民和发展经济。拉宾还亲自访问埃及。到1995年,与以色列建交的国家达到153个。

阿以会谈也出现了新气象。1993年1月,巴解组织代表与以色列代表在挪威人的安排下,在挪威首都奥斯陆进行了为期3天的密谈,议题涉及安全、水资源以及双方官员的接触等。此后,双方又进行了多次会谈,谈判地点是森林地带,这些会晤被称为"挪威丛林中的密谈"。1993年8月20日,巴以双方达成了《关于加沙—杰里科首先自治协议》,即《奥斯陆协议》,并获得以色列内阁会议投票通过。同年9月13日,拉宾与阿拉法特作为巴以双方的代表,在美国白宫草坪上实现了历史性的握手,并正式签署《以色列和巴勒斯坦解放组织临时自治安排原则宣言》,其内容包括17个条款。根据协议规定:巴勒斯坦立即在加沙和杰里科实行自治,以色列在西岸地区向巴勒斯坦人移交权力,以色列与巴勒斯坦达成自治和选举巴勒斯坦委员会的协议，并规定了5年的过渡期内巴勒斯坦自治的一系列基本原则；以色列从巴勒斯坦人口稠密的地区撤军并重新部署；巴解组织承认以色列并抑制暴力活动，以色列承认巴解组织是巴勒斯坦人的合法代表；在以色列和巴勒斯坦之间开展经济活动。《原则宣言》未对巴勒斯坦的永久地位做出决定，但是在不迟于过渡期第3年举行关于巴勒斯坦最终地位的谈判，以解决最终地位问题。[①] 根据《奥斯陆协议》的安排，巴以谈判总体上分为两个阶段：第一阶段为临时自治政府安排，解决巴勒斯坦自治过渡期问题；第二阶段为最终地位谈判，解决巴勒斯坦的最终地位、耶路撒冷、难民、边界、定居点和安全等问题。

《奥斯陆协议》是巴以和平进程中里程碑式的文件，它采取了渐进主义的模式，避开了核心问题。例如，协议对巴勒斯坦地位、耶路撒冷问题、难民问题、边界问题都没有做出清晰的、具体的说明，只是确立了巴勒斯坦人的自治。随着其后谈判的深入，问题日益复杂，双方更难让步，必然导致巴以和平进程举步不前。

1994年5月4日，在埃及、美国与俄罗斯的调停下，阿拉法特与拉宾在开罗签署《关于实施加沙—杰里科自治原则宣言的最后协议》，内容包括以军从加沙—杰里科撤军，成立巴勒斯坦自治机构等。同年7月，阿拉法特回到加沙，巴勒斯坦民族自治机构开始运作。1995年9月28日，在美国总统克林顿主持下，阿拉法特与拉宾在白宫正式签署了关于扩大巴勒斯坦自治范围的《塔巴协议》。与此同时，约以谈判也取得进展。1993年9月14日，约旦与以色列达成两国实现和平的框架协议。1994年7月25日，拉宾与侯赛因国王在白宫签署《华盛顿宣言》，规定通过和平谈判解决争端，实现公正、持久与全面的和平。10月

[①] 赵克仁：《美国与中东和平进程》，世界知识出版社，2005，第189页。

26日,《约旦—以色列和平条约》正式签署。

然而,巴以双方的极端分子反对和平协议,暴力与恐怖的大戏开始上演。1994年,在约旦河西岸的一名犹太定居者闯进清真寺,杀死多名祈祷者,制造了"希伯伦惨案"。哈马斯也发动了一系列绑架、袭击与自杀性爆炸活动。1995年11月4日,拉宾被一名犹太极端分子刺杀,佩雷斯接任总理。佩雷斯履行诺言,有条不紊地执行《塔巴协议》中规定的条款,与叙利亚的和平谈判也在进行之中。1996年5月,以色列举行大选,稳操胜券的佩雷斯下台,而利库德集团的内塔尼亚胡出乎意料地取胜。

内塔尼亚胡这位"政坛黑马"上台后建立的政府危机四伏。他反对巴勒斯坦建国,反对巴勒斯坦难民回归以色列,反对归还戈兰高地,阻止以土地换和平。1997年1月,经过双方的四轮谈判,内塔尼亚胡与阿拉法特签了《希伯伦协议》,规定将希伯伦的大部分交还巴勒斯坦,但随后的哈尔霍马事件①导致谈判中断。1998年,双方恢复和谈,并于10月在美国马里兰州签署《怀伊备忘录》,其内容包括撤军、释放战俘、逮捕恐怖分子等。但《怀伊备忘录》遭到巴以内部强硬派的反对,没有带来人们所期待的和平局面。

1999年,工党的巴拉克在大选中获胜,并重启和平进程。1999年9月5日,巴以在埃及的沙姆沙伊赫签署了《沙姆沙伊赫备忘录》,承诺履行1993年以来双方达成的所有协议,在2000年1月20日完成《怀伊备忘录》规定的撤军目标。2000年3月,叙以恢复和谈,但由于分歧较大,并没有取得实质性的成果。同年7月,在美国总统克林顿的主持下,阿拉法特和巴拉克

---

① 1997年2月26日,以色列政府批准在东耶路撒冷的哈尔霍马地区兴建一个新的犹太定居点,遭到巴勒斯坦和国际社会的强烈反对。

在戴维营举行会谈，以色列作出重大让步，同意撤出80％的西岸领土，还流露出完全放弃加沙的打算。但由于耶路撒冷的主权归属、犹太定居点、巴勒斯坦难民等问题导致谈判破裂，戴维营会谈仍然无果而终。

戴维营谈判失败后，巴拉克领导的联合政府中的内阁成员纷纷辞职，主要是不满总理的专权倾向，并对政府的无能感到失望。但巴以双方并没有放弃和平的努力。2000年9月，以巴谈判代表在华盛顿会谈，巴拉克承认"一城（耶路撒冷）两都（以色列和巴勒斯坦首都）"。同年9月28日，利库德集团主席沙龙强行"参观"耶路撒冷有争议的圣殿山，引发了巴勒斯坦人的强烈抗议。事实上，《奥斯陆协议》实施以来，被占领土的巴勒斯坦人并未得到实惠，和平进程进展迟缓，不断扩展的犹太人定居点把巴勒斯坦领土分割得四分五裂，居民出行困难，失业率居高不下，人们的不满已经达到了顶点。因此，沙龙进入圣殿山之后，哈马斯号召巴勒斯坦人在阿克萨清真寺举行示威活动，它随后发展为巴勒斯坦人的第二次起义，一般称"阿克萨起义"。同年9月，总理巴拉克辞职。

阿克萨起义标志着和平进程的重大停滞，它反过来推动了以色列民众对以土地换和平的空前失望。2001年2月，沙龙以绝对优势赢得了总理大选。沙龙上台后，以色列与巴勒斯坦陷入相互暴力袭击的恶性循环之中。同年5月，以美国前参议员米切尔为首的巴以冲突国际调查委员会经过数月调查，公布了"米切尔报告"，指出结束暴力袭击，实现内部和解是以巴的主要任务。由于沙龙的强硬反对，该报告成为一纸空文。

2002年6月，美国总统布什宣布允许建立一个与以色列和平相处的巴勒斯坦国，前提是阿拉法特必须下台，巴勒斯坦必须无条件制止和打击针对以色列的恐怖袭击。这是美国首次公开认可未来建立巴勒斯坦国的可能。之后，美国助理国务卿威廉·伯恩斯草拟了中东和平"路线图"。12月，中东问题国际四方委员会（联合国、美国、欧盟和俄罗斯）在华盛顿会议上通过了该计划，而此前该计划也吸收了沙龙政府提出的许多意见。2003年4月，"路线图"正式公布。这一计划的实现预计分三个阶段：2002年12月至2003年5月为第一阶段，巴以相互承认与支持，以色列支持建立独立的巴勒斯坦国；2003年6月至12月为第二阶段，以色列撤出巴勒斯坦被占领土，巴勒斯坦建立民主制度并象征性地建国；2004～2005年为第三阶段，为巴以最终地位谈判达成协议，巴勒斯坦建国。"路线图"为巴以谈判提供了一次机会。

2003年11月，沙龙在内阁会议上提出了单边脱离计划，即以色列单边撤离加沙。"脱离计划"也叫单边行动计划，即以色列主动与巴勒斯坦相脱离。其背景之一是加沙地带人口众多，贫困率高，是哈马斯的大本营，而对以色列没有像西岸那样的宗教意义，战略价值不大。"脱离计划"提出后，沙龙政府对哈马斯等激进组织实行"重点清除"，对加沙展开了清剿行动。哈马斯领袖亚辛被以色列武装直升机炸死，哈马斯随即进行报复。"脱离计划"并没有得到很多以色列人的拥护，但沙龙却竭尽全力地予以推进。2005年9月，以军完成了从加沙地区的撤离行动，在当地和西岸4个定居点的8000多名犹太定居者同时撤出。

沙龙的单边"脱离计划"在利库德集团内部招致了强硬派的批评，进而推动了以色列政治格局的变动。2005年11月，摩洛哥移民阿米尔·佩雷茨当选新一任工党主席，这在一向由阿什肯纳兹人主导的工党是一个历史性的事件。与此同时，沙龙退出利库德集团，自建"前进党"。2006年3月，工党元老佩雷斯退党，宣布支持沙龙。但不幸的是，沙龙在2006年中风住院，从此远离政治。此后，前进党的埃胡德·奥尔默特出任代总理，他宣布要把以色列建设成为一个"公正、强大、和平与繁荣的国家",并强调以色列准备为和平而让步。前进党在2006年3月的大选中胜出。

2006年1月,哈马斯在巴勒斯坦立法委选举中首次历史性地胜出,并于3月组建巴自治政府,从而在巴领导层中形成了事实上的"双轨制"。哈马斯拒不接受中东问题有关四方提出的承认以色列、放弃武装斗争和承认业已达成的巴以协议的三项要求,因此以色列立即对哈马斯进行抵制,还逮捕哈马斯内阁成员,加强对自治区的封锁。巴以关系日趋紧张。

2007年11月,在美国总统布什的主持下,新一轮中东和会在美国马里兰州安纳波利斯的美国海军学院开幕。布什宣布了巴以达成的一项联合声明,声明内容为双方同意立即进行双边谈判,争取在2008年年底前达成一项解决所有问题的和平条约。此次中东和会的主要议题为国际社会支持巴以和平进程、建设巴勒斯坦机制、广泛的阿以问题解决方法。巴勒斯坦、以色列、中东问题有关四方、安理会五常、八国集团成员、"阿拉伯和平倡议"后续委员会成员国等40多个国家及国际组织代表出席会议。但是,由于双方长期的互不信任和缺乏有利的外部环境,此后巴以的和谈很快陷入僵局,直到奥巴马政府执政以后仍旧没有真正的进展。但是,这一时期以色列的经济发展却相当顺利。不过,从长远来看,以色列必须解决与巴勒斯坦和其他阿拉伯国家间的所有问题,2010年年底以来中东北非国家的政治变动给以色列的外部环境带来的新的不确定因素,也充分证明了这一点。

第四节　著名历史人物和当代政治人物

哈 伊姆·魏茨曼(Chaim Weizmann,1874~1952年)
以色列国第一任总统(1949~1952年)、化学家。出生于俄罗斯平斯克省莫托尔。1899 年毕业于瑞士的弗赖堡大学化学系,获博士学位。1901~1903 年在日内瓦大学教授化学。1906 年执教于英国的曼彻斯特大学。1910 年加入英国籍。第一次世界大战期间,他发明了生产弹药必不可少的丙酮的新工艺,得到英国政府的高度评价。因此,他与英国政要建立起联系,并于 1917 年协助英国外交大臣贝尔福勋爵发表了《贝尔福宣言》。1918 年,魏茨曼奔赴巴勒斯坦,积极开展犹太复国主义运动。1920 年英国的巴勒斯坦委任统治确定以后,他担任犹太代办处主席。1920~1931 年、1935~1946 年任世界犹太复国主义组织主席。

第二次世界大战期间,他担任英国供给部的名誉顾问,并在合成橡胶和高辛烷值汽油方面进行研究。他会见美国总统杜鲁门,争取美国对以色列建国的支持和承认。以色列建国后,担任以色列临时国务委员会首脑,1949 年 2 月正式成为以色列总统。同年,他在雷霍沃特建立了一个研究所,即后来的魏茨曼研究院。魏茨曼终生致力于科学研究和社会活动,著述颇丰,其自传《经历和错误》流传最广。1993~2000 年,他的侄子埃泽尔·魏茨曼也担任了以色列总统。

大卫·本—古里安(David Ben-Gurion,1886~1973 年) 以色列政治家、第一任总理(于 1948~1953 年、1955~1963 年任职),被誉为"以色列国之父"。原名大卫·格伦。1886 年出生于波兰的普朗斯克(今属白俄罗斯)。其父是当地热爱圣山运动的领袖之一,并与犹太复国主义运动创始人西奥多·赫茨尔交往颇深,因此自幼深受犹太复国主义思想的熏陶。1903 年加入锡安工人党。1906 年移居巴勒斯坦。1910 年任《联合》刊物编辑,以笔名"本—古里安"发表文章。1911 年赴土耳其伊斯坦布尔学习法律。1917 年在纽约协助组建犹太军团。1918 年随军重返巴勒斯坦。1919 年创建劳工联合党。1921~1935 年任犹太工人总工会总书记。1930年促使劳工联合党与青年工人党合并，组成巴勒斯坦工人党。1933年当选为世界犹太复国主义组织执委会主席。1935~1948年任巴勒斯坦犹太代办处主任。1942年5月，在纽约召集美国犹太人通过战后在巴勒斯坦建立犹太国家的比尔莫特纲领。1948年5月14日以色列国成立，任临时政府总理兼国防部长。此后又连任总理至1963年，是以色列任职最长的总理，历时14年。他号召世界各地犹太人移居巴勒斯坦，并力促其向沙漠地带定居，统一教育制度以及加强国防建设等，对早期以色列国作出巨大贡献。1965年工党分裂，他另组以色列工人党（拉菲党）。1968年他又反对以色列三个工人党合并而建立国家党。1970年退出议会，回到斯德博克基布兹（集体农庄）定居。他睿智博学，著述颇丰，著有《以色列：个人的经历》等26部书。

果尔达·梅厄（Golda Meir，1898~1978年） 以色列国的创建者之一，政治家、外交家，首位女总理，通称梅厄夫人。生于乌克兰基辅，父母均为犹太复国主义运动支持者。1905年随家人移居美国。在家人的影响下，中学时就积极投身于犹太复国主义运动。1916年，就读于密尔沃基州立师范学校（威斯康星大学密尔沃基分校前身）。1921年移居巴勒斯坦，被选为基布兹的代表参加犹太工人总工会。1924年离开基布兹，定居耶路撒冷。1934年担任犹太工人总工会女工理事会书记。1946年，在犹太代办处领导人被托管当局逮捕关押期间，担任代理主任和伊休夫首席发言人。1947年联合国通过分治决议后，她赴美国募集资金，取得了出乎意料的成果。建国前夕，她肩负秘密使命出访约旦，劝说约旦国王阿卜杜拉不要与犹太人为敌。

1948年9月，她放弃耶路撒冷市长一职，出任以色列驻莫斯科大使。1949年任劳工部长，1956年任外交部长，被本—古里安总理誉为"内阁中的最优秀的人"。1965年卸任后，担任巴勒斯坦工人党总书记。1968年，联合其他政党，成立以色列工党。1970年2月艾希科尔总理突然病逝，梅厄接任总理职务。在她的领导下，以色列宣布愿意接受罗杰斯和平倡议，其中包括归还被占领土。1973年的第八届议会选举中，梅厄当选为总理。由于第四次中东战争初期伤亡损失严重，她于1974年4月辞去总理职务。退出政坛后，她撰写了回忆录《我的一生》，迅速成为畅销书，并由好莱坞拍摄成电影。

梅纳赫姆·贝京（Menachem Begin，1913~1992年） 以色列总理。1913年出生于波兰的布列斯特—立托夫斯克（今属白俄罗斯）一个正统犹太家庭。1929年参加修正犹太复国主义联盟领导的青年运动"贝塔尔"。1935年毕业于华沙大学法律系。1941年加入"自由波兰军"，并于翌年随军开赴巴勒斯坦。1943年组织领导犹太秘密军事组织"伊尔贡"，主张以武力解放巴勒斯坦，并开展一系列恐怖活动。1948年联合修正联盟成员组成自由运动党，任主席。1949年当选议员。1965年联合以色列自由党组成加哈尔集团，任主席。1973年加哈尔集团与自由中心、国家党联合组成利库德集团，当选为主席。1977年利库德集团在大选中获胜，出任总理。随后，与埃及总统萨达特共同推动埃以和解，为埃以和平作出重大贡献。1978年同萨达特签署《戴维营协议》，为此荣获当年的诺贝尔和平奖。1979年3月在华盛顿签署《埃以和平条约》，1980年埃以正式建交。1982年6月发动入侵黎巴嫩的战争，引起国内外的强烈反对，被迫于次年9月辞职。贝京知识渊博，擅长演讲，主要著作有《起义》、《白夜》和《在地下》等。

伊扎克·拉宾（Yitzhak Rabin，1922~1995年） 1922年出生于耶路撒冷。父亲尼赫米亚是从乌克兰移居美国的犹太人，第一次世界大战期间随美国犹太军团来到巴勒斯坦。1940年毕业于南加利利的卡多里农业学校。1941年加入犹太武装组织哈加纳的突击队"帕尔马赫"。1948年第一次中东战争时任旅长。以色列建国后历任参谋部作战部长、训练部长、北部军区司令、国防军总参谋长等职,并参与指挥了第三次中东战争。1968年退役后任驻美大使、劳工部长。1974年接替梅厄担任总理,直到1977年4月辞职。1984~1990年,在全国联合政府中担任国防部长,提出分阶段解决巴勒斯坦问题的提案,由此成为以色列解决阿以问题的基本准则。1992年领导工党击败利库德集团,赢得第13届议会选举的胜利,出任总理兼国防部长。他坚持"以土地换和平"的原则,着力推动中东和平进程,从而使以巴关系取得历史性突破。1993年以巴签署《奥斯陆协议》。1994年约以签署《和平条约》。1994年,与佩雷斯、阿拉法特同获1993年诺贝尔和平奖。1995年11月4日,他在特拉维夫遭以色列右翼极端分子刺杀身亡。拉宾曾于1993年访问中国,是第一位访华的以色列总理。

西蒙·佩雷斯(Shimon Peres,1923~) 生于波兰,后移居以色列。曾在本—西门农业学校学习,是约旦河谷阿卢摩特基布兹的创建者之一。1943年任"工人青年运动"书记。第一次中东战争期间负责采购军需。1952~1959年任国防部副总司长、总司长。1959年当选议员,并任国防部副部长。1965年成为拉菲党总书记。1968年参与重组工党。1969年任占领区经济发展和难民安置部长。1970~1974年任运输和通信部长。1974~1977年任国防部长。1977年任工党总书记。1984年任工党主席。1984~1986年在联合政府中任总理。之后在历届政府中多次担任要职。2005年年底退出工党,加入前进党。2006年5月至2007年6月任副总理兼内盖夫和加利利开发部长。2007年6月,当选以色列第9任总统。1994年与拉宾、阿拉法特同获诺贝尔和平奖。

以色列

阿里尔·沙龙（Ariel Sharon, 1928~） 生于特拉维夫附近沙龙地区的马拉勒村。原名阿里尔·沙因内曼，因眷恋故乡改姓沙龙。1922年父母从苏联移居巴勒斯坦，都为崇尚武力的激进犹太复国主义者。沙龙自幼深受父亲的影响，铸成桀骜不驯和逞强好胜的性格。1945年中学毕业后，参加犹太武装组织哈加纳的班长训练队。1957年，赴英国坎伯利参谋学院学习军事指挥和参谋。参加过历次中东战争，骁勇善战，声名卓著。历任步兵学校校长、装甲旅旅长、北部军区参谋长和总参军训部长等职，1967年晋升少将。1969年任南方军区司令。1973年7月辞去军职从政，倡议组建利库德集团。第四次中东战争爆发后，再次应召入伍，担任装甲师师长。1975年后曾任总理安全事务顾问、农业部长、国防部长、不管部长、工业贸易部长、住房部长、基础设施部长和外交部长等职。1999年当选利库德集团领袖。2001年在总理直选中以优势当选。2003年利库德集团在大选中获胜，连任总理。

沙龙是利库德集团的鹰派代表人物，在以巴问题上持强硬立场。2001年2月任总理后，沙龙政府宣布巴勒斯坦民族权力机构为"支持恐怖主义实体"，并以反恐和确保以色列安全为由，"定点清除"巴激进组织的领导人和骨干，不断以暴力毁坏巴民族权力机构设施，对阿拉法特实施强制性"软禁"措施，将其围困在拉姆安拉官邸达3年之久。同时，修建"隔离墙"，推行单边行动等，致使以巴冲突持续升级，中东和平进程陷入困境。

2005年8月，沙龙为了确保以色列人的安全，并改善巴勒斯坦人的生活，执行了一项大胆的计划——脱离接触计划。以色列安全撤离8500多名以色列定居者，从而结束对加沙长达38年的统治。单边撤离引起利库德集团分化，2005年11月，沙龙正式退出利库德，组成新中间党"前进党"。为区别右翼色彩的利库德集团和左翼色彩的工党,沙龙把前进党定位为中间派,希望引领以色列走向一条新的道路。

2006年1月4日晚,沙龙突发严重中风被紧急送往耶路撒冷哈达萨医院进行抢救,此后一直处于深度昏迷状态。4月11日,以色列内阁召开特别会议,宣布因沙龙永久失去履行其职权的能力,任命代总理埃胡德·奥尔默特为临时总理,沙龙的政治生涯结束。

埃胡德·奥尔默特(Ehud Olmert, 1945~) 以色列第12任总理。1973年进入议会工作。1988~1990年任不管部长,1990~1992年任卫生部长。1993~2003年担任耶路撒冷市长,致力于改善城市的基础设施。2003年被任命为副总理、工业贸易及劳工部长、财政部长、内务部长和社会福利部长等。2006年1月,沙龙因中风入院救治,奥尔默特接替沙龙工作。他是利库德集团元老及强硬派人物之一,但后来追随沙龙加入属于温和派的前进党。2006年1月16日,埃胡德·奥尔默特被选为前进党代理主席。2006年5月4日当选以色列总理。祖父是中国哈尔滨的犹太侨民,曾回哈尔滨替祖父扫墓。父亲在哈尔滨长大,22岁移居以色列,能说流利的中文。

本雅明·内塔尼亚胡(Benjamin Netanyahu, 1949~) 生于以色列特拉维夫,迄今唯一一位在以色列建国后出生的总理。1971年获得麻省理工学院建筑学学士,后又在1973年获得麻省理工学院斯隆管理学院管理学硕士学位,此后他在哈佛大学和麻省理工学院学习政治学,毕业后返回以色列。1967~1972年,在以国防军特种部队服役。1976~1988年,在尤纳森反恐怖研究机构执委会任委员、主任。1982~1984年,任以驻美国使团副团长。1984~1988年,任以色列常驻联合国代表。1988年当选议员。1988~1991年,先后在沙米尔政府中担任副外长、政府发言人、国防部副部长等职。1991~1992年,任总理府副部长。1993年,当选利库德集团主席。1996年,在以第一次总理直选中当选总理。1998年兼任外长。1999年1月蝉联利库德集团主席,同年5月参加以总理竞选失败后辞去利库德领导人职务,宣布退出政坛。2002~2005年,先后任看守内阁外长、财政部长,2005年辞去财长职务。2005年12月,第三次当选利库德集团主席,2007年8月再次连任。2009年3月31日,他组阁成功,再度出任总理。

第三章

政 治

以色列实行议会民主制,其政治体制由立法机构、行政机构和司法机构组成。它的组织体系是:总统、议会、政府(总理和内阁)和司法机构。这一体制是基于互相制衡的三权分立的原则。在政体内部,行政机构(政府)要得到立法机构(议会)的信任,司法机构的独立性得到法律保证。

第一节 政治制度的演变

一 近代犹太复国主义和伊休夫时代的政治

以色列是中东最为独特的一个国家,它的政治制度起源于建国前欧洲的犹太复国主义运动和巴勒斯坦的伊休夫(犹太移民社团)。犹太复国主义运动因意识形态、社会基础和宗教观念千差万别而呈现出明显的政治多元化现象。同时,作为对未来国家发展的保障,各党派达成了共识,即不论何种党派,都有权利发表自己的政见并加入犹太复国主义运动,这也反映了欧洲民主对犹太复国主义运动的影响。

犹太复国主义运动包括的主要流派有:第一,政治犹太复国主义,以赫茨尔和魏茨曼为代表,主张争取奥斯曼帝国、德国、英国等大国发表正式文件,同意犹太人建立民族家园,从而使后者获得国际认可。第二,文化犹太复国主义,以阿哈德·阿姆为代表,高度重视犹太文化和历史,主张在巴勒斯坦建国并复兴希伯来语。第三,宗教犹太复国主义,由正统派拉比亚伯拉罕·库克等倡导,主张在巴勒斯坦建立基于犹太教的犹太国家。第四,一般犹太复国主义,为犹太复国主义运动中的温和派,代表中产阶级和自由主义思想。第五,劳工犹太复国主义(也称"社会主义的犹太复国主义"),代表犹太复国主义运动的左派和工人组织,主张通过在巴勒斯坦定居、以农村基布兹和城市无产阶级为组织形式的犹太工人阶级的阶级斗争创建犹太国家。第六,修正派犹太复国主义,由亚博廷斯基领导的犹太复国主义运动中的民族主义右翼,主张对政治犹太复国主义和劳工犹太复国主义进行"修正",实行最高纲领,即在包括外约旦在内的整个巴勒斯坦地区建立由作为主体的犹太人领导的自治共和国;该流派的一些组织后期转而进行反对委任统治当局的暴力活动。①

从一开始,世界犹太复国主义组织即以比例代表制作为选举制度,因为这一制度能最大限度地反映各个党派的实际力量,保证其发言权。1918年巴勒斯坦犹太人临时委员会成立,决定举行"直接的、平等的、秘密的、普遍的和按比例的"选举,年满20岁的移民均有选举权,年满25岁的男子有被选举权。此后,成立了具有议会性质的伊休夫代表大会。在1925年召开的代表大会第二次选举中,代表工人阶级、资产阶级和宗教阵营的29个党派均有人参加,劳工阵营获得42.6%的选票。因此,劳

---

① Wikipedia (The free encyclopedia), 13 July 2007, http://en.wikipedia.org/wiki/ZionismJHJTypes_ of_ Zionism;〔英〕沃尔特·拉克:《犹太复国主义史》,徐方、阎瑞松译,上海三联书店,1992,有关各页;徐向群、余崇健:《第三圣殿:以色列的崛起》,上海远东出版社,1994,第31~35页。

工犹太复国主义对以色列国家的诞生起了关键作用。劳工党派并未因为自己在伊休夫自治机构中占据主导地位而排挤其他党派,它们继续推行多党制,并在犹太工人总工会里同样实行民主选举,以确定各党派的委员名额,因为只有如此才能最大限度地巩固伊休夫内部的团结。这显示出马帕伊(工党前身)思想的民主社会主义性质。同时,各党派在伊休夫内都拥有自己的定居组织、工会、青年组织、文化机构、学校、报刊、劳工介绍所甚至准军事组织等。[①]

二 以色列政治的特点

以色列建国以来的政治具有如下特点。[②]

第一,独特的政党体系。以色列的政党分为三大阵营:(1)工人阵营,包括马帕伊(巴勒斯坦工人党)、马帕姆(统一工人党)、劳工联盟和以色列共产党。除共产党外,其他工人政党政治上信仰社会主义的犹太复国主义,属于社会民主主义党派。(2)自由主义和民族主义阵营,其中一般犹太复国主义党为自由主义党派,自由运动、泰西亚党等为民族主义党派,属于修正派的犹太复国主义。(3)宗教阵营,包括正教党、正教工人党、全国宗教党、泰米党、沙斯党等。其中全国宗教党为宗教犹太复国主义党派。在独立前上述政党中的大党均拥有自己的军事组织、基布兹、工会、企业、学校、社会团体和劳工介绍所,独立性很强。虽然工人党派在政治和外交上属左翼,但它们代表阿什肯纳兹人,即以色列社会中的中上层,而自由运动在政治上

[①] 黄民兴:《试论劳工犹太复国主义的特征》,《史学月刊》1996年第2期。
[②] 参见彭树智主编《二十世纪中东史》,高等教育出版社,2001,第276~278页。

属右翼，但却较多地代表了下层的东方犹太人的利益。因此，以色列政治中的"左翼"和"右翼"不同于一般欧美国家。

第二，社会主义的强大影响。在早期的移民运动中，一批犹太复国主义者深受东欧社会主义思想的影响，从而形成了劳工犹太复国主义运动。在巴勒斯坦出现了强大的社会主义党派、工会和农业合作运动（基布兹和莫沙夫）。从1932年起，马帕伊即控制了犹太社团的领导权。

第三，三权分立的政治制度。犹太移民早期主要来自欧洲，受到西方民主制度的影响，社会主义政党的主流是民主社会主义。为了保证复国事业的成功，必须最大限度地发扬民主。因此，犹太社团包括了不同党派、阶层和教派，政治上实行三权分立。以色列实行代议制，总理掌握实权；议会选举实行比例代表制，这保证了许多小党进入议会，大党难以获得过半议席（60席），须通过多党联盟执政。这导致了政府的不稳定性和小党的身价倍增。

第四，容纳阿拉伯人的犹太国家。以色列是作为犹太国家建立的，凡海外犹太人自动获得以色列国籍。但在犹太人内部，来自欧美的阿什肯纳兹人控制了政权，而东方犹太人（包括西班牙、葡萄牙的塞法尔迪人）地位较低，双方存在矛盾。同时，以色列的阿拉伯人尽管早期受到种种限制和控制，但也是以色列公民，其人口迅速增长，政治权利逐渐扩大。因此，以色列国家的资产阶级民主性与犹太复国主义者建立犹太国家的初衷实际上构成矛盾。维持国家的犹太性，是以色列始终不吞并除东耶路撒冷以外的被占领土的原因之一（被占领土上居住着大量阿拉伯人口）。

第五，宗教的浓厚影响。犹太教与伊斯兰教一样，也广泛地干预社会生活，尤其是正统派的正教党要求严格实施中世纪的犹太教法，包括有关禁食、安息日、婚姻等方面。在司法上，以色列大体沿袭了奥斯曼的做法，即由犹太法院、伊斯兰法院、基督教法院和德鲁兹法院处理各自教派的婚姻案件，而宗教事务部其实只处理犹太教事务。宗教犹太党派的宗教学校也得以保留。但是，阿什肯纳兹人中有许多属于世俗的犹太人，① 因而世俗派与信教者的矛盾对以色列政治影响很大。

第六，军队非政治化。本—古里安领导的马帕伊采取强有力的手段解散了其他党派的军事组织，并以深受英国军队影响的犹太旅老兵为骨干组成国防军，禁止军队干政。此外，军队的机构设置也模仿西方，国防部长为文职官员。不过，由于军官退役年龄较轻，许多退役军官往往跻身政界。

三 工党主导以色列政坛的时代

从1948年建国至1977年，马帕伊及其与劳工联盟和拉菲党合并而成的工党一直主宰了政坛。马帕伊排斥右翼的自由运动和左翼的共产党，而与其他工人政党和温和自由主义及宗教党派结盟执政，维持了近30年的统治。

马帕伊的施政措施主要包括如下方面。

(1) 实施国家主义。即结束各党派各自为政的局面，统一军队、教育、劳工介绍所和医疗体系，实施文官中立和改革选举制（实行多数选区制和两党制）。其中多数成功，只有医疗体系和选举制的改革失败。国家主义的成功实施为以色列从一个政党纷争的民族社团向统一的民族国家的发展奠定了基础。②

(2) 维持与宗教党派的平衡关系。为了保证宗教党派支持国家体制，马帕伊与宗教党派于1947年达成政教互不干涉的协

---

① 20世纪90年代初，以色列犹太人中遵守所有宗教戒律的占20%，根据个人意愿和民族传统遵守某些戒律的占60%，而不严格遵守教规的占20%。见《以色列概况》（中文版），以色列新闻中心，1992，第116页。
② 阎瑞松主编《以色列政治》，西北大学出版社，1995，第80页。

议,并避免颁布宪法,而以一系列单独的基本法取代之。宗教党派也在政府中控制了司法、教育、宗教、内政等部的部长职务。但是,宗教势力与世俗党派围绕着"谁是犹太人?"以及妇女权利、妇女服役等问题进行了尖锐的斗争。①

(3) 在社会经济方面,重视国家干预经济和集体经济,但同时鼓励私人企业和外国投资,实施指导性计划。同时,与建国前重视农业和体力劳动不同,政府极力强调工业化、现代科技的重要性,并大力发展教育,安置移民,提高知识分子的地位。

在这一时期,随着以色列社会政治的演变,工党的地位出现动摇。私人企业的发展,现代工业和科技的发展对早期重视农业劳动观念的冲击,钟情于私有制而非社会主义的东方犹太人的大批入境,等等,都削弱了工党宣扬的社会主义、平等主义和集体主义原则。② 在马帕伊内部,出现了奉行实用主义的本—古里安及少壮派与元老派的对立,本—古里安另立拉菲党。同时,一般犹太复国主义党出现分裂,部分成员加入加哈尔集团(以自由运动为主建立的联盟)。在宗教党派内部,因为 1967 年夺取了约旦河西岸而激发了部分青年党员的宗教情感和激进思想,党内形成了激进的信仰者集团,要求在被占领土建立定居点,该党与工党的关系出现裂痕。因此,以色列政坛出现两极化趋势。

"六五战争"前夕,马帕伊第一次邀请加哈尔集团入阁,建立民族团结政府。战后马帕伊、拉菲党和劳工联盟组建工党,1969 年 1 月工党与马帕姆联合成立工党联盟,完成了工人党派的大联合。在 1969 年大选中,工党联盟获得 56 个议席,少于议会的一半议席,所获选票在左翼党派历史上是最少的。这证明左

---

① 黄民兴:《论工党统治时期(1948~1977 年)以色列政教关系的特点》,《西亚非洲资料》1995 年第 3 期。

② 黄民兴:《工党统治时期(1948~1977)以色列价值观念的演变》,《西北大学学报》1995 年第 4 期。

翼党派已经处于衰落中。1970年，加哈尔集团因政府接受罗杰斯计划而退出内阁。它联合其他右翼组织，于1973年9月成立利库德集团（简称"利库德"）。左右翼两大政党对峙的局面形成了。

1973年十月战争的失败引发了政治危机，梅厄夫人辞职，实用主义的第二代领导人伊扎克·拉宾在工党中央委员会第一次领袖选举中当选。但是，工党的政治影响力进一步下降，它在1973年大选中仅获51席，利库德获39席。经济问题、工党上层的腐败、内部分裂等原因最终使工党在1977年大选中失利，仅获32席，而利库德凭借东方犹太人和青年人的支持夺得43席，成为第一大党。

四　两党轮流及联合执政的时代

77年大选以后，利库德与宗教党派联合组阁，从工党分裂出来的争取变革民主运动后来也入阁。贝京领导的利库德政府的主要施政如下。

（1）经济上奉行自由化政策。如以镑自由浮动，取消外汇管制、进口补贴和食品补贴，出售国营企业。匆忙的经济改革导致了严重混乱，1980年年底通货膨胀率高达130%。

（2）推动定居点建设。工党时期的定居点建设规模小，而且为"安全性"的，即主要分布在约旦河谷约以边境和阿拉伯居民稀疏的地区。利库德政府则完全放开，在被占领土的腹地和阿拉伯人密集地区大规模建立定居点。

（3）在宗教上推行非世俗化政策。政府增加对宗教教育的拨款，立法禁止堕胎、尸体检验和男女混泳，反对旨在改变犹太教信仰的传教活动，禁止在安息日等犹太宗教节日工作，等等。

由于利库德在经济政策上的失误、在巴勒斯坦自治谈判问题上的僵硬态度等，政府内部出现危机。在1984年大选中，工党胜出,经过艰苦的谈判与利库德联合组阁。由相互对立的两大政党组建联合政府,两党领袖佩雷斯和沙米尔轮流担任总理,这开创了世界政治的先例,其原因主要是两大党具有一些共同利益(避免向小党过多让步、防止党内其他政治家夺取领袖宝座)和共同观点(遏制通货膨胀、拒绝撤出所有被占领土、不承认巴解组织等)。佩雷斯领导的联合政府在治理通货膨胀、从黎巴嫩撤军等方面取得成果,但两党在阿以和谈问题上矛盾尖锐,最终导致1990年联合政府的解体。此后恢复了两党轮流执政的局面。

1991年,利库德政府被迫参加了马德里和会,但其僵硬态度使阿以和谈裹足不前。此时,以色列政坛出现变化。一贯支持利库德的东方犹太人新兴宗教党派沙斯党和大批涌入以色列的俄罗斯移民都开始支持工党,在1992年大选中工党获胜,拉宾任总理。拉宾在总理任内,完成了与巴解组织的自治谈判,签署《奥斯陆协议》。在国内政策上,积极进行包括私有化在内的经济改革,利用"和平红利"推进经济和高科技发展,努力增加就业,打破外交孤立,促进阿以地区合作的发展,取得明显成效。

但是,和平进程的发展遭到阿犹恐怖活动的打击,1995年拉宾遇刺。1996年,以色列同时举行了议会选举和历史上第一次总理直选(根据1992年立法),内塔尼亚胡以0.9%的差距当选总理。利库德获胜的原因主要是包括沙斯党在内的宗教党派和俄罗斯移民组成的移民党的支持,同时两大党的票数双双下降,而宗教党派和阿拉伯政党的得票明显上升。选举结果说明,以色列两大党的影响下降,而游移的中间党派和执政党的施政情况对选举至关重要。

新的利库德政府使和平进程陷于停顿,以色列经济也遭受挫折。1999年5月,工党以"一个以色列"的名义参加大选,其领袖巴拉克以55.9%的高票获胜,当选总理。工党获27席,利库德19席,沙斯党17席。选举的特点是大党和老的党派得票下降,而包括世俗党派、宗教党派、阿拉伯党派、俄罗斯移民党派在内的中间党派力量上升(议会15个党派中6个为新党),似乎表明以色列政治再次进入了"战国"时代。同时,阿以和谈成为以色列政治中的首要问题,而内政(如宗教)与外交政策问题进一步交织盘错。

五 21世纪初以色列政治的新倾向

2000年9月,巴以戴维营和谈失败,此后利库德领导人沙龙对圣殿山的访问导致了巴勒斯坦人的"阿克萨起义"即第二次起义。在2001年的总理直选中,沙龙当选。在同年3月,议会表决同意废除总理直选制,恢复1968年《选举法》中有关总理的规定。因为总理直选的结果,是大党受到削弱、小党数量增加、小党尤其是宗教政党力量加强、总理组阁更加困难、内阁危机频发等。[1]

沙龙上台后,以色列的中间派政党力量进一步壮大。在2003年选举产生的第16届议会中,90年代由一些对工党和利库德集团不满的成员分化组成的变革党占到15个席位,成为继利库德和工党之后的第三大党。2003年美国提出中东和平"路线图"计划后,沙龙表示愿意结束对巴勒斯坦的"占领",承认巴勒斯坦的"建国"权。2005年8月,沙龙政府启动单边行动计划,于9月完成了从加沙地带的撤离工作,此举遭到党内以内塔尼亚胡为领导的右翼势力的强烈反对。2005年11月,沙龙宣布退出利库德集团,另组"前进党",并自称中间派政党。这标志着以色列政局的"重新洗牌"。2006年1月,沙龙突发严重中风,此后长期住院并淡出政坛。同年4月,前进党赢得大选,党的新领袖奥尔默特当选以色列总理。

---

[1] 雷钰:《以色列总理直选制的兴废》,《西亚非洲》2004年第1期。

中间派政党的壮大有着深刻的时代背景。巴以和谈经过多次曲折之后,一方面,以色列的一些右翼势力开始认识到归还部分被占领土的必要性。而另一方面,2000 年以来自杀性爆炸事件的频发使以色列人对安全感到担心,一些左翼人士开始向右转,从工党中分离出来,从而使中间派政党势力异军突起。① 然而,中间派政党的力量并不稳固。2006 年 7 月以军与黎巴嫩真主党爆发武装冲突之后,政治能力远不如沙龙的奥尔默特的支持率一路走低。此外,受政治腐败、性丑闻等事件影响,前进党和工党组成的联合政府人气低迷。2008 年 9 月,第一副总理兼外交部长齐皮·利夫尼取代丑闻缠身的奥尔默特当选前进党主席。

与此相关的,是保守的利库德再次崛起。继沙龙的追随者相继加入前进党之后,利库德集团的实力大减,在 2006 年的议会选举中仅获 11 席,比前进党少了 17 个席位。但在 2005 年内塔尼亚胡成为利库德集团领袖以来,他利用其政治影响力以及前进党的失误,逐渐收复失地。2009 年 2 月,以色列举行第 18 届议会选举,各党获得的议席为:前进党 28 席、利库德集团 27 席、"我们的家园以色列"党 15 席、工党 13 席、沙斯党 11 席;右翼势力总计获得 63~64 个席位,明显超过左翼。

这一选举结果是在工党内部大变动的背景下发生的。2005 年 11 月,摩洛哥移民阿米尔·佩雷茨当选新一任工党主席,而工党一向是由来自欧洲的犹太精英主导的。一些政治家与评论家甚至把此事视为 1977 年以来以色列国内最大的政治事件。佩雷茨主张在政治、经济问题上进行革新,在巴勒斯坦问题上追随拉宾倡导的和平路线。2005 年 11 月,在竞选工党主席中失败的党内元老佩雷斯宣布退党。在国内,这一时期工党往往支持沙龙政

---

① 冯基华:《沙龙之后的以色列政党政治与巴以冲突发展态势》,《亚非纵横》2006 年第 2 期。

府，2006年之后又加入前进党政府，在政治上进一步发挥配角的作用。2007年6月，巴拉克在工党主席的竞选中胜出。但是，他难以改变左翼党派衰落的大局。在2009年的议会选举中，工党仅名列第四大党，而中左集团难以获得组阁需要的半数议席。其深层原因在于民众对中左政党在维护国家安全和推进巴以和平进程中的表现深感失望。最终，巴拉克率工党于2009年加入内塔尼亚胡领导的联合政府中，而他在政府内的无所作为引起了一些工党成员的不满。2011年1月，巴拉克宣布辞去工党主席的职务，并永久退出工党，同时退党的还有其他4名工党议员。巴拉克与他的追随者建立了秉承中间路线的新党"独立党"。

巴拉克的退党将产生深远的影响。工党的议席因此只剩下8个。有分析家认为，它可能从根本上动摇这个老牌以色列左翼政党的根基，甚至可能导致工党的彻底瓦解。同样，它也将影响和平进程的走向。前进党议员什洛莫·莫拉宣称：此举"也宣布了和平的终结"。

在历史进入21世纪的第二个十年之时，以色列的政治在总体上明显向右转了，而且左翼政党在短期内很难改变这一基本格局。

第二节 宪法与司法体系

一 宪法

以色列没有一部成文宪法，理由之一是一些保守的宗教人士反对宪法拥有高于《塔木德》等宗教典籍的权威。因此以色列政府是依据国会颁布的法规运作，包括一系列的"基本法"（Basic Laws），目前为止总计有14部基本法。这些"基本法"被计划用作未来宪法颁布的基础。基本法超过普通立法的优越地位于1995年获得确认,当时最高法院受权对违反"基本法"的议会立法进行司法审查。2003年,国会的宪法、法律和司法委员会开始起草一份正式的宪法,但直到2007年年初为止仍未完成。目前已经颁布的"基本法"并未包括宪法应当涉及的所有领域。

14部基本法包括:

《基本法:议会》(1958年);

《基本法:国家土地》(1960年);

《基本法:总统》(1964年);

《基本法:政府》(1968年);

《基本法:国家经济》(1971年);

《基本法:军队》(1976年);

《基本法:耶路撒冷——以色列的首都》(1980年);

《基本法:司法》(1984年);

《基本法:国家监察长》(1988年);

《基本法:人的尊严和自由》(1992年);

《基本法:政府》(1992年,取代1968年的相关法律);

《基本法:职业自由》(1992年);

《基本法:职业自由》(1994年,取代1992年的相关法律);

《基本法:政府》(2001年,取代1992年的相关法律,恢复1968年法律而有所变动)。

除"基本法"和《以色列建国宣言》外,还有一些特定法律具有宪法性质,尤其是《回归法》(1950年)。它规定每个犹太人都有权返回以色列,入境时自动获得公民身份,从而确认了《以色列建国宣言》提出的"流亡者聚集"概念。

二 法律和司法体系

独立伊始,以色列即通过了法律和行政命令,规定建国之前在该地区通行的法律,只要不违背《以色列建国宣言》中所载原则和议会未来颁布的法律，便将继续生效。因此，以色列的法律制度纳入了奥斯曼法律（1917年之前生效）的残留部分、英国委任统治当局的法律（其中包括很大一部分英国普通法）、犹太宗教法的成分以及其他法律制度（如大陆法系）的一些内容。所以，以色列属于"混合司法"的法律体系。20世纪60年代以来，逐步废除了几乎所有的奥斯曼法律，按照欧洲和普通法理念编纂了各种单行法规。到80年代末，与英国普通法形式上的联系被取消了，同时，以色列司法机关开始发展自己的普通法，即"以色列风格的普通法"，今天国家法律的大部分都是以色列普通法的产物（例如行政法）。90年代，颁布了两部涉及人权问题的"基本法"，它们构成了以色列的《人权法案》；在私法领域，开始进行编纂活动的统一化和现代化工作，2004年起草了一部新的现代民法典，它不包括商法、家庭法或劳动法，也不涉及消费者保护法。在司法实践中，所有"基本法"都被认为是国家的最高法，直到"基本法"被统一为宪法时为止，因而法律宪法化的整个过程开始了。[1] 总之，以色列法律制度的主要特点体现在1948年以来逐步形成的独立的成文法和判例法这一法律主体上。

如同英美法系，以色列的法律体制建立在先前判例的基础上。法庭采取抗辩制度，而不是审讯制度，当事人（原告和被告）必须自行将证据带到法庭上，法庭并不会做任何独立的调查。如同大陆法系，以色列不设陪审团制度，案件是由专业的法官判决。许多主要的以色列法规（例如契约法）也都受到大陆

---

[1] 参见上海社会科学院法学研究所编译室编译《各国宪政制度和民商法要览》亚洲分册，法律出版社，1987，第280～310页；阿伦·巴拉克（以色列最高法院院长）《对以色列法律制度及其司法机关的反思》，于庆生译，法制网，http://www.legaldaily.com.cn/misc/2006 - 11/28/content_471249.htm。

法系的影响，是基于民法的原则的。以色列的法律并不是由法典，而是由单独的法规构成的。

影响以色列法律的是西方法律文化，前者的基本路径是"世俗的、自由的和理性的"。社会制度追求的是通过法律和法院解决问题；法律被认为是确保社会进步和变革的概念；个人享有权利，也负有义务。[①] 不过，以色列仍然受到它所在地区的传统的影响，这表现在宗教法的存在，它们处理不同宗教社团的个人身份问题（结婚和离婚事宜），相关事宜完全由宗教法庭（犹太教、伊斯兰教和基督教）处理，不存在民事的结婚或离婚。[②] 以色列最高法院院长阿伦·巴拉克在2000年发表于国际会议上的一篇论文中指出，这一做法违背了人权，它是以色列应该尽快解决的一个问题。[③]

以色列的《基本法：人类尊严和自由》和《基本法：职业自由》中规定："这一基本法的目的是为了保护人类尊严和自由，是为了将作为犹太的和民主的国家的以色列国家的价值确立在基本法中。"而作为犹太国家的以色列国家价值意味着两点：其一，以色列是犹太复国主义者的国家，它意味着以色列的存在理由是通过建立每个犹太人都有权到达的一个国家来解决犹太人问题。《回归法》的颁布就是这一理念的表达。其二，以色列是犹太传统的国家，这意味着犹太价值和犹太传统是以色列基本价值的一部分。但是，在作为犹太国家的以色列国家价值和其作为民主国家的价值之间存在着紧张关系。[④]

---

① 巴拉克：《对以色列法律制度及其司法机关的反思》。
② 早在阿拉伯帝国时代，各宗教社团即在法律上实行自治，它们奉行各自的宗教法，尤其是在家庭法（涉及结婚、离婚、子女监护、财产继承）领域。这一传统延续到奥斯曼帝国时期。
③ 巴拉克：《对以色列法律制度及其司法机关的反思》。
④ 巴拉克：《对以色列法律制度及其司法机关的反思》。

以色列的司法部门由三层架构的法庭组成。在最低层次的是地方法院,分布于大多数城市。第二层是地区法院,同时负起上诉法院和地方法院的功能,分布于 5 座城市:耶路撒冷、特拉维夫-雅法、海法、贝尔谢巴以及拿撒勒。最上层的法院则是以色列最高法院,位于耶路撒冷。最高法院是最高的上诉法院,也身兼高等法院的功能,高等法院主要是负责解决个别公民对于法院提出的请愿,这些请愿通常由政府部门回复(包括以色列国防军)。这样的请愿可能使得高等法院作出决定,指导政府部门纠正原来的行政决定。

法官是由国会相关委员会、最高法院法官以及以色列律师行会的会员联合选出、总统任命的。根据普通法制度,法官来自律师,法律规定法官在 70 岁时退休。最高法院拥有 12 名法官,其首席大法官由司法部长批准,负责指派所有法庭的常务官员。以色列不是国际刑事法院的成员,因为担心若加入将会导致以色列在被占领土的定居者遭到起诉。司法机构的独立性得到法律的保证。

三 国家审计长

国家审计长为确保政府的责任性,依法设立。国家审计长执行外部审计并就公共行政的合法性、正常性、经济状况、效率、效益以及道德规范提出报告。自 1971 年以来,其还行使监察官的职能,受理公众对需经审计长审计的国家或公共机构的投诉。国家审计长由议会经无记名投票选出,任期 7 年,只对议会负责。国家审计范围包括审查政府各部、国家机构、国防单位的分支机构、地方当局、国有公司等部门和机构的活动。此外,国家审计长还有权检查在议会占有议席的政党的财务及其选举账户。凡被发现有不法行为者,即可实施罚款。

四　警察机构

以色列警方的任务是打击犯罪、协助当局执行法律和实施交通法规,指导相关部门采取预防性安全措施,保护全体居民。

警察当局的主要机动特遣部队是边防警卫队。它主要处理国内治安问题,并包括一个专门的反恐怖机构。恐怖事件的威胁导致公民积极要求参与保护其社区。因此,1974年建立了一支公民志愿警卫队以维持社区治安机构,其中包括指挥中心、武装巡逻队和培训计划。

五　监狱

以色列设有多处监狱设施,分别关押成年男性犯人、治安犯、少年犯和女犯。针对犯人的情况及罪行制订了各种改造方案,目的在于帮助他们重新参与社会生活。这些方案包括:教育和职业培训课程;缓刑制度;辩护咨询;以及监狱内外的就业机会,劳动收入平均分配给犯人及其家属以及储蓄计划。每隔两三个月,允许所有犯人探家一次,但可能危害公共治安者除外。法律规定犯人有争取减刑的权利。刑期在6个月以上的犯人,在服满2/3的刑期之后,经赦免委员会斟酌决定,可提前获释。被判处终身监禁的犯人可向总统请求赦免或减刑。

第三节　立法机构和选举制度

一　国会

以色列立法机构为一院制国会,希伯来语称为"Knesset",由120名议员组成。国会议席的分配是由各政党在大选中的得票比例决定的。国会选举通常是 4 年举行一次,但国会可以在选举前经由表决自行解散,这种表决即不信任投票。政党进入议会的门槛较低,只要获得 1.5% 的选票,就可得到议席,所以进入议会的政党一般多达 10 个左右,无法形成英美式的两党制。以色列建国以来组建的几乎都是联合政府,而且在组阁和治理国家的过程中,一些小党的作用往往超过其自身的规模。

目前国会里有 12 个拥有至少 1 个议席的政党。作为以色列的立法机构,国会负责颁布法律、监督政府行为,并有权任免总统。议员的选举制度决定了任何政党都很难在国会里获得有效的多数派地位。总理由议员选出,因此都是由最有能力组成联合政府并争取最多议员支持的人出任。在国会选举之后,总理有 45 天时间组阁,而内阁必须由国会集体批准。1996~2003 年曾实行总理直选,但此后继续沿用议会选任至今。

二 选举制度

以色列的议会选举制具有非常鲜明的特点,即全国为一个选区,以政党或集团为单位参加竞选,根据各党派所得的总票数,按比例分配议席。其后果是无一政党或团体能在议会中拥有单独组阁所需的半数以上的简单多数议席(61 席),最终都需要组成联合政府。

比例代表制是以色列议会选举制度的核心,它与英、美等国通行的选区多数选举制截然不同。在以色列,大选结束两周后,中央选举委员会在政府公报上正式公布选举结果,并根据各政党得票数按比例分配议席。只要在大选中获得 1.5%(1991 年之前为 1%)选票的党派就有资格进入议会,这是分配议席的最低起点,即"马哈绍姆"("门槛")。按比例计算选票后,即可分配议席。例如,某党分得 31 个议席,那么该党候选人名单上的前

31人将成为议员；若其中某个议员死亡或辞职，候选人名单上的第32位候选人将填补空白，以此类推。此外，政府要向分得议席的政党退还保证金，并承担其竞选经费，每个议席的代价大约是10万美元，不到美国的1/10。① 比例代表制给有政治理想的人士带来了希望，体现了高度的民主性和自由性，同时也激发了广大选民的政治热忱和参政议政的积极性。

但比例代表制也给国家政治带来了严重的负面影响。它为代表少数人利益的小党充斥政坛提供了契机，是导致以色列党派滋生和政坛混乱的主要根源。一方面，比例代表制不仅促使新党的产生，而且还刺激了老党内部的分裂。另一方面，以色列的议席分配起点低于其他采用比例代表制的国家。总之，在比例代表制下，以色列建立了典型的多党制。迄今为止，先后有上百个党派和集团参加过以色列的16届大选，仅进入议会的政党就超过50个。最具代表性的是，阿拉伯人的政党也通过选举进入了议会。在第15届议会选举中，以阿拉伯民主党为中心的阿拉伯联合党一举获得5个议席，空前绝后。

在议会里，党派林立、议席分散，而促使党派合并的因素则少之又少，因此很难形成一个多数派，这对组织一届稳定的政府非常不利。每个参加竞选的政党都要提交一份候选人名单。在以色列，凡在议会中已占有议席的政党自动具有参选资格，其他任何政党、团体以及个人，只要能征集到2500名选民的签名支持，并缴纳12000美元的保证金，就可提交候选人名单参加竞选。但是，1984年的"卡赫党事件"后，议会于次年通过修正案规定："一个党，假如它的宗旨或行动，不管是明白无误的，还是含糊不清的，包含以下各点之一者，不得参加议会大选：（1）否定以色列国作为犹太人的国家的存在；（2）否定国家的民主性质；

---

① 雷钰：《以色列议会选举制度研究》，博士论文，西北大学，2004。

(3) 煽动种族主义。"

凡年满 18 周岁的公民均有选举权，年满 21 周岁的公民均有被选举权。针对候选人资格，以色列有关议会选举的法律规定，凡以下人员须在大选前 100 天辞职，方可参加竞选：(1) 总统，两位犹太教大拉比，国家审计长和以色列国防军总参谋长；(2) 各级法院的法官，包括拉比和其他宗教法庭人员；(3) 各种神职人员，如职业拉比、牧师等；(4) 军官和高级文职人员。

比例代表制使政党具有浓厚的集体性和思想性，有助于建立组织严密、纪律严明的政党，一些个人的、散漫的、缺乏组织纪律性的小党派往往会被淘汰，客观上对政党数目有一种限制作用。在以色列，历届议会的政党数目比较稳定，保持在 10~15 个，而真正能长期保存下来的也只有工党联盟、利库德集团和全国宗教党等为数不多的几个政党联盟或政党。然而比例代表制的集体性质严重影响了候选人的独立性，其结果是议员与选民严重脱节，他们不受选民的约束和监督，缺乏政治责任心，导致选民无法直接参政。所以，以色列的议会选举制度远没有选区多数选举制民主。

第四节　政　府

一　内阁

以色列国家的行政机构是政府（内阁）。它主管包括安全事务在内的国内外事务。政府的决策权非常广泛，并决定自己的工作和决策程序。通常它每周开会一次，但可视需要增加会议次数。它还可以通过部级委员会采取行动。

以色列的部长在履行职务上向总理负责，其行为向议会负责。大多数部长负有专职，并主管一个部；不管部部长可接受委派负责特别项目。总理亦可充任负有专职的部长。所有部长都必须是以色列公民和居民。经总理或政府批准的部长可在各自的部里任命一名副部长；而且部长一般必须是议员；部长总人数不固定。

政府同议会一样，任期一般为 4 年，但其任期可因总理辞职、死亡或议会投不信任票而缩短。政府必须得到议会的信任，即在议会 120 名议员中，至少有 61 位支持政府。政府工作接受议会的监督。政府的组织和职能，1968 年前由《过渡法》（俗称"小宪法"）调整，1968 年 8 月起由《基本法：政府》调整。如果总理辞职或逝世，整个政府必须辞职，由原总理所属政党的第二号人物出任总理，领导原政府继续工作，直到议会大选后新政府接替为止。政府在行政上有广泛的权力，除议会之外，其他任何机构都无权对其进行干预，最高法院只能审议政府的行动是否合法。

以色列的新议会组成后，总统任命议会最大党的领袖为总理，授权他在 3 周内组成内阁，必要时可延长 3 周。在此期间，新任总理必须联合若干政见相近、利益相合的小党，以凑够组成政府所需的半数以上的支持议席，建立联合政府。[①] 在当代历史上，左右翼执政联盟相互交替上台执政，要么工党联盟联合几个中间性小党组阁执政，要么利库德集团联合几个小党组成政府，从而形成"一党为主，多党联合"的模式。总的来说，左右翼联合政府的更迭还是相当规范和平稳的，因为为了维护政局稳定，新内阁一般都不排斥上届政府的基本政策，并保持一定的连续性。

[①] 工党在第 7 届大选中获得 56 个议席，取得了议会选举史上最大的胜利，但仍未超过议会中的半数，不能单独组阁。

在联合政府内部,多数党与若干小党之间,必然要在大政方针、内外政策等方面进行协商和互相妥协。既要体现执政大党的意志,又要采纳友党的一些政策主张,达到联合政府内部的利益平衡,从而保障内阁的稳定运行。同时,各党领袖或骨干各司其职,极力维护本党的利益;各党相互监督和制约,从而有效地防止一党专制以及个人独揽大权,有利于发挥议会民主。

联合政府的缺陷非常突出,集中体现在以下两个方面。

(1) 以色列总理难当。在以色列,组阁一直都是政治生活的重要组成部分,与政府的决策和统治能力密切相关。漫长而烦琐的组阁往往是新总理面临的第一个严峻考验。为了凑够组成内阁所需的半数以上支持议席,总理必须分别与有望入阁的小党谈判,就新政府施政纲领的各个细节、部长职位的分配等重要问题达成联合协议。总理受联合执政的友党的制约,通常都会妥协让步,友党提出的人选总理一般只能采纳,而各部的设置则是根据组阁的需要而定。总理甚至还"因人设岗",任命多位不管部长,从而造成机构臃肿、人浮于事的现象。内阁部长只对其党负责,而将国家和选民的利益置于脑后,导致政党化的官僚主义盛行。同时,由于联合执政的需要,总理必须在政府工作中力求平衡,迁就中小党派,其在重大问题上的决策能力受到极大影响,实用主义的成分较多。

(2) 内阁危机频发。由于联合政府各党派的议席总计刚好超过议员总席位之半,任何一方的退出都可能导致内阁危机。组阁的大党对小党的依赖性越强,后者就越有机会对前者施加压力。因此,小党入阁后,一直处于"一两压千斤"的特殊地位。为了维持内阁的"生存",总理一再向友党让步,于是,一些小党,尤其是宗教党派往往在某些政策方面获得了超出其自身政治实力的影响。其结果,就是以色列内阁危机频发。从1949年到1979年的30年里,共有16种原因引起了103次内阁危机,其中因宗教问题(犹太教教育、安息日法、领土问题、反对养猪等)的就有35次,几乎占1/3。总之,以色列联合政府只不过是一个十分脆弱、充满矛盾的联合体,入阁党派彼此政见不一,任何对政治现状的改变都有可能引起内阁危机。以色列建国后仅有16届议会,却有30届内阁,几乎一半内阁都是提前解散的。

脆弱的联合政府严重削弱了总理的决策能力,使其难以制定出明确、果敢的政策,从而使以色列的行政管理缺乏一个真正的领导中心。通常,总理所执行的政策大都是各政党妥协的产物,从而严重阻碍了国家按部就班的发展,不能进行重大的社会政治改革,甚至连一部反映大多数公民意愿的宪法都难以制定出来。建国后,不少以色列政治家和有识之士都深刻地认识到:单一比例代表制是以色列政治制度不成熟的表现,不能真实地反映选民意愿,甚至认为它是"以色列政治制度的最大弱点之一"。

现任政府(第32届)于2009年3月31日成立,由利库德集团、"我们的家园以色列"党、工党、沙斯党、圣经犹太教联盟、犹太家园党6党联合组成,包括总理、6位副总理和23位部长,主要成员有:

总理本雅明·内塔尼亚胡(Benjamin Netanyahu),利库德集团。

副总理兼地区开发部长、内盖夫和加利利开发部长西尔万·沙洛姆(Silvan Shalom),利库德集团。

副总理兼战略事务部长摩西·亚阿隆(Moshe Ya'alon),利库德集团。

副总理兼国防部长埃胡德·巴拉克(Ehud Barak),工党。

副总理兼外交部长阿维格多·利伯曼(Avigdor Liberman),"我们的家园以色列"党。

副总理兼情报及原子能部长达恩·梅里多尔（Dan Meridor），利库德集团。

副总理兼内政部长埃利亚胡·伊沙伊（Eliyahu Yishai），沙斯党。

以色列历任总理：

大卫·本—古里安（David Ben-Gurion，1948～1953年）。

摩西·夏里特（Moshe Sharett，1954～1955年）。

大卫·本—古里安（1955～1963年）。

列维·艾希科尔（Levi Eshkol，1963～1969年）。

果尔达·梅厄（Golda Meir，1969～1974年）。

伊扎克·拉宾（Yitzhak Rabin，1974～1977年）。

梅纳赫姆·贝京（Menachem Begin，1977～1983年）。

伊扎克·沙米尔（Yitzhak Shamir，1983～1984年）。

西蒙·佩雷斯（Shimon Peres，1984～1986年）。

伊扎克·沙米尔（1986～1992年）。

伊扎克·拉宾（1992～1995年）。

西蒙·佩雷斯（1995～1996年）。

本雅明·内塔尼亚胡（1996～1999年）。

埃胡德·巴拉克（1999～2001年）。

阿里尔·沙龙（Ariel Sharon，2001～2006年）。

埃胡德·奥尔默特（Ehud Olmert，2006～2009年）。

本雅明·内塔尼亚胡（2009年至今）。

二 总统

以色列总统是国家元首，为超党派的国家统一的象征。总统通常由执政党领袖，即政府总理向议会推荐对国家贡献大、德高望重的政治活动家或科学家，获得简单多数即可当选，任期7年不得连任。总统的职责主要是礼节性事务,包括召开新议会、协助组阁、接受国书、签署议会通过的条约与法律、任命外交使团团长、法官、国家银行行长、大赦囚犯等。

以色列历任总统:

哈伊姆·魏茨曼(Chaim Weizmann,1949~1952年),犹太复国主义领导人、杰出的科学家。

伊扎克·本—兹维(Yitzhak Ben-Zvi,1952~1963年),犹太代办处领导人、历史学家。

扎勒曼·夏扎尔(Zalman Shazar,1963~1973年),政治家、学者、历史学家、作家、诗人。

伊弗雷姆·卡齐尔(Ephraim Katzir,1973~1978年),著名生物化学家。

伊扎克·纳冯(Yitzhak Navon,1978~1983年),政治家、教育家、作家。

埃泽尔·魏茨曼(Ezer Weizman,1993~2000年),空军将领、政治家、企业家。

摩西·卡察夫(Moshe Katsav,2000~2007年),社会活动领导人、政治家。

西蒙·佩雷斯(Shimon Peres,2007年至今),政治家、国会议员。

第五节 主要政党

一 以色列工党

工党(希伯来文为 HaAvoda;英文为 Israel Labour Party)为劳工犹太复国主义的左翼政党,1930年成立,党员约30万人,领导人多属阿什肯纳兹人。该党亦承认巴勒斯坦人的自决权，认可建立一个拥有有限主权（如不能拥有军队、不能与任何国家军事上结盟、以色列空军享有领空使用权）的巴勒斯坦国。在社会领域，工党主张社会公正和平等，实现宗教与世俗、东方犹太人与西方犹太人、以色列犹太人与阿拉伯人等少数民族之间的和解与融合。2007年6月，埃胡德·巴拉克在工党主席选举中再度当选。工党在第18届议会选举中是第四大党。巴拉克于2011年1月退出工党，后者的力量因此受到严重削弱。

二　前进党

前进党（希伯来文为 Qādīmāh，中文或音译"卡狄马党"）为中间派政党。由前总理沙龙于2005年11月脱离利库德集团后成立。2006年1月，沙龙中风昏迷，埃胡德·奥尔默特被推选为代理主席，后成为正式主席。该党在2009年举行的议会选举中获28席，以一席优势领先利库德集团，成为议会第一大党。现任主席为前外长齐皮·利夫尼。

三　利库德集团

利库德集团简称利库德（希伯来文为 HaLikud，意为"团结"；英文为 Likud），为民族主义的保守派政党。1973年9月由加哈尔集团、自由中心、拉姆党、人民党、国土完整运动等党联合组成。1977年和1981年两次大选获胜执政；1984年和1988年两次同工党组成联合政府。1990年6月与其他一些宗教党组成新政府。1992年大选失利后成为在野党。1996年内塔尼亚胡带领利库德击败工党，成为以色列历史上最年轻的总理。1999年沙龙当选利库德集团主席，并于2001年当选总理。2005年8月，沙龙大力推行"脱离计划"，造成党内分裂，沙龙率领支持者于11月退出利库德，该党受到严重削弱。同年

12月，内塔尼亚胡再次当选利库德集团主席，并于2007年连任。在第18届议会选举中获27席，成为议会第二大党并成功组阁，内塔尼亚胡任总理。

利库德集团奉行"以安全换和平"政策，在巴勒斯坦问题上立场强硬，但近年来相关政策也做了适当调整。在经济方面该党主张建立自由市场经济，积极推行私有化政策，在文化方面主张复兴犹太文化。主要支持者来自东方犹太人和犹太教正统派。

四 "我们的家园以色列"党

"我们的家园以色列"党（Israel Beiteinu）系1999年成立的右翼民族主义政党，主要支持者是前苏联犹太移民，主席为阿维格多·利伯曼。在1999年第15届议会选举中获4席，2001年进入联合政府。2003年再次进入联合政府。2005年因反对"脱离计划"退出联合政府。2006年第17届议会选举中获11席，成为议会第五大党。同年加入奥尔默特内阁，利伯曼担任副总理兼战略事务部长。2008年，利伯曼因反对与巴勒斯坦就最终地位问题进行谈判退出内阁。在第18届议会选举中获15席，成为议会第三大党。

该党在巴勒斯坦问题上持强硬立场，认为以色列籍阿拉伯人口上升威胁到以色列作为犹太国家的属性，主张鼓励更多犹太人移居以色列，同时敦促以色列籍阿拉伯人迁往巴勒斯坦控制区或其他阿拉伯国家。在社会经济领域，主张私有化，打击腐败，重视犹太文化教育。

五 沙斯党

沙斯党（Shas）系代表东方犹太人的正教派犹太人政党，1984年成立。主席为埃利亚胡·伊沙伊。在第18届议会选举中获11席，为议会第五大党。

该党主要关心本党及其选民在宗教、社会及经济方面的利益。在以巴冲突等问题上立场较温和、灵活。在宗教上持正统派立场。

六 独立党

独立党（Independence）系从工党分裂出来的政党，领导人为前工党领袖埃胡德·巴拉克，2011年1月成立。该党主张"中间主义、犹太复国主义和民主"的路线，并加入了利库德集团的联合政府。

第四章

经　　济

第一节　概述

以色列自然环境相对恶劣。但建国以来，以色列克服了许多困难，从一个以农业为主的国家迅速发展成为发达的新兴工业化国家。今天，它在农业、工业、科技及军工等部门的技术水平均走在世界前列。

以色列经济为混合型，国有经济、私有经济和合作制经济共存。私有经济虽然比重较大，但一些重要部门由政府严格控制。以色列经济的独特之处还在于其合作制经济。许多大型企业由以色列总工会（原犹太工人总工会）掌管；在农业中，以基布兹和莫沙夫为主的合作经济则占有很大成分。在国民经济体系下的三种经济成分既相互竞争，又互补合作，使以色列能够在如此短的时间和如此小的空间里，取得经济快速稳定的增长。以色列在孤立的地缘政治形势下较为成功地应对了人口激增、经济危机、失业等问题，成为新兴工业化国家的典范。下面对以色列经济发展历程的主要阶段作一简单介绍。

一　经济快速增长时期（1948~1973年）

以色列经济起点很低，却增长很快。在建国后的 20 多年里，其国内生产总值年增长率平均为 10%，实际工资增长率为 4.7%。到 1958 年，以色列人均收入已经同奥地利、芬兰、荷兰等欧洲国家相差无几。

建国初期，以色列最需要解决的国内问题是接收移民和进行经济建设。由于战后欧洲犹太幸存者及阿拉伯国家犹太人大量涌入，以色列人口从 1948 年（75 万人）到 1961 年短时间激增了 3 倍，安置远超过本国人口的大量移民成为大问题。刚刚建国的以色列得到世界犹太人的大量捐款和美国的贷款援助以及联邦德国从 1952 年起开始提供的赔款，这些公共资金由以色列的三大公共机构——政府、以色列总工会和犹太代办处掌握，它们为移民修建了数以千计的房屋、大批学校等。三大机构还将资金投入农业发展，在农村普及电力系统，开发新的水资源，帮助阿拉伯农民建立运销合作社以及小型工业。大多数农民开始用拖拉机犁地，灌溉和收割也都机械化了。此后 20 年间农业经历了相对的繁荣时期。

在农业发展之后，为了扩大就业和减少贸易逆差，以色列开始了国家的工业化进程，利用廉价劳动力创建了进口替代型工业。为了促进工业发展，1957 年，在政府的主导下，总工会、地方银行、制造商协会等机构共同成立了工业发展有限银行，为企业提供长期贷款。凡是对"国家贸易平衡或出口面向或进口替代作出贡献者，或企业建在特别开发区，能就地提供就业机会，使该地区低收入集团人均收入得以提高者，或采用有利于工业现代化的技术创造和发明者，可以向该银行申请借贷"[①]。该银行还与政府各以 50% 的股份参与工业发展投资公司，为工业公司筹集资本，形成雄厚的流动资金。

规模宏大的公共建设活动导致经济高度集中化。国有经济和

[①] 徐向群、余崇健：《第三圣殿——以色列的崛起》，上海远东出版社，1994，第 236 页。

合作经济在建国后很长一段时间占主导地位,对整个经济具有决定性影响。尽管后来以色列经济出现私有化趋势,国有经济和合作制经济仍然超过了私有经济。在本阶段一次关于"对劳资关系影响最大的机构是什么?"问题的调查中,1200个受访者(具有代表性的以色列成年人口,不限于总工会成员)中有64%的人回答是犹太工人总工会,26%为政府,还有10%为雇主。[1] 这种状况"有助于维护建国前形成的经济组织模式,在这一模式中,政府及准政府机构,劳工合作组织和私人企业各自控制着经济的一个部分"[2]。

关于这一时期各种经济在国家经济总量中所占的比例,以及劳动力的行业结构情况,见表4-1、4-2和4-3。

表4-1 20世纪50年代以色列和其他国家劳动力的部门结构

单位:%

国 别	以色列(1958年)	奥地利(1951年)	意大利(1951年)	瑞士(1950年)
农业	17.6	32.2	40.0	16.5
制造业	21.7	28.3	22.8	38.5
建筑业	9.8	8.0	7.1	8.1
商业和银行	12.3	8.8	12.4	11.6
交通和通信业	6.8	5.3	3.8	4.6
服务业	29.8	15.3	8.1	19.8
其他	2.0	2.0	5.8	0.9

资料来源:Alex Weingrod, *Israel: Group Relations in a New Society*, Frederick A. Praeger, New York, 1965, p. 18。

---

[1] Roby Nathanson and Associates, *Union responses to a changing environment: the New Histadrut-the General Federation of Labour in Israel*, Bethesda, MD.: Congressional Information Service, Inc., 2001, p. 4.

[2] 〔英〕诺亚·卢卡斯著《以色列现代史》,杜先菊、彭艳译,商务印书馆,1997,第337页。

表4-2 1953~1960年以色列各部门国内生产净产值

项目	国内生产净产值(1)	国家部门(2)	以色列总工会部门(3)	私人所有部门 (1)-[(2)+(3)]=(4)
百万谢克尔(时价)				
1953年	1120	217	201	702
1957年	2489	521	513	1455
1958年	2848	570	571	1707
1959年	3222	695	653	1874
1960年	3610	761	737	2112
百分比(%)				
1953年	100.0	19.4	18.0	62.6
1957年	100.0	20.9	20.6	58.5
1958年	100.0	20.0	20.0	60.0
1959年	100.0	21.6	20.3	58.1
1960年	100.0	21.1	20.4	58.5

资料来源：The Falk project for economic research in Israel, sixth report, 1961-3, Jerusalem, April 1964。

表4-3 1959年以色列各部门雇佣劳动力人数

机构	所有部门(1)	国家部门(2)	以色列工总(3)	私人所有部门 (1)-[(2)+(3)]=(4)
人数(千)				
所有部门	675.4	119.2	152.6	403.6
农业,林业,渔业	110.4	1.6	52.5	56.3
矿业,矿山开采及加工业	157.1	3.7	27.6	125.8
建筑业	63.6	4.0	16.9	42.7
公共服务(水电供应)	7.1	7.1	—	—
交通运输业	47.0	15.2	10.5	21.3

续表

机 构	所有部门 (1)	国家部门 (2)	以色列工总 (3)	私人所有部门 (1)-[(2)+ (3)]=(4)
银行,金融,不动产,商业,服务业,政府服务及非营利性机构	287.5	87.6	45.1	154.8
未知	2.7	—	—	2.7
百分比(%)				
所有部门	100.0	17.6	22.6	59.8
所有部门:全部劳动力*	100.0	(24~25)	(21)	(55~56)
农业,林业,渔业	100.0	1.4	47.6	51.0
矿业,矿山开采及加工业	100.0	2.4	17.5	80.1
建筑业	100.0	6.3	26.6	67.1
公共服务(水电供应)	100.0	100.0	—	—
交通运输业	100.0	32.4	22.3	45.3
银行,金融,不动产,商业,服务业,政府服务及非营利性机构	100.0	30.4	15.7	53.9
未知	100.0	—	—	100.0

　　*所有人力资源在各行业的分布数据参照军队人力资源部 A. Hovne 的统计。见《以色列人力资源》,第82页,附录表B。

　　资料来源:纵列(1)国家统计局,《以色列统计摘要》,第11卷,1959-1960,第302页,表2。(2) The Falk project for economic research in Israel, sixth report, 1961-1963, Jerusalem, April 1964. (3)以色列银行,年鉴报告。

二 经济结构转变时期 (1973~1985年)

　　本阶段是以色列经济不景气的时期。1973年中东战争后,以色列的工农业特别是军工和高科技产业仍有所发展,但整体经济开始走下坡路。由于70年代到80年代世界石

第四章 经　济

油价格的上涨、国内通货膨胀率的加剧以及 1973 年和 1982 年的两场战争等原因的影响，以色列经济出现明显的波动，通货膨胀率高达三位数，外债不断攀升。尽管美国对以色列从贷款转向赠送的援助方式及时控制了以色列外债的继续增加，但其经济形势到 1985 年一直处于低迷状态。据《国际金融统计年鉴》数字，从 1973 年到 1985 年的 10 多年间，以色列国民生产总值共增长 38%，平均年增长率仅为 2.7%，其中最好的 1978 年和 1981 年的增长率分别为 5% 及 4.5%，而有些年份（如 1984 年）还出现了 1.6% 的负增长。

　　这一时期通货膨胀严重。1973 年以色列的通货膨胀率为 11%，1974~1977 年上升为 40%，1981~1983 年高达 141%，1984 年猛增到 450%。政府被迫于 1985 年 9 月进行币制改革，发行新谢克尔。1985 年 4 月，以色列外汇储备下降到不足 21 亿美元，低于 30 亿美元储备的"警戒线"，只能支付两个月的进口。因此，国家预算经常入不敷出，外债和国际收支逆差激增。1982~1984 年预算赤字为国民生产总值的 12%~15%。1970 年以色列外债总额只有 66.5 亿美元，1983 年年底上升为 225.6 亿多美元，人均 5550 美元，居世界第一。1958~1967 年的 10 年间，以色列的国际收支逆差每年平均只有 5 亿美元，1983 年年底上升为 22.48 亿美元。①

　　与这一时期经济低迷相悖，大多数以色列人的高消费意识却出现抬头，消费品生产和消费数量大幅度增加。消费结构也发生了变化，用于食品的开支在整个消费中的比重下降，而各种各样的服务、耐用消费品以及住房的支出增加了。很多家庭更新电器，争购电子产品、汽车，并出现了住宅建筑热和出国旅游热，

---

① 高博、葛迪夫著《以色列的经济发展道路》，《现代国际关系》1992 年第 5 期，第 13 页。

消费的增长速度超过了国民经济发展速度。70年代末,以色列1/4的家庭拥有小汽车(1962年为4%),90%的家庭有电视机(1970年为50%),97%的家庭有电冰箱(1960年为47%),70%的家庭有洗衣机(1960年为16%)。80年代初,每7个以色列人中就有1人到国外度假。[①] 这虽然一定程度刺激了经济发展与就业,但也潜伏着很大的危险。这一时期的失业率不断下降,从50年代初的11%减少到50年代中期的7%,到60年代初已降到3%稍多。[②] 从1967年到1979年下半年,以色列经济基本上在充分就业的状况下运转。[③]

这一时期的经济结构发生了巨大变化。建国初期封闭、垄断性质的公有经济与合作制经济面临严重困难,所属企业经济效益日益恶化,社会各界要求改革的呼声日高。1977年利库德集团组阁后,企图在短期内实现由混合经济体制向自由市场经济体制的转变,开始鼓励私有化,扩大私人企业,放宽政府对经济的控制,引进竞争机制,大量减少或取消政府补贴。这一政策被后来历届政府所沿用。宏观经济政策的变化,导致以色列劳资关系发生了重大变化,首当其冲的就是以色列总工会所属经济体。在野的工党反对大幅度削减社会福利,利用其在公有和集体经济中的巨大影响力以及它所领导的总工会组织群众与之对抗,结果使国民经济陷入困境。

这一阶段也是以色列经济从以农业为主转变为以工业为主的重要阶段。农业人口从最初占全国劳动力的18%下降到80年代初的约6%,同期农业产值在国民生产总值中的比例也从11%下

[①] 纳达夫·萨弗兰著《以色列的历史和概况》下册,北京大学历史系翻译小组译,人民出版社,1973,第290页。
[②] Noah Lucas, *The Modern History of Israel*, London, 1974, pp. 341, 350.
[③] 劳伦斯·迈耶著《今日以色列》,新华出版社,1987,第139、123~124页。

降到6%多一点。① 工业生产在整个经济中所占比例从1968年的27.6%增长到1980年的39.1%，同期工业就业人数占全部就业人数的比例从26%增长到30.2%。城镇人口迅速增加，1983年占全国居民总数的70%以上。② 在出口贸易中，农产品出口减少而工业品出口增加。与此同时，农业也得到发展，以色列已经从一个必须进口50%以上食品的国家变成一个能生产国内所需食品90%并可出口农产品的国家。实际上，以色列已发展成为经济以工业为主体的国家。③

三 转折时期（1985～1989年）

1985年以后几年是以色列遏制恶性通货膨胀的改革期。1984年工党和利库德集团联合执政后，表示要"和衷共济"以拯救经济。联合政府连续抛出了三个治理经济的"一揽子计划"，但先后失败，经济危机进一步加深。国家领导人深刻地认识到，要制止恶性通货膨胀，唯有进行全面的综合治理，而且必须获得全国各阶层、各政治集团的支持，首先必须获得以色列总工会和企业主的支持。经过政府与总工会、制造商协会的反复谈判，最后达成三方一致同意的以遏制恶性通货膨胀为主旨的"经济稳定计划"，即经济紧缩计划。该计划的主要措施有四项。

第一，全面冻结物价3个月。政府放弃了在原有价格基础上冻结物价的办法，允许商品价格在平均增加25%的基础上实施

---

① 参见纳达夫·萨弗兰著《以色列的历史和概况》下册，第309页；劳伦斯·迈耶著《今日以色列》，第103页。
② 张俊彦主编《中东国家经济发展战略研究》，北京大学出版社，1987，第3页。
③ 赵云侠著《试论以色列主观条件对经济发展的作用》，《世界历史》1989年第4期，第94页。

冻结价格3个月。同时颁布了严厉惩处超限价格的法令,成功遏制了物价上涨。1986年通货膨胀降低至19.7%,这是1972年以来首次低于20%。

第二,货币贬值,规定新的汇率。首先,谢克尔与美元的比价贬值18.8%,这既把部分经济损失转嫁到居民身上,也刺激了商品出口。其次,在两个月后,政府发行新谢克尔,新旧货币之比为1:1000,谢克尔与美元的兑换率为1.5:1。政府还保证在一年内,银行存款同美元比价脱钩,使任何人都不能从事大规模的金融投机。上述措施实施后,外贸情况明显好转,出口迅速增长,逆差减少。1985年与1984年相比,出口从56.22亿美元增加到60.8亿美元,增长8.1%,而进口却从80.72亿美元减少为80.2亿美元,外贸赤字从24.49亿美元减少到19.4亿美元。1986年外贸赤字虽增加到23.61亿美元,但仍低于1984年。[①]

第三,大幅度压缩政府开支,裁减冗员。政府硬性规定国家财政开支削减7.5%。除国防外,几乎所有政府部门的预算都削减了,从国民教育、卫生保健到家庭津贴和老年补助金无不如此。政府对基本商品的补贴,从13亿美元减少到5亿美元以内。为此,政府各部门共解雇了1万多人,甚至对自建国以来从未遭到解雇的教师也进行了裁减。政府机构工作人员的实际工资减少了近30%。[②] 大幅度削减开支和厉行节约的措施,消除了以色列连续15年存在的每年达10%~15%的赤字现象,1986年预算赤字降低到3%。

第四,全面冻结工资3个月。在物价上涨、货币贬值、补贴减少和税收增加的情况下,政府冻结了工薪阶层工资。随着通货

[①] 张士智:《以色列遏制恶性通货膨胀的经验》,《世界经济与政治》1989年第11期,第23页。
[②] 《以色列经济学家》杂志,1989年1月号,第15页。转引自张士智《以色列遏制恶性通货膨胀的经验》,第23页。

膨胀被遏制，经济趋向稳定，对工资的限制也开始解冻。根据政府、工会和制造商协会三方协议的规定，工资的增长幅度应略高于消费品的物价指数，以补偿职工在治理经济中所作出的牺牲。到1986年4月，工资共增加了20%以上。失业率也从8%下降到6%左右。

此外，政府还采取了一些相应措施。如银行提高了利息，年利率高达100%以上，从而增加了居民的储蓄热情，遏制了企业投机性的借贷。政府还以增税抑制社会消费。如提高出国旅游税，将每人每次缴纳100美元的收费提高到300美元，并对机票和船票征收15%的附加税。出国旅游人数大幅度减少（20% ~ 30%）。

经济紧缩措施实行后，以色列经济转危为安，各方面情况都有所好转。1986年及1987年，国民生产增长率由1984年的负数分别变为3.7%及5.9%。国家预算收支接近平衡，国际收支还出现了30年以来的第一次盈余。1984年的国际收支逆差达14.11亿美元，而1985年出现了11亿美元的顺差（包括美国为以色列经济稳定计划提供的7.5亿美元援助），1986年又出现了13.71亿美元顺差（包括美国提供的7.5亿美元资助）。① 到1986年4月，外汇储备增加了50%，达30.54亿美元。但好景不长，1987年12月被占领土巴勒斯坦人掀起反以起义后，以色列经济又遭受沉重打击，国民生产增长率到1988年下跌为2.7%，1989年只增长1.6%。② 国家预算和国际收支重新出现了赤字。

以色列继续对资本市场、税收制度等领域进行改革，推进私有化改革，对公共和私人部门进行调整。政府不再对亏损的公共

---

① 〔英〕《各国概况：以色列》，1987~1988年刊，第24页。
② 高博、葛迪夫：《以色列的经济发展道路》，第15页。

企业提供大量补贴,许多企业在激烈的竞争中倒闭。上述措施提高了企业的竞争力和效益。政府还对外汇市场和能源、农业、建筑、运输等部门进行了相应的改革。税制的改革降低了企业和个人所得税及其他商业税,同时增加了外资企业在税收及补贴方面享有的优惠待遇。

在这一时期,以色列国家的社会主义意识形态迅速减退,政府对劳资关系的控制开始松弛。私有企业比重大幅上升,很多国有和合作制企业则面临改制或破产的命运。如总工会所属的龙头企业库尔公司债务高达13亿美元,这迫使总工会对所属各公司进行结构性重组。从1985年到1989年,总工会所属企业虽然在没有增加工作人员的情况下产值有所上升,但是总工会所属企业失业率却从6%上升到9%。宏观经济政策的变化给劳动力市场带来了翻天覆地的变化,雇主获得了自由决定雇佣方式和制定工资政策的权力,大量就业人员通过人力公司以个人合同的方式就业,越来越多的工人成为计件工人,总工会的劳资协议适用范围逐渐缩小,在劳资关系方面的统治地位发生动摇。

四　经济自由化时期(1990年以来)

20世纪90年代以色列经济整体发展很快。1994~1996年的增长率非常高,而1997~1999年的增长率下降,甚至变成了负数。经济的高增长率主要归功于两方面的发展:首先,这一时期以色列吸收了大量俄罗斯移民,正是他们促成了高科技产业的崛起;其次便是中东和平进程。1997~1998年的经济萧条主要缘于移民人数的减少,这直接导致了耐用消费品及房地产业投资的下降。世界经贸增长速度放慢也影响了以色列经济。所幸的是由于其宏观经济的稳定,1997~1998年的全球金融风暴没有影响到以色列。1999年的经济形势在第一季度的惯性下降后,国内生产总值开始强劲反弹。

第四章 经 济

90年代,以色列接纳了100万来自前苏联的犹太移民,其中很多是教育程度甚高、充满创业精神的高科技人才。在移民浪潮的带动之下,以色列经济又开始复苏。1990年和1991年国民生产增长率提高到5.1%和5.2%。与大量移民相伴而来的还有失业问题。1992年年初,国内劳动力的失业率为11%,前苏联新移民的失业率高达36%。此外,国家预算和国际收支逆差再次扩大,1991年的预算赤字相当于国民生产总值的6.2%。1990年国际收支逆差为51亿美元,1991年上升为75亿美元。

1994年是以色列经济大变革的年份。一方面政府继续调整经济结构,在加速国营企业私有化进程、降低关税、调节利率、扩大贸易自由化及鼓励竞争等方面进一步推行改革,使经济继续保持快速增长,通货膨胀率下降,失业人数减少,总体形势趋好。拉宾政府成立了一个包括总理、财政部长和司法部长在内的私有化委员会,该委员会有权推行国有企业私有化,而无须经过公司上级部门的同意。到1994年年底,政府已部分或全部出售了22家公司的股权,获得了大批资金。1995年以来,一批大型的国营或总工会企业,如以色列化学集团、以色列航空公司、以色列炼油公司、国家电话公司等也都程度不同地进行了私有化改革。随着经济体制改革的深入,私营部门在经济中发挥了更重要的作用。

另一方面,以色列总工会也经历了革命性变化。在1994年5月举行的总工会选举中,工党失去了长达74年的统治地位。选举获胜的政党拉姆党对总工会进行了彻底的改革。总工会历史上发生的第二件大事是1994年《国家健康保险法》的颁布(实施于1995年)。此前,总工会会员囊括了国家的大多数人口,即缴纳医疗保险金的所有公民。而该法律切断了总工会和医疗服务之间的联系,工会会员人数因此急剧减少,从原来的150万锐减至1995年的65万。会员缴纳的会费和医疗保证金也急剧减少,进一步恶化了总工会的财政状况。自从政府推行私有化改革和引进竞争机制以后，总工会失去了政府的经济支持，面临着破产的威胁。为缓解债务压力，1991年，总工会被迫将拥有数百家企业的库尔公司出售，其后出售的企业包括以色列最大的商业银行——工人银行。尤西达昂对这一行径深感震惊："这是本世纪最大的一次抢劫。数天或数周内，曾经控制国民经济25%的实体破产了。"[①] 他指出在这起"抢劫案"中，房地产公司及其房屋建筑仅以300万谢克尔的价格出售，几个月后其价值竟然达到12亿。由此，以色列的合作制经济比重急剧下降。

近十来年，尽管西方先后发生互联网泡沫和金融危机、以色列先后与黎巴嫩真主党和巴勒斯坦的哈马斯发生军事冲突，但以色列经济的发展十分健康，并且主要由出口带动。2000年，以色列的国内生产总值的年增长率约为7.5%，几乎是发达国家的两倍；其人均值在经历了两年的负增长后取得了3.4%的增长率，为17500美元，高于西班牙、葡萄牙以及希腊等欧盟成员国。2001年和2002年，以色列的国内生产总值增长受世界市场波及呈现负数，但从2003年开始恢复为正增长，2004~2007年再度大幅度领先发达国家。[②] 2010年，以色列的国内生产总值按官方汇率计算估计为2013亿美元，人均29500美元，国内生产总值比上年增长3.4%；该年国内生产总值的部门比例为：农业2.4%，工业32.6%，服务业65%；当年失业率为6.4%，人口贫困率为23.6%。[③] 失业率看起来比较高，

[①] Dani Ben Simhon, *The Unmaking of the Histadrut*, http://www.workersadvicecenter.org/Challenge88 - Histadrut.htm.

[②] 〔美〕丹·塞诺、〔以〕索尔·辛格：《创业的国度——以色列经济奇迹的启示》，王跃红、韩君宜译，中信出版社，2010，第13页。

[③] 美国中央情报局网站，http://www.cia.gov/library/publications/the-world-factbook/geos/is.html。

但有两个重要原因,就是犹太宗教学生不就业和阿拉伯人口中妇女的就业比例低。

以色列在世界经济中的独特地位反映在全球顶尖企业,包括英特尔、IBM、微软、惠普、雅虎、谷歌等在以色列都有研发中心,而且这些研发中心是它们的所有海外中心里最为重要的。2006年,巴菲特斥资40亿美元买下以色列大型金属企业Iscar 80%的股份,这是股神的第一笔美国境外投资。美国著名的信息企业思科在以色列收购了9家企业,现在仍在搜寻其他合适的目标。2007年,外资为以色列经济注资逾100亿美元。目前,以色列被世界经济论坛认定为全球技术创新领域的领先国家之一。在2008~2009年世界经济论坛全球竞争力指数报告中,以色列在最具竞争力国家的整体排名中居第23位。

第二节 农业

一 先进的节水农业

以色列的水土资源均较贫乏,但在严重缺水的干旱条件下,以色列人用高科技创造出农业的奇迹,其原因主要是在充分开发与利用水土资源上狠下工夫,特别在水资源方面。其水资源开发方式主要有以下几类:

一是充分利用北部太巴列湖进行长距离提水灌溉。以色列政府自1953年起投资1.5亿美元,制定了一个庞大的北水南调工程,历经11年,终于在1964年完成了主渠长130公里的从太巴列湖至内盖夫沙漠的输水系统。每年引灌的水量达3.5亿立方米,使那里的不毛之地成了一片片生机勃勃的绿洲。二是打井抽灌,井深一般达150米左右,地区仅限于南部。三是通过排咸蓄

以色列

淡，或咸淡兼用的方式，充分开发水资源。以色列现在灌溉用的许多水是含盐的、无法饮用的微咸水及咸水，人们专门开发培养了适宜于咸水灌溉的小麦、番茄、西瓜、棉花等品种，并适当用淡水稀释，使内盖夫沙漠中的苦咸水也能浇灌出甘甜果实。特别是番茄不仅提高了甜度，而且可以储存半月不变质，以诱人的价格卖到了西欧市场。以色列还专门培育了用海水灌溉的灌木和以这种灌木为主要饲料的羊。含盐的水塘也引入了珍贵的鱼种——海鲈鱼。

此外，政府还将大量降雨所产生的地表径流汇集起来，并在最需要的时候灌溉作物。以色列科学家开发了一种技术，以预测雨水流量和安排其流向，使大量雨水渗流回地下或通过堤坝蓄积起来。他们还成功地在年降水量仅94毫米的内盖夫沙漠，通过微型集水区技术创造绿洲。同时，以色列在利用云层人工降雨、增雨方面也处于世界领先水平。人工降雨已成为一种常规性作业，可以比季节性降雨增加约15%的平均降雨量。为了最大限度地发挥淡水资源效益，以色列将30%的城市生活废水进行无害化处理，重新用于灌溉农作物，例如棉花。

除了开发水资源外，以色列人依靠科学技术，最大限度地提高了水资源的利用率，成功地发展了节水型农业。在水资源利用上主要遵循以下原则：

一是高度节水。在以色列，农业灌溉全部实行地表滴灌、地下滴灌、喷灌和微型喷灌，而不使用传统的地面灌溉如漫灌、沟灌。这样就节约了淡水。

喷灌是利用专门的系统将水加压后送到喷灌地段，通过喷洒器喷射到空中，并使水分散成细小水滴后均匀洒落在田间进行灌溉的一种灌水方法。喷灌灌溉效率可达到70%~80%。在以色列喷灌主要采用大型喷灌机组，用于大田作物如小麦等。近年来，喷灌技术有较大改进，一是提高喷灌水流均匀度，具体措施有调整喷点最佳间距、在夜间无风时灌水、提高压力稳定性等；二是喷头采用新设计，在喷头上可以调整角度、水滴大小和喷洒图形，使用很方便；三是使用计量阀门，以水量控制灌溉时间，消除了压力波动的影响，提高了灌水均匀度并减少了喷头阻塞；四是在小块面积上采用部分旋转式喷头，减少不必要的喷洒；五是采用低压节能喷头向下喷洒，从而使得喷灌技术的运用范围进一步扩大。

微型喷灌是通过旋转喷嘴和固定喷洒台向空中喷洒水分的方法。喷洒面积不大，最适合于果园、茶园灌溉。它只是湿润果树根部周围的有限土壤，而不是湿润每一棵果树所覆盖的全部土壤，灌溉效率最大可达到85%。

滴灌是将水加压、过滤，必要时添加可溶性化肥、农药、除草剂等，通过管道系统与安装在末级管道上的滴头，将作物需要的水分和养分以较少的流量均匀、准确地直接输送到作物根部附近的土壤表面或土层中的灌水方法。这不仅避免了浇灌和喷灌对水资源的浪费，而且可以使植物得到合理的水量，增加产量。滴灌的水分利用率高达90%~95%。由于滴灌只湿润作物根系附近土壤，水分直接被根系吸收利用；且滴灌全部使用管道输水，滴灌速率可以调整为与水渗入土壤速率相当，灌水均匀，不易产生地面径流和渗漏损失，一般比地面灌溉省水50%~70%，扩大灌溉面积2~3倍，也比喷灌省水15%~20%。滴灌在灌水的同时施肥，肥料直接被作物根系吸收，肥料利用率高达70%~85%，较地面撒施提高一倍以上，达到省肥和减轻化肥对环境污染的目的。在以色列，80%的灌溉地采用灌溉施肥方式。滴灌的作物产量高，品质好。用滴灌灌溉的西红柿每公顷产量80吨、黄瓜30吨、茄子70吨、香蕉44吨、花生4.2~4.4吨、甜玉米28吨、马铃薯57吨、棉花4.5吨，比传统灌溉方法产量提高2~3倍，甚至7倍。

滴灌还具有节省劳力、方便灵活、能用电脑控制灌溉等特点，可在任何时候实施灌溉。在以色列还用污水、微咸水等劣质水灌溉，因为滴灌水可以与作物根部形成一个椭球状湿润体，在不断滴入的水流作用下，土壤中的盐分可被推移到椭球体的边缘，从而在作物根部形成一个正常的生长环境，保证作物的正常生长。滴灌还可以减少杂草生长，减轻或防止作物病害的发生。滴灌适合于大多数作物特别是果树、蔬菜。无论是不规则的田块、薄层土壤、石质土、沙土、黏土或是沙漠戈壁等都可实施滴灌，而不必平整土地，也能保证灌水均匀。如在内盖夫沙漠地区，年降雨量不到30毫米，但气候温暖，光热条件好，当地农户在沙漠中盖大棚，用滴灌技术种植瓜果蔬菜花卉，出口欧洲，被称为欧洲冬天的厨房。

滴灌的局限性在于系统建设的一次性投资太大；再者，滴头易堵塞，因而对灌溉水质量要求较高。灌溉水一定要经过过滤处理后才可利用。以色列生产的过滤设备是世界上最先进的，有沙过滤器、网过滤器、旋转式水沙分离器以及叠片式过滤器。在田间以叠片式过滤器应用较为普遍，它有自动清洗功能，工作可靠，可以解决滴灌最令人头痛的堵塞问题。在滴灌系统中加入一种能释放氯的物质，使阻塞滴头的有机物质氧化而减轻滴灌的堵塞。虽然滴灌投资比传统的灌溉方法要大，但收益也高，而且投工少，见效快，一般2~3年就能收回设备投资，且只要合理使用，滴灌设备的使用年限一般在10年以上。滴灌系统可在果树、花卉、蔬菜中应用，也可在甘蔗生产中应用。

滴灌技术给世界农业发展带来的影响是巨大的。目前，仅滴灌技术的先行者耐特菲姆公司的业务就已经覆盖了110多个国家。日本灌溉专家曾在《科学美国人》杂志撰文说，犹太人为世界作出了两大贡献，就是《圣经》和滴灌。

二 独具特色的温室农业

以色列温室享誉世界,国内大约有3000公顷的温室,平均每家农户拥有的温室面积约0.3公顷。温室种类多样,如纱网温室、塑料温室、玻璃温室等,其中塑料温室是以色列特制的。现在,以色列可以生产多种多样的塑料覆盖薄膜,这些薄膜还有多方面的功能。如加强型三层叠式聚乙烯膜,厚度为200微米;它在500纳米的光波段内的透光率是92%,导热系数为0.4。由于该膜加有特种添加剂和聚丙烯编织网,可延长使用寿命,防止因光线、气温变化而老化变质。红外线型添加剂主要防止夜间温室内红外线散发出去,保持室内温度;紫外线薄膜可抗紫外线对作物的损害;防凝露添加剂能防止膜上结水珠及水珠滴落,此膜安装后,可承载2~3个正常体重的人在上行走。覆盖膜用特制卡具固定在框架上,在两面侧墙及温室顶膜均有控制系统开关的卷帘,以调整室温。此外还通过改变塑料颜色来控制温室的病虫害,如蓝色塑料膜可减轻黄瓜的发病率。

部分温室用电脑控制,可自动供肥、供水、调温、调湿等。以色列部分温室也有降温设备,降温的方法多种多样,如水帘、黑色纱网及在温室顶棚覆盖反光材料、热屏等。水帘降温是在北墙设水帘,南墙设置排气扇,当室温上升到设定值上限,就自动开启排风扇,将水帘滴下的水吹向南侧时气化而吸热降温。该技术比较适合于高温低湿地区。

温室栽培作物主要用无土栽培,其方式多种多样。如水培营养膜技术(NFT)、沙培、岩棉培等。无土栽培具有多方面的功能,与土壤栽培相比,产量高1倍以上;省水、省肥、省工;能免除土壤连作障碍和土壤污染,生产出高品质无公害的产品。温室栽培作物种类很多,主要是各类蔬菜作物,如黄瓜、西红柿、辣椒、生菜；花卉作物如玫瑰、康乃馨；水果如桃、油桃、葡萄、香蕉、枇杷；还有观赏植物和调味、香料植物等。温室作物产量高，品质好。如每个生产季节辣椒每公顷产量达75吨多，西红柿300吨，玫瑰花30万朵。花卉是以色列农业的出口大宗，每年有大批高品质的花卉出口欧洲、日本等地。出口的旺季是冬天，特别是圣诞节前后。冬季是欧洲气候最寒冷的日子，鲜花供不应求，而以色列则气候温和，填补了欧洲市场这段时间的空白。以色列每年可出口鲜花10多亿支，价值2亿多美元，平均每人每年从鲜花出口中收入40多美元。

  20世纪50年代和60年代，以色列的农业是粗放型的，而此后依靠调整作物结构和技术革新走上了集约型发展道路。1992年，高附加值的园艺作物种植面积已占全国耕地面积的49.7%，但在农业总产值中却占到84.2%，成为主导产业，而最重要的产品是柑橘，向海外大量出口。在科技方面，除上述的节水和温室技术外，农业机械化、化学化和生物技术的发展同样引人注目。不仅如此，由于各种生产要素效率的提高，在农业生产不断发展的同时，20世纪60年代以来以色列的耕地数量、用水量和农业劳动力数量都出现了下降。[①] 2004年，农业出口额（包括新鲜及加工农产品）达到15.06亿美元，占以色列出口总额的6.3%。其中，新鲜农产品出口额9.09亿美元，主要出口到欧盟国家，加工农产品出口额为5.97亿美元。另外，同年农资出口额达14亿美元。农资产品的出口依靠先进的农业技术，已经成为一个兴旺发达的产业。[②]

[①] 杨光著《中东的小龙——以色列经济发展研究》，社会科学文献出版社，1997，第18、20页。

[②] 以色列驻华大使馆网站有关农业部分，http://www.israeltrade.org.cn/zhongwen/2006/07/14/12.08.46/。

三 特有的农业合作组织

基布兹和莫沙夫是以色列独特的社会和经济组织。基布兹,是希伯来语 Kibbutz 的音译,原意为"聚合"、"集体",是一种建立在平等和公有原则之上的以色列独具特色和主要的社会经济组织之一,它是由 20 世纪初的巴勒斯坦犹太开拓者发展而来,国内有人译为"公社"、"农业公社"、"集体农庄"、"集体定居点"等。

基布兹最早出现于 1909 年,一部分来自东欧,主要是俄国、波兰、捷克斯洛伐克的犹太人怀着重建民族之家的炽热理想,在巴勒斯坦北部加利利湖畔组建了第一个基布兹。在一个世纪的发展历程中,基布兹为以色列国家的建立和发展作出了特殊贡献。以色列的农业在很多方面居世界领先地位,创造了沙漠中的奇迹,这些成就与基布兹的独特贡献密不可分。

21 世纪初,基布兹的总数为 260 多个,共有人口约 11.7 万人,约占以色列总人口的 1.8%。[①] 而农业产值和出口的农产品最高时却达到全国总量的 40%。基布兹也是以色列政治、军事力量的重要源泉。自 1948 年建国以来的 12 位总理中,就有 4 位来自基布兹,内阁成员和以色列国防军军官中也有不少基布兹成员。长期以来,基布兹对这个国家政治、经济的影响远远大于其人口所占的比例。

基布兹采用集体劳动生活的准军事共产主义模式。他们生活的基本准则是:一切财产归集体,社员完全平等,实行"各尽所能、各取所需"、"公有、自愿"、"来去自由"。管理人员无偿为社员服务,民主选举,任期 3 年。这里没有工资,衣食免费,日用品登记领取,住房按资历分配,医疗费用集体支付。现有基

---

① 以色列新闻中心编《以色列概况》,耶路撒冷,2003。

布兹规模最大的有 2000 多人，小的仅 40 人左右。基布兹早期主要以农业为主，现在工业和旅游收入已超过农业。

随着时代的推移，基布兹越来越受到现代观念的强大冲击。基布兹的管理方式显然已跟不上日益激烈的市场竞争的步伐，其生存状况堪忧。2002 年，在全国范围内，大约 2000 名基布兹成员出外另谋出路，而选择进入基布兹生活的只有 619 人。[①] 据以色列议员维兰统计，除少数经营状况较好的基布兹外，200 个基布兹拖欠政府债务，其中 65 个已资不抵债，135 个只能勉强支付到期欠款；2004 年，已成立 62 年的麦祖巴基布兹成为第一个破产的基布兹，从而成为基布兹近百年发展史上的一大历史事件。[②]

目前已有不少企业脱离基布兹而独立，它们以发放工资或采取合资、发行股票等竞争机制的方法向基布兹的分配方式挑战。为适应新形势，一些基布兹取消了部分供给制，允许成员出外工作，并打破了内部雇佣劳动力的禁忌。

莫沙夫（Moshav）又称合作社，意思是"合作定居点"。这是"介于私有居住点和集体居住点之间的，以土地国有、家庭经营、合作互助、集体销售为基本特征的一种社会组织形态"[③]，是以色列另一颇具特色的农业合作经济形式。

最早的莫沙夫于 1921 年 9 月在巴勒斯坦北部的杰兹瑞尔山谷建成，被命名为纳哈拉莫沙夫。之后莫沙夫发展迅速，目前，全国农业人口的 36% 生活在 450 多个莫沙夫中。莫沙夫经营全国 33% 的耕地，生产了全国近一半的粮食，其产品占农业总出

---

① 刘素云著《以色列"人民公社"的兴衰》，2004 年 2 月 18 日《世界新闻报》。
② 吴菲越著《以色列"共产主义"农庄经历蜕变》，《青年参考》2004 年 6 月 8 日。
③ 杨光：《中东的小龙——以色列经济发展研究》，第 58~61 页。

口的50%。① 每个莫沙夫大约由60户组成，住房、耕地的收成均归农户所有，供销、教育、医疗和文化服务由合作社负责。目前，莫沙夫已经成为以色列最盛行的农业社区模式。

莫沙夫与基布兹的区别在于，前者的部分生产资料和房屋归农民个人所有，生产过程由个人或与集体协作完成，按劳分配的特征突出。

20世纪80年代中期，莫沙夫遇到了严重的财政危机，有许多面临破产。为此，莫沙夫组织对其内部结构进行了改革，在自愿和互助的基础上加强了相互间的经济合作，从而摆脱了危机。

第三节 工业

以色列工业发展引人注目，它是在委任统治时期巴勒斯坦犹太工业的基础上发展起来的。经过二三十年的努力，以色列与亚洲"四小龙"一样，开始跻身于工业化国家的行列。以色列的工业发展大体经历了两个阶段：第一阶段（20世纪50年代初至60年代末），主要是发展传统产业，生产进口替代的劳动密集型产品，加强基础建设。从60年代末开始，以色列调整了工业发展战略。第二阶段（70年代初以来），主要是发展技术密集型产业和外向型经济，使国民经济围绕着占领国际市场而运行，以对外贸易的长足发展来加速国内的现代化进程。到1990年，以色列主要工业品出口高达94.6亿美元，占主要商品出口总额的93.6%。1990~1994年，以色列的工业产量增长

---

① 张雅燕等：《以色列农业合作社——莫沙夫对完善我国农村社区合作经济组织的启示》，《农业经济》2005年第2期。

率为 32.5%，这一比例仅次于韩国（34.5%），位居世界第二。①2010 年，以色列工业比上年增长估计达 5.7%。

一 所有制形式

以色列工业就其性质和结构而论，属于混合经济，包括国家控制、合作经营及私人经营三大部分。商贸企业多属私人经营，其贸易额约占国民生产总值的 1/2。以色列有关国计民生的重要行业，则由国家垄断，如自然资源、国防军工、公路铁路、邮电、银行、电力、农田灌溉、水利、绿化等。对于大型私营企业，国家和地方政府及犹太代办处、犹太民族基金会也采取各种措施进行全面干预。它们严密控制主要经济部门，并制定有关政策，如预算、投资、补贴、货币发行等，以便进一步对这些部门施加影响。与此同时，以色列的合作经济，如基布兹、莫沙夫、以色列总工会下属的控股公司等也都对以色列国家的建立、犹太人的定居及今天的经济发展起到了极为重要的作用。

（一）国营经济

以色列的国营经济主要控制着关系国计民生的重工业和基础工业部门，如军火、冶金、化工、铁路、银行、邮电等。目前，政府控制着 170 多家影响民众生活的企业，并通过投资、预算、补贴、发行货币等多种形式对国民经济施加影响。

以色列的国营经济可分为两大类，即民族经济和政府直接控制的经济部门与实体。所谓民族经济是指以犹太代办处为总管的、靠世界犹太人的资产发展起来的经济。犹太代办处成立于 1929 年，是世界犹太复国主义组织的代表机构，在伦敦和耶路撒冷设有两个执行委员会。伦敦执委会主要负责同英国殖

---

① 张倩红：《略论以色列的工业化》，《山西师范大学学报》2000 年第 3 期。

民部、外交部的接触，耶路撒冷执委会的具体任务是组织犹太人向巴勒斯坦移民，安置、归化移民，并使移民参与犹太民族的经济发展。1952年11月，以色列议会通过了犹太复国主义组织和犹太代办处在以色列国的地位的法令。1954年7月，政府又与犹太代办处签署协议。根据协议，犹太代办处将自己的行政职责置于政府的管辖之下，在犹太代办处名下的世界犹太人总资产不变，但代办处委托政府直接进行管理，使之服务于以色列的经济。此后，犹太代办处除了为以色列组织外援、继续管理移民安置事务之外，还在全国各地发展工业，拥有许多不动产和直属企业，并在一些大企业中拥有控股权。犹太代办处所代管经营的民族经济虽然资金来源并非以色列政府，但属于以色列国民经济的一部分，所以可以视为国营经济的一种特殊形式。

以色列政府直接控制的经济部门与实体大致包括两类：一类是政府的直属企业，如直属于国防部的军事工业、以色列银行及港口管理局等，这些部门是国民经济的基础，不以短期赢利为目的。另一类是各级政府与犹太代办处、以色列总工会或者与私人投资者合作兴办的企业，如以色列电话电信公司、电力公司、飞机工业集团、化学工业集团、死海工程公司、内盖夫磷酸盐公司等。以色列的国有企业数量很少，1961年仅占全国企业总数的0.6%，1972年占0.2%，1983年占0.3%，[1] 但却控制了国民经济的基本命脉。

（二）总工会控制下的企业

以色列总工会的前身为1920年成立的犹太工人总工会（Histadrut）。总工会从一开始就不是单一性质的工会组织，而是一个职能广泛的组织，直接从事各类经济活动。委任统治时

---

[1] 杨光：《中东的小龙——以色列经济发展研究》，第46页。

期，犹太工总已拥有自己的建筑公司、购销公司、保险公司及各类金融机构，到1942年，它代表了巴勒斯坦地区3/4的工人组织，成为该地区最大的生产部门。建国后，以色列总工会（1959年改用此名）所属企业在国家经济建设中占很大比重，其产值在农业中占80%，在工业中占25%，在建筑业中占10%以上。建国后的头10年内，总工会在以色列各经济部门中的投资总额估计约达6亿美元，占很大比重。虽然总工会企业仅占全国企业总数的4%左右，但是在100家最大的企业中则占到35%。[1]

总工会积极参与工业活动，生产领域涉及金属、化工、钢铁、电子、建材、日用消费品等多方面，而且多兴办大型企业。工业化建设初期，总工会在原有企业的基础上，或单独或与政府和民族机构联合组建了许多新的企业。1949年，总工会与芬兰投资商联合创办了一家水泥厂。此外，总工会还在新兴城镇建立了几家工厂，如拉姆安拉的机械厂、洛德的卷烟厂、阿什克伦的水泥管厂。它控制了以色列最大的建筑公司路建公司、拥有300多家工商企业的库尔公司、以色列第二大银行工人银行、房地产公司、保险公司和果品联合加工企业等。总工会还拥有一些大型合伙公司，如梅科罗特水资源公司、齐姆航运公司和克莱尔集团等。此外，它还控制着所有的集体农场、农业合作社，以及数百家生产、运输、零售合作社以及旅行社和出版社。总工会控制的合作组织有特努瓦和哈马什比尔两个大型企业，其中特努瓦垄断了水果、蔬菜、蛋、禽、鱼等新鲜农产品的购销市场；哈马什比尔是主要的进口商，垄断了许多定居点的物资供应。总工会在地面运输方面也处于垄断地位，其经营的运输公司拥有4000辆公共汽车，占全国公共运输业

---

[1] 赵伟明：《以色列经济》，上海外语教育出版社，1998，第91页。

务的80%。① 1952年，总工会共拥有725家制造厂，雇用了10700名职工。② 总工会创办企业往往从社会经济的需要考虑，而不是从追求利润出发，因此在以色列工业化起步阶段贡献突出。

总工会下辖数百家企业，其经营范围涉及社会生活的许多方面。根据企业的直接所有权以及总工会执行委员会对企业的掌控程度，可以将企业分为4类：③

第一，平衡资金归成员所有的合作企业。总工会对于这类企业具有一般的控制权，向其提供信贷、技术指导及法律和政治上的保护等。这类企业主要包括控制着全国汽车运输的运输合作社，还包括拥有全国3/4以上农业人口的大约600个基布兹、莫沙夫和农业合作社。它们所提供的农产品占全国农产品的87%。

第二，所有权全部或部分属于合作社的公司。总工会对于这类企业也具有一般性的控制权，向它们提供相同的帮助。属于这类企业的主要有特努瓦公司和哈马什比尔公司。这两家公司在建国前已经建立，建国后规模迅速扩大。特努瓦公司扩大到原有规模的17倍，哈马什比尔公司则扩大到11倍。两家公司建立了面粉厂、选种站、罐头厂、汽车库和修理车间、牛奶加工厂、皮鞋胶靴厂、信贷机构、连锁商店等许多企业。

第三，由总工会与政府或犹太代办处合办的公司。这类公司主要有：梅高罗特公司（国家自来水公司）、齐姆公司（全国最大的海运公司）、埃尔·阿尔公司和阿尔基亚公司（两家分别经营国际和国内业务的民航公司）。总工会对这些公司控股虽然不

---

① 郭懋安主编《国际工会运动知识手册》，中国工人出版社，1993，第203页。
② 赵伟明：《以色列经济》，第89页。
③ "平衡资金"指用购买股票的方式投入某个企业的资金，尤为新创办的企业。参见萨弗兰著《以色列的历史和概况》下册，第234~236页。

超过半数,但是因为这些公司经理部门的某些政府或犹太代办处的代表本身就是总工会的会员,所以总工会对于这些公司的影响是很大的。

第四,直接属于总工会执行委员会所有,在它所任命的经理领导下进行业务活动的公司。这类公司主要是工人银行和路建公司。

80年代以来,以色列总工会的企业饱受机构臃肿、官僚主义作风的困扰,因此,要求改革的呼声越来越高。总工会被迫进行私有化改革。1991年,它将拥有数百家企业的库尔公司出售,以缓解债务压力。随着《国家健康保险法》的颁布,总工会会员大减。为了解决经济困境,总工会继续出售所属企业,其中包括以色列最大的银行——工人银行。今天的以色列总工会虽然仍掌握着一些重要企业,但其在以色列工业中所占的比重已经下降。

(三)私营经济

以色列私营经济在建国初占以色列国民生产总值较小。企业多为规模较小的轻纺、食品、商业及服务型企业。1977年利库德执政后,国家大力推行自由竞争与资本主义市场经济。工业所有制也开始逐步向私有化的方向发展,一些家族和个人已控制了许多大公司,形成企业集团。如拥有18亿美元资产的坎内特家族,控制了19家公司(这些公司的资产总额达14.3亿美元),塞缪尔·爱森堡控制了9家公司(资产总额3.5亿美元)。

80年代以后,以经济自由化促进私有经济部门的增长已成为以色列政府的经济政策,目的是大力促进市场竞争,提高国营垄断企业的效益及现代化水平。政府于1984年颁布《工业研发鼓励法》,以鼓励本国公司投资工业研发项目。同时,政府与企业共担研发项目风险。其目标是通过使用和扩大现有科技设施,促进科技的产业化;通过增加在境内开发的高新技术产品的生产和出口,改进本国的贸易平衡;创造工业领域就业机会并挖掘本国的高素质科技人才。拉宾政府时期还成立了一个包括总理、财政部长和司法部长在内的私有化委员会，该委员会负责推行国有企业私有化，而无须经过负责该公司的部长的同意。到 1994 年年底，政府已部分或全部出售了 22 家公司的股权，获得了大批私有化资金。1995 年以来，一批大型的国营或总工会企业，如以色列化学集团、以色列航空公司、以色列炼油公司、国家电话公司等也都程度不同地进行了私有化改革。随着经济体制改革的深入，私营部门在以色列经济中发挥了日益重要的作用。

近年来以色列私营经济发展的一个重要特征是风险投资的发展。风险投资在以色列起源于 20 世纪 70 年代初，80 年代开始迅速发展，并有几家公司成功地在纽约股票交易所上市。80 年代后期，以色列政府采取了进一步的经济宽松政策，经济的稳定、基础设施的改善、地区紧张局势的进一步缓和以及阿拉伯国家贸易抵制影响的减弱等因素，特别是政府对研究开发的支持政策，为 90 年代风险投资事业的大力发展奠定了良好的基础。1992 年，政府成立了国有独资的风险基金公司 YOZMA。由此，以色列进入了风险投资的高潮。1992～1996 年，以色列共有 150 家企业得到了风险投资公司的支持，其中有 22 家企业成功上市，进一步筹集资金近 10 亿美元。大部分上市公司选择了美国纳斯达克股票交易市场，上市公司的数量超过了欧盟所有国家在该市场上市公司的总和，成为仅次于加拿大的第二大外国公司板块。还有 18 家公司被国际上知名的公司收购，其中包括西门子、英特尔、微软、NEC 等。

以色列风险投资的对象主要为高新技术产业的中小企业，电信、软件、生命科学、互联网和半导体为五大投资热点。风险投资如同催化剂和助推器，把以色列强大的国防科技同市场对接起来，使之成为世界上军用技术民用化最成功的国家；它把以色列领先的教育、科研力量同市场对接起来，使之成为世界上学术成果产业化最成功的国家；它也把众多雄心勃勃的创业者同市场对接起来，使以色列成为世界公认的主要创业和创新技术中心之一。今天，以色列已经成为世界上风险投资最发达的国家之一，被誉为"第二硅谷"。近十多年来，以色列风险基金投资的萌芽企业在1000家以上。2004年，以色列共有428家高科技企业分享了15亿美元风险基金，其中有1.08亿美元投给了54家萌芽公司，超过任何一个欧洲国家。1996~2002年，以色列有50多家高新技术企业被跨国公司收购或兼并，购并总额达194.42亿美元。

二 发展历程

战前，巴勒斯坦地区的工业主要是一些农具制造、修理和农产品加工作坊。在大战中，为适应盟军的需要，犹太企业家加速发展轻工业，尤其是服装和罐头食品，从而刺激了当地的工业生产。建国后的前十余年，以色列继续发展传统工业，如食品加工、纺织、家具、化肥、制药、橡胶、塑料、五金制品，并兴建供水、交通及能源等基础设施。由于犹太工人素质高及本国缺乏最基本的生产原料，以色列自1967年起，便把力量集中在高附加值制造业上，开发基于本国科学技术革新的产品，包括电子医疗设备、农业产品、通信设施、精制药品、太阳能设备、计算机硬件、软件以及加工钻石等。这样既满足了国内生产、生活需要，又带来了出口创汇效益。70年代后，电子、光学和航空工程已成为以色列的主要工业。电脑滴灌设备、海水发电设备、太阳能照明装置、电脑程控图片编辑机等产品，不仅生产工艺达到了国际先进水平，而且产品跻身世界一流行列。尤其是钻石加工工业，其出口的各种磨光钻石和小宝石已跃居世界同行业之首。

以色列工业的发展带动其出口不断增长。到2009年，主要工业品出口达443.905亿美元,占主要出口商品总额的92.6%。其中钻石出口一项就达94.308亿美元,占主要工业品出口总额的21.2%;电子、机械等高科技产品为169.467亿美元,占38.2%,成绩非常显著。

以色列工业发展的特点,主要是重视和重用人才。它依靠各类专业技术人员,把高校、科研单位、生产企业三者紧密地结合起来,做到优势互补,不搞封闭式经营,实现了科研产出快、产品质量高。国家对科学技术的研发方面的投入每年至少占国民生产总值的3%,这一水平超过多数工业发达国家,所以以色列技术和资金密集型的产业发展最快。由此可见,以色列把工业发展重点及时转移到高科技及高附加值出口产业上的方针是十分正确的。

第四节 对外贸易

以色列由于自然地理和人文因素的特点,决定了它的经济既是一个以先进科技为基础的工业型经济,又是一个在原料、能源和产品销售市场严重依靠国际市场的外向型经济。因此自建国以来,以色列对外贸就非常重视,对外贸易尤其是出口贸易在国民经济发展过程中起着举足轻重的作用。

一 发展状况

为了促进出口贸易,政府于1958年成立了以色列出口协会(Israel Export Institute,IEI)。该协会的成立,旨在促进出口贸易,为外国厂家、新闻界和商业团体提供接触以色列制造业、商业的机会,扩大与外国的交流与合作。协会目前设有4个部门:市场部、战略和销售数据库部、出口服务部和展览部。它们服务热忱,忠于职守,在各部门工作人员竭诚努力下,数十年来协会参与全国性的出口业务占90%以上。

以色列

由于国家小,经济规模小,以色列国内市场当然也相对较小,国家只能靠扩大出口来推动经济增长,工业产品的1/2都用于出口。为了解决资源相对不足的问题,以色列也非常重视开发智力资源。通过来自东西方的科学家和工程技术人员的相互合作,教育、科研和产业的开发、合作,以及对建立工业基础的承诺,以色列出口产业的发展具备了良好的条件。

以色列的出口贸易模式随时间的推移而变化。在20世纪50年代,对外输出的主要是劳务、农业初级产品、轻工产品和传统工业品。其中劳务输出占贸易额的2/5,包括国际民航、商船队、保险业、旅游业等的收入;商品输出占3/5,主要有农产品(各种水果蔬菜)、工业品(磨光钻石、化学制品、轮胎、纺织品、机器、车轮、胶合板、水泥、纸张)以及加工食品等。从60年代到90年代,以色列的出口商品构成变化很大。首先是燃料、矿产品和金属制品的比重下降,从1960年占出口总额的4%下降至80年代末期的2%;到90年代,燃料基本不出口。其次是机械、运输设备、电子产品、军火的出口猛增。80年代中期,高科技产品出口的扩大更是大大压低了传统工业、工艺产品出口的比重,高科技产品的出口额遥遥领先,达55.9%。再次是初级产品(主要是农产品)的出口逐年减少。1960年,初级产品占出口总额的35%,到90年代还不到10%;其他如食品、纺织品、服装、皮革等的出口也同样受到限制。2009年,以色列出口总值为479.358亿美元,其中农业品仅占2.6%,工业品比例高达92.6%。①

尽管以色列外贸出口发展很快,但进口增长更快,外贸逆差成为一大问题。根据《国际金融统计年鉴》,1950年以色列的外

---

① "Exports, by Industry", Central Bureau of Statistics, Sracl, http://www.cbs.gov.il/hodaot2010n/16_ 10_ 232tl.htm.

贸逆差为 2.67 亿美元，1960 年为 3.39 亿美元，1970 年为 13.37 亿美元，1980 年达到峰值，为 41.47 亿美元，1990 年下降为 35.29 亿美元，2010 年进一步降为 1.3 亿美元。以色列进口的物资，主要是工农业和建筑业所需的原料、燃料、润滑油以及生活消费品、轻工设备等。因此，进口的增加，既有国内资源贫乏、人口增加、国际商品价格上涨的因素，也有本国建材、轻工、机械、电子工业无法满足内需的原因。

二 主要贸易伙伴

以色列建国以后，在外贸方面面临的一个困境是阿拉伯世界的抵制，它是阿拉伯国家联盟从 1943 年开始正式实施的。以色列建国前 5 年，抵制的内容是禁止购买"犹太人在巴勒斯坦生产的产品"。后来，这项禁令延伸到了外国企业，禁止任何国家的企业和犹太人有购买或者销售行为（"二级"制裁）；再以后，这项禁令演化为禁止与列入黑名单的企业进行贸易往来（"三级"制裁）。韩国和日本几乎所有的大型汽车制造商都遵守了"二级"制裁禁令，包括本田、丰田、马自达和三菱在内，它们的产品不能出现在以色列的公路上。每个阿拉伯国家都有一个官方的制裁办公室，专门督促日常抵制工作。1951 年由阿盟成立的"抵制以色列中心办公室"总部设在大马士革，据悉，该办公室曾列出 8500 家企业、产品或个人作为制裁对象。[①] 但美国学者克里斯托弗·乔伊纳说："在所有同时期的制裁活动中，阿拉伯联盟国家对以色列的制裁，从意识形态上来说，是最致命的；从组织上来说，是最复杂的；从政治上来

---

① "阿拉伯大马士革会议拟对以色列进行经济抵制"，杭州思诺博会展服务有限公司网站，2004 - 08 - 05，http://www.sinobal.com/ArticleShow.asp? id = 1548。

说,是持续时间最长的;从法律上来说,是最富争议性的。"在过去60年里,阿拉伯国家的制裁和其他国际性禁令对以色列造成的损失估计高达1000亿美元。①

自从1979年埃及和1994年约旦与以色列签署和平协议、巴以开始和平谈判以及个别海湾国家开始忽视黑名单后,抵制行动受到削弱。但巴以谈判陷入僵局促使阿拉伯世界再次加强抵制。2001年7月,阿拉伯国家抵制以色列专家级会议在大马士革闭幕。会议通过的公报认为,只要以色列仍然占领阿拉伯领土,拒绝执行联合国有关决议和枪杀被占领土上的巴勒斯坦人,阿拉伯国家对以色列的经济抵制就将成为合法手段。会议通过了旨在启动阿拉伯国家对以色列抵制以及实施抵制的具体机制的一些建议。但埃及、约旦等9个阿拉伯国家没有派代表与会。

以色列因而不得不把本国产品出口到遥远的市场,其最主要的外贸伙伴是欧盟和美国。根据协定,双方可以在无限额、无关税的互惠条件下进行贸易。1975年5月,以色列与欧共体签订了自由贸易协定,据此以色列的工业产品和部分农产品可以自由进入欧共体国家市场。1985年4月,以色列和美国也达成了自由贸易协定,以色列的工农业产品可分别享受免税和优惠关税待遇进入美国市场。此外,以色列也和加拿大、斯洛伐克、捷克、土耳其、匈牙利、波兰和斯洛文尼亚等国家签订了自贸协定,并享受澳大利亚、奥地利、日本、芬兰、新西兰、挪威、瑞典、瑞士等发达国家的普惠制优待。2010年5月,以色列加入经济合作与发展组织。

2009年,以色列的出口商品,有25.8%运往欧盟国家,35%运往美国,19.8%运往亚洲。至于进口,有32.3%来自欧

---

① 〔美〕丹·塞诺、〔以〕索尔·辛格:《创业的国度——以色列经济奇迹的启示》,第62~63页。

盟国家，9.6%来自其他欧洲国家，12.7%来自美国，25.5%来自亚洲国家和地区。① 以色列的货物既可进入这些国家和地区，又可吸引这些国家和地区的企业家、投资商前来寻找商机。

与外国实业公司建立合资企业，往往能发挥以色列公司在创新和外国公司在大规模生产及市场渗透方面的优势。现已开展的合资项目涉及许多领域，包括电子、计算机软件、医疗设备、印刷和计算机制图等，其中很多具体项目已得到双方机构的支持和援助。如以色列—美国工业研究发展基金会，它的基金由两国政府资助，并向美以合资企业提供资金。又如1995年4月，美国罗伊·迪士尼的私人投资公司沙姆罗克控股公司曾花费2.52亿美元，收购了以色列最大的工业公司库尔公司22.5%的控股权，这是一家外国私人企业对以色列经济的最大投资。同年先后在以色列宣布投资的还有：美国计算机芯片制造业巨头英特尔公司在以色列南部兴建一座耗资16亿美元的半导体工厂，这是迄今为止以色列所获得的最大一笔外国私人投资之一；德国大众汽车公司与死海工程公司签署的一项投资6亿美元建造一座镁加工厂的谅解备忘录；美国富豪公司收购以色列最大的汽车制造公司梅卡维姆公司50%的股份；美国设在英国的玛奇公司以3亿美元收购了兰内特公司；美国设在瑞士的雀巢公司获得了对以色列最大的食品公司奥赛姆公司10%的股份。以色列莱曼兄弟公司总裁罗恩·卢巴什说，目前，"欧洲的一些大公司都以相当规模的投资在以色列积极经营；所有的欧洲大银行都在以色列设了营业机构，亚洲的银行也在陆续到来。发展得最快的是合并或兼并……"

---

① 以色列中央统计局（CBS）网站有关出口的网页资料综合，http://www1.cbs.gvo.il/Feader/newhodaot/tables_template_eng.htm/? hodaa = 201016232。

第五章

军　事

第一节　概述

一　国家安全体制和军事战略

在国际上，以色列所面临的安全形势是非常特殊的，影响其国家安全的主要有以下因素：第一，以色列国土狭小，缺乏战略纵深；人口有限，难以建立庞大的军队；工业、人口分布高度集中，经受不住敌国突袭和战争破坏。第二，与周边的阿拉伯国家（所谓"前线国家"）长期处于敌对状态和国际法上的战争状态，这也使以色列无法加入西方建立的军事联盟（西方国家担心因此与阿拉伯国家发生矛盾），从而迫使以色列对国防给予非同寻常的重视。第三，以色列不仅面临着常规的国家安全问题，而且面临着在本土和国外对付非国家的军事组织（法塔赫、哈马斯、其他巴勒斯坦组织、黎巴嫩真主党等）的重大问题。第四，以色列军队不仅仅要保卫国土，而且在1967年以后控制了阿拉伯被占领土，因而承担了负责在国际法上不属于以色列国土防备的任务（例如，被占领土以军的重要职责之一是保卫定居点居民及相关交通线的安全)。① 第五,以色列长期以来在国际市场上难以购买到军火,这一问题直到1967年以后美国开始向以供应军火才得到完全解决。第六,由此,建国之初在以色列政府和军队内部,围绕着在以色列这样的小国是否有必要建立一个完整的军事工业体系(包括飞机制造业)进行了激烈的争论。第七,以色列在国内有一个被视为"异类"的阿拉伯少数民族,需要其应对。第八,许多国家历史上对犹太人的长期歧视、迫害,犹太国家长期亡国和二战时期德国纳粹的屠犹等,在以色列人心灵上留下了深深的创伤和无助感,而阿拉伯世界对以色列的政治孤立和封锁更加重了以色列人的这种心理,从而形成了犹太民族被包围、封锁的"马萨达心态"②。第九,除了传统安全的严峻形势外,以色列作为一个资源有限的小国还面临着许多非传统安全问题,尤其是能源和水资源的安全。

以色列为此在国防体制上采取了如下一系列应对措施。

第一,将军队现代化建设置于优先地位,保持较高的军费开支水平。以色列的年度国防预算一般占国家总预算的1/3左右,有时甚至超过40%。据统计,1981~1990年,以色列年均国防预算占国家总预算的38%,占国民生产总值的10.3%,国防预算一直保持较高的增长率。以色列还对军费比例结构进行了调整,减少行政人事费用,增加国防科研和军品采购的费用。如1994年,以色列用于采购军品的费用占国防预算的22%,人事费用比例由40%减少至35%。③

---

① 以色列宣布耶路撒冷为首都,并且吞并了戈兰高地,但同时撤出了加沙地带,西岸的领土划分需要与巴勒斯坦谈判决定。
② 公元66年,巴勒斯坦犹太人掀起犹太战争,但终因寡不敌众而失败,起义者退守马萨达要塞并集体自杀。
③ 汤晶阳、张小平主编《世界主要国家军事战略》,国防工业出版社,2005,第205页。

第二，在和平时期维持一支基于义务兵役制、人员精干、训练有素、指挥有力、装备精良、保障及时的现代化军队，在战时主要依靠迅速动员后备役来扩大部队人数，实现既定战略目标。这一做法被证明是十分有效的。从表 5-1 可以看出，从 1976 年到 2006 年的 30 年中以色列军队的人数只有很小的增长，而周边的阿拉伯国家军队人数则增加了一半。与阿拉伯国家不同，以色列高度发达的教育体制保证了军人有很高的文化素质（士兵几乎都是大学生），从而在军事技战术和掌握先进装备方面大大领先于阿拉伯对手。

表 5-1　以色列与周边邻国现役武装力量人数比较

单位：万人

年份	以色列	埃及	叙利亚	约旦	黎巴嫩	以色列邻国合计
1976	15.6	32.25	17.75	8.03	1.53	59.56
1982	17.2	36.70	22.25	6.75	2.38	68.08
1988	14.1	44.50	40.75	8.03	1.67	94.95
1994	17.6	43.00	40.80	10.60	4.13	98.53
2000	17.35	45.00	31.60	10.40	6.79	93.79
2006	16.83	46.85	30.76	10.05	7.21	94.87

资料来源：International Institute for Strategic Studies (IISS), *Military Balance*, 2007。

为了精简人员，以色列对总部机关进行改革，取消或合并一些职能部门，精简部分参谋人员。目前，以军总参谋部设总长、副总长、副总长助理各一人，副总长兼任作战部长。各级司令部一般只设主官一人，配有少量作战、情报和后勤参谋军官。以军还十分注意加强部队的技战术训练，培养官兵在各种复杂条件下的临时处置能力，强调灵活机动的战术。作战思想上注重诸军兵种协调作战能力及官兵对高技术装备的掌握运用，为此增加了部队训练经费和时间。为保留技术骨干，以军的一些专业兵种，特别是空、海军及装甲兵部队,均保留了一大批专业军官,他们在部队长期服役,对部队装备的有效使用起到了技术保障作用。

以色列还建立了一整套高效而独具特色的战争动员体制。其预备役部队的战备水平不亚于现役部队。只编有4%现役人员的一类预备役部队在接到动员令后,24小时之内就可迅速完成动员展开,而编有2%现役人员的二类预备役部队在接到动员令后完成动员展开的时间也只有48小时,因此预备役部队与现役部队一样可随时投入战斗。在1973年的中东战争中,动员时间竟然缩短到20小时,达到了令人难以置信的程度。[①]

第三,建立一支既能保障外部安全,又能维护国内稳定的军队。一方面,以色列军队的征兵对象反映出国家的政治意图。能够参加国防军的只有犹太人、切尔克斯人、贝都因人和德鲁兹人,后两个集团被认为不是阿拉伯人,且犹太人以外的这些集团只能参加"少数民族部队"和巡逻队。另一方面,阿拉伯逊尼派穆斯林不但不能参军,而且是政府防范和控制的对象。在1948年的战争中,当局建立了隶属于国防部的军政府,专门管理阿拉伯人居住区,这一体制一直延续到1966年。军政府根据委任统治时期颁布的紧急状态条例限制阿拉伯人的行动自由,并剥夺其土地。[②]

第四,将灵活的对外军事采购与建立自主、完整的国防工业体系结合起来,武器装备现代化程度高。二战后初期,西方世界中只有法国向以色列出口军火,之后联邦德国也愿意提供一定数量的军火,但这在以色列国会引起重大争议。最后,基于现实考虑,以政府予以接受。同时,以色列积极谋求建立一个自主、完整的国防工业体系,从而保证了军队对武器装备的需求。

[①] 汤晶阳、张小平主编《世界主要国家军事战略》,第205~206页。
[②] 阎瑞松主编《以色列政治》,西北大学出版社,1995,第251~254页。

第五,建立以核武器为主导的大规模杀伤性武器系统,作为对阿拉伯国家的威慑。以色列奉行"三不"政策,即"不承认(对外不承认拥有核武器),不否认(对外不否认拥有核武器,保持模糊态度),不接受核查(不接受国际机构的核查)",这种核战略被称为"累积威慑"。其主要内容是:暗中积极研究、制造、生产核武器;利用本国具有的高新技术优势,改进和提高核武器的质量;主要用于隐形威慑,一旦需要便不惜一切代价率先使用核武器,给对手以快速、沉重的有效打击。[①] 同时,它又避免了国际社会的监督和批评。

第六,建立一个平战结合的防卫体系。例如,1967年以后,政府允许犹太人在具有重要战略意义的约旦河西岸建立定居点,为定居者配备武器,这些定居点的房屋按照军事要求建造,具有防御作战需要的功能,可以在战争爆发时有效地阻滞约旦军队的进攻。预备役的迅速动员也是这一体系的组成部分。

以色列的军事战略具有以下特点。

(一)强调进攻的作战思想[②]

以色列长期以来一直奉行以先发制人为基本内容的"进攻性防御战略",即立足于本国军事力量,在发现战争征兆时,采取出敌不备的突然袭击方式,摧毁敌人的大部分作战能力,先声夺人,争取战略主动。一旦对方先发动战争,以色列则发挥军事质量优势,迅速转守为攻,尽快将战场引向敌国境内。这一战略主要有以下内容。

1. 强调"遏制",即以自己的实力镇住对手,使其不敢妄动

以色列前外长埃班曾说:"以色列的遏制在于首先使阿拉伯人对他企图从地图上把以色列抹掉的愿望产生怀疑,其次使他感

[①] 汤晶阳、张小平主编《世界主要国家军事战略》,第202页。
[②] 详见汤晶阳、张小平主编《世界主要国家军事战略》,第202~204页。

到无法达到自己的愿望，使他打消消灭以色列的念头。"因此，以色列在与阿拉伯世界的抗争中，总是不失时机地充分显示自己的实力和优势，动不动给对方以"教训"，先让对方受点小损失而受到告诫：不要挑起大战，以免国破人亡。核威慑在这方面具有重要意义。

2. 发起先发制人的突然进攻，对敌人实施"预防性打击"，以战阻战

以色列在作战指导上历来注重实施先发制人的攻势作战。以军往往利用其质量上的优势，突然袭击，先声夺人，克敌制胜，以掌握战场的主动权，形成有利于以军的战争结局。在以往半个多世纪的战争中，以色列与邻国的战事，绝大部分都将战争推向对方领土，在他国领土上进行作战。这样既弥补了以方战略纵深浅的缺陷，又减少了本国经济和人民生命财产可能遭受的巨大损失，还可置对方于不利境地，为战后谈判中的讨价还价创造有利条件。1956年和1967年的两次中东战争都是这样的典型战例。

3. 强调速战速决

在战争中，以色列往往集中优势兵力彻底打击敌方要害目标，迅速突破敌方防线，消灭敌有生力量，摧毁敌方战争意志，并占领其领土，迫使对手让步。如第三次中东战争只打了6天，第四次中东战争只打了18天。在绝大部分的阿以战争中，以色列往往都以速战速决赢得战争，取得战场主动权。即使在战事暂时失利的情况下，以色列仍强调尽快调整部署，迅速夺取主动权，如第四次中东战争中，以军初战失利，但很快扭转战局，赶在联合国停火决议生效前包围了埃及第二军团，威胁开罗。以色列认为速战速决的军事行动可有效地遏制对方军事行动。

因此，以色列的进攻性防御战略的核心是以攻代守，力争保持主动地位。这就要求以军是一支攻击型的部队，善于打进攻战。

（二）对外战争和军事行动具有多重战略目标

其一，主动出击，夺取巴勒斯坦和阿拉伯国家领土，扩大自身的战略纵深。通过三次中东战争，以色列先后占领了加利利、包括东耶路撒冷在内的约旦河西岸、加沙地带、戈兰高地和西奈半岛等领土，以及在亚喀巴湾的出海口，有效地扩大了战略纵深。其二，打击巴勒斯坦游击组织来自境外的袭击，拔除巴解组织在周边国家的行动基地，确保国土安全；打击境外的巴勒斯坦组织和反以恐怖行动。其三，完成重要的非战争行动，达成政治、经济甚至宗教目标，例如，以军曾参加在国外保护外籍犹太移民返回以色列的运送移民行动，而在战争中占领的新的领土则实现了安置移民、开辟能源来源（如西奈半岛的石油）、控制水源（如戈兰高地）、收回具有重要宗教意义的犹太"故土"（西岸）等目标。

（三）奉行各个击破的战略，瓦解阿拉伯国家的反以阵营

在巴勒斯坦战争中，以色列与作为阿拉伯联军领袖的外约旦秘密达成协议，允许后者吞并约旦河西岸，从而破坏联军的攻势，约旦此后再未参加对以色列的任何战争。1973年以后，通过与阿拉伯世界的头号军事强国埃及达成和约，使其退出前线国家阵营，大大削弱了阿拉伯国家的实力。此后，以色列将主要打击目标转向叙利亚和巴解组织，在80年代把巴解组织赶出黎巴嫩，使巴解失去了对以色列发动武装袭击的基地，并直接控制黎巴嫩南部，打击了叙利亚在黎巴嫩的防空力量，从而对叙黎两国形成有力的牵制。在1991年的海湾战争中，伊拉克受到以美国为首的多国部队的有力打击，为以色列清除了又一个强敌。通过上述举措，以色列的安全环境在一个时期内有了明显好转。

（四）军事行动实行公开和隐蔽结合的战略

将公开的军事行动与隐蔽行动相结合，达到"不战而屈人

之兵"的目的。例如，以色列用各种方式对阿拉伯和伊斯兰国家发展核武器的计划或核活动进行破坏、打击。国外媒体认为，20世纪50年代和近年来一些暗杀埃及和伊朗的核专家（包括外国专家）行动的幕后力量是以色列，它还通过电脑病毒破坏伊朗的核工业。

以色列的军事战略取得了明显成效。1973年1月底，阿拉伯国家的军队首脑聚集一堂，埃及军队总参谋长萨德丁·沙兹利中将在会上坦言："我们阿拉伯人是一个拥有11亿人口的民族；我们阿拉伯民族的年收入达260亿美元。我们的敌人的人口不到300万，国民收入为35亿美元。我们必须惭愧地承认，尽管我们占优势，然而历来总是失败。"[1]

二 军队简史

以色列国防军（Israel Defense Forces，IDF）始建于1948年，迄今它参加了5次重大的地区战争，是世界上作战经验最为丰富的武装部队之一。以色列军队的建立，首先经历的是部队的统一和军队的中立化，其次是机构建置的形成。

以色列建国前夕，国内共有隶属于不同政党的哈加纳、帕尔马赫、伊茨尔和莱希等多支武装力量。根据国家主义的要求，1947年，本—古里安开始改组哈加纳[2]，其目标是军队的职业化及其对政府的依从；具体做法是任命受过英国训练（英国有军队中立的传统）的哈加纳军官担任高级指挥官，以义务兵役制代替志愿兵役制；同时使国防部参与军事决策，总参谋部服从国

---

[1] 转引自汤晶阳、张小平主编《世界主要国家军事战略》，第205页。
[2] 哈加纳（Haganah），希伯来语意为防卫队。它于1920年12月建立于巴勒斯坦，是一支以工人为主体的地下军事组织。

防部,撤销中间机构。为加强对军队的控制,本—古里安于1948年5月亲自担任国防部长,总理(或副总理)兼任国防部长遂形成制度。改革的第二步是将具有强烈政治倾向的各支武装力量合并为统一的职业军队。1948年6月20日阿尔塔纳号事件①后,本—古里安解散了伊茨尔。之后,他又利用9月莱希刺杀联合国调解专员伯纳多特伯爵之机,将其宣布为恐怖组织而予以取缔。最后,作战骁勇、深受左翼政党影响的帕尔马赫也被并入以哈加纳为主体形成的国防军。1948年10月,帕尔马赫的指挥机构被解散,人员并入总参谋部。巴勒斯坦战争结束后,帕尔马赫部队被解散,中级军官大多留任,而高级军官则纷纷离去。军队的统一最终实现了。起初,军人仍可参加选举,但以后逐步施加了一些限制,包括禁止军人积极从事政党活动、限制军营中的竞选活动及规定有意竞选的军官必须在大选开始前100天辞职等。此外,非马帕伊军官在军队中的提升也未受到影响,个别前帕尔马赫军官甚至日后晋升为总参谋长。② 作为一个高度军事化的国家,以色列在军队中立化方面取得的成就令人惊叹。但毋庸置疑,以色列军队在社会和政治生活中仍发挥着独特的作用。

建国后,以色列的军队体制开始受到美国的影响,突出表现在文人可以出任国防部长,以及国防部的机构和官职设置上。

据2004年8月的非官方估计,以色列国防军现役部队有16.8万人,其中陆军12.5万人,3个地区司令部(北部、中部、南部),1个国内前线司令部。海军8000人,基地设在海法、阿

---

① 巴勒斯坦战争期间,伊茨尔动用阿尔塔纳号将自己从海外购买的军火运到巴勒斯坦,但拒绝将军火交给政府。最后,政府军奉命开炮,击沉了这艘人员已经撤离的货轮。
② 阎瑞松主编《以色列政治》,第76~77页。

瑟多德、埃拉特。空军有 3.5 万人，装备作战飞机 446 架、武装直升机 133 架。准军事部队约 8050 人。经动员可迅速增加预备役 40.8 万人，使武装力量总数达到 57.6 万人。①

三　兵役制度与军衔

实行义务兵役制，所有合格的 18 岁男女均应征入伍。军官服役期 4 年；士兵服役期男性 3 年，女性 21 个月。此后作为预备役人员每年进行训练，男性直至 41 岁（一些专业人员至 54 岁），女性至 24 岁（或至结婚）。以色列兵役豁免对象极少（主要是阿拉伯人），延续应征也受严格限制。可以说，对于绝大多数以色列人来说，入伍是一生中必经之路。

军官分 3 等 9 级：将官 3 级（中将、少将、准将），校官 3 级（上校、中校、少校），尉官 3 级（上尉、中尉、少尉）。

四　指挥体制

总理为武装力量统帅。最高军事决策机构为国防委员会，成员有总统、总理以及国防、外交、内政、财政、交通、邮电等部部长和总参谋长等，由总理兼任主席。战时，则成立以总理为首的战时内阁，成员有国防、外交、财政、交通和邮电等部部长。国防部是最高军事行政机关，部长由文官担任，平时负责兵力的动员、国防预算、国防科研与军工生产、军队规章制度的颁布等军事行政和技术业务，战时国防部长可行使总司令职权。武装力量由正规部队、预备役部队和准军事部队组成。正规部队分陆、海、空三个军种。最高军事指挥机构为总参谋部，总参谋长为最高军事指挥官，在总理领导下通过 3 个军

---

① *The Europa World Year Book*, 2005, Vol. 1, London & New York: Routledge, 2005, p.2301.

区司令部、2个军种司令部及其所属的14个兵种司令部对全军实施指挥。

五 国防教育结构

以色列有完善的军事教育体制,拥有各类军事院校30所,分初、中、高三级。初级军事院校28所,按军兵种划分,负责本军兵种新兵训练和军官军士专业培训。中级军事院校为指挥参谋学校,负责培养陆、海、空三军的营至旅级指挥和参谋人员,学制1~2年。学员为上尉至中校级军官,毕业后将成为部队营、旅级主官。高级军事院校为国防学院,学制1年。学员中中校以上军官占60%,来自外交部、国家安全总局等部门的地方学员占40%。

六 军费开支

军费开支约占国民生产总值的7%,在世界上属中等水平。与周边4个阿拉伯前线国家比较,以色列的军费在2000年超过它们的总和,而到2004年大体上等于它们的总和(表5-2)。

表5-2 以色列与周边邻国军费对比

单位:亿美元,按2003年美元汇率计算

国 家	2000年	2001年	2002年	2003年	2004年	2005年
以色列	93.30	94.89	104.84	98.16	100.98	99.43
埃 及	17.12	18.30	19.14	20.21	20.70	26.08
叙利亚	48.26	58.00	58.57	66.28	66.26	暂缺
约 旦	7.89	7.84	7.90	9.15	8.91	9.75
黎巴嫩	9.03	9.45	8.21	7.81	7.93	暂缺

资料来源:瑞典斯德哥尔摩国际和平研究所编《SUPRI年鉴2006:军备、裁军和国际安全》,中国军控与裁军协会译,时事出版社,2007,第432页。

第二节 实力、编成和装备

一 陆军[①]

以色列在巴勒斯坦战争中的军队基本上只有陆军。如上所述，它包括不同党派的准军事武装组织。经过建国以来的军队统一，才重新建立了真正职业化的陆军。建国以来，以军高度重视武器装备现代化。目前，陆军15个师除3个边防守备师外，其余均为装甲师。近年来，陆军把应付突发性的局部战争作为未来战争的主要样式，更加重视加强部队的应急反应能力和兵力投送能力，重点加强装甲兵建设，加速装备先进的第三代、第四代主战坦克，以增强其火力和突击力。与此同时，以军加速指挥、控制、通信和情报系统的现代化，提高了部队统一指挥、信息传递、情报互通的效率。在大量采购和引进国外先进装备的同时，以军注重加强对现有武器装备的改进，以提高其性能，延长其寿命，充分发挥原有装备的潜力。

陆军共有12万人（动员时约为53万人）。3个地区司令部，1个国内前线司令部；3个军部，3个装甲师（每师各辖装甲旅2个、炮兵旅1个，动员时另加装甲旅1个、机械化步兵旅1个）；2个师部；3个地区步兵师部（边防）；4个机械化步兵旅（含1个伞兵训练旅）；3个炮兵营，装备203毫米M-110型自行火炮。

预备役：8个装甲师（每师有装甲旅2~3个、机械化步兵旅1个、炮兵旅1个），1个空中机动/机械化步兵师（3个旅由伞兵训练师训练预备人员编组）；10个地区步兵旅（各有自己的

[①] 本节的装备资料除表格外，均引自"以色列军事力量详表"，中国战略网，http://www.chinaiiss.com/military/view/183。

以色列

边防区）。

主战坦克4031辆："百人队长"式800辆；M-48A5型250辆；M-60A1型300辆；M-60A3型600辆；"马加奇"7型400辆；"梅卡瓦"(Merkava) 1/2/3/4型1681辆。装甲侦察车约400辆：RAMT型若干辆；RBY型若干辆；BRDM-2型若干辆；"狐"式约8辆。装甲运兵车：M-113A1/A2型5500辆；"百人队长"式约200辆；"阿奇扎利特"式约200辆；"美洲豹"式若干辆；BTR-50P型若干辆；M-2/-3型半履带式4000辆（多数封存）。

牵引火炮520门：105毫米M-101型70门；122毫米D-30型100门；130毫米M-46型100门；155毫米"索尔塔姆"式M-68/-71型50门，M-839P/-845P型50门，M-114A1型50门，M-46型100门。自行火炮855门：155毫米L-33型150门，M-109A1/A2型530门；175毫米M-107型140门；203毫米M-110型35门。多管火箭炮198门：122毫米BM-21型50门；160毫米LAR-160型50门；227毫米"齐姆拉斯"式48门；240毫米BM-24型30门；290毫米MAR-290型20门。迫击炮：60毫米估计为5000门；81毫米700门；120毫米530门；160毫米240门（部分为自行式）。火箭筒：82毫米B-300型若干具。无后坐力炮：106毫米M-40A1型250门。

地地导弹："长矛"式20部（封存）；"杰里科"1/2型若干部。

反坦克导弹："陶"-2A/B型（含M-113型车载自行式）300具；"龙"式1000具；AT-3型"耐火箱"式若干具；"马帕茨"式25具；"鳃"式/"长刺"式若干具。

高射炮：20毫米850门：TCM-20型若干门；M-167型"火神"式若干门；M-163型"火神"/M-48型"小槲树"式弹炮结合系统35门。23毫米210门：ZU-23型150门；ZSU-23-4型自行式 60 门。37 毫米 M – 39 型若干门。40 毫米 L/70 型 150 门。

地空导弹:"毒刺"式 250 部;"红眼睛"式 1000 部;"小榭树"式 48 部。

警戒雷达:EL/M – 2140 型(车辆);AN/TPQ – 37 型(火炮);AN/PPS – 15 型(火炮)。

表 5 – 3 2006 年以色列与周边邻国陆军装备数量对比

单位:辆/门

类 别	以色列	埃及	叙利亚	约旦	黎巴嫩	周边邻国合计
主战坦克	4031	3855	4600	1120	310	9885
装甲输送车、步兵战车及其他装甲战斗车辆	10419	5270	4600	1576	1275	12721
自行火炮	620	489	430	399	0	1318
牵引火炮	456	946	1530	94	147	2717
多管火箭炮	224	498	480	0	25	1003

资料来源:International Institute for Strategic Studies (IISS), *Military Balance*, 2007。

表 5 – 4 2006 年以色列与周边邻国第三代高性能坦克数量对比

单位:辆

型 号	以色列	周边国家合计	埃及	叙利亚	约旦	黎巴嫩
T – 72		1600		1600		
挑战者 – 1		390			390	
梅卡瓦系列	1681					
M – 1		755	755			

资料来源:Anthony H. Cordesman, *Arab-Israeli Military Forces in an Era of Asymmetric Wars*, Westport, Praeger Security International, 2006, p. 27。

二　海军

1. 简史和构成

由于中东地区持续存在的紧张的军事政治形势，多年来以色列一直十分重视海军，并将其作为一个独立的军种进行发展。到 2003 年年初，以海军共拥有 8000 人和包括潜艇在内的各种舰艇 70 余艘，是地中海沿岸一支重要的海上力量。

海军的最高长官是海军司令。他通过其司令部（位于海法市）对海军兵力实施日常领导，负责海军的战备、发展、组织战斗战役训练和物质技术保障。司令部包括 6 个部：作战部、训练部、侦察部、干部部、通信部和后勤部。在海军的组织结构中还包括数个指挥部，即海军作战部队指挥部、导弹部队指挥部、潜艇部队指挥部、巡逻部队指挥部、海岸警卫指挥部、海军基地和海军驻泊地指挥部。

以色列海军的所有舰艇编为两个集群：地中海集群和红海集群。潜艇分舰队、轻型护卫舰分舰队和导弹艇分舰队是海军的主要舰艇编队。

截至 2003 年年初，以色列海军战斗编成中包含 4 个作战舰艇分舰队（1 个潜艇分舰队、1 个轻型护卫舰分舰队和 2 个导弹艇分舰队）、6 个战斗艇支队（5 个护卫艇支队和 1 个导弹艇、护卫艇支队）、1 个基地巡逻机中队、2 个直升机大队和 2 个海军独立营（海军陆战营和破坏侦察营），以及 12 个海岸炮兵连。目前，以海军基地有 3 个，即海法基地、阿什杜德基地和埃拉特基地。此外，它还有阿卡、阿特利特和阿什凯隆等几个驻泊地。

一旦发生战争，以色列海军的分舰队和编队数量虽然在初期不会有什么变化，但作战舰和战斗艇的数量却可以在 30 昼夜后增加 21 艘。在采取各种动员措施的情况下，以色列海军的总人数将会达到 1.5 万人。

海军军官通常由位于海法市的海军学校培养，在该校学习的有现役海军中士以及已顺利地从阿卡市的航海学校毕业的人员。训练期限为两年，毕业生将被授予中尉军衔。每年约有 50 名军官从这所学校毕业。

位于海法市的海军训练中心也是为海军培养指挥干部和工程技术干部的地方，主要是培养在舰艇上工作的初级技术人员。另外，位于泰尔—阿韦夫和阿什杜德的商船队航海学校的毕业生亦可应征到海军服役。

担任指挥职务和司令部职务的中层军官的训练通常在本国的指挥学院和北约国家的军事学院进行。其战役战术训练按照以色列武装力量总参谋部的计划进行。训练的主要目的是教授和完善海军各兵种协同行动的技能。其内容之一，就是与美国和土耳其海军联合进行的"可靠的美人鱼"演习。该演习定期在地中海东部举行，目的是在协同搜救行动过程中不断完善三国海军的协同动作。在组织参谋人员训练时，广泛采用计算机设备，包括能模拟各方战斗行动的设备和能在减少兵力投入情况下提高指挥人员训练水平的设备。

在"军队—2010"重新装备国家武装力量一揽子计划框架内，以色列领导层尤其关注海军的现代化改装。海军部队的完善是从以下几个方面进行的：装备新的水面舰艇和潜艇，配备现代化武器，实现各种舰艇编成的现代化。据此，以色列要建造 6 艘"超级德沃拉"级护卫艇和 2 艘"舍尔达格"级护卫艇。其中，第一艘艇在 2003 年下半年服役。而且，国防部还打算再购买 7 艘同类护卫艇。

2005 年，以色列向德国采购了两艘新潜艇，预定于 2011～2012 年交付使用。它们的性能类似于德国最新式的 U212 级潜艇，拥有依靠燃料电池的"不依赖空气推进"（AIP）系统。以色列还在考虑采购第三艘潜艇。

据国际军事分析家估计,以色列新的海军发展计划将进一步提高以色列海军的作战能力,巩固其对中东地区的阿拉伯国家海军的优势地位。

2. 作战编成

海军人员约为8000人,动员时达1.5万人。

潜艇:"海豚"级(德国212型改进)3艘;装备"鱼叉"式舰舰导弹;650毫米4联装鱼雷发射管;533毫米6联装鱼雷发射管。另装备有以色列自主研制的巡航导弹。

巡逻和沿海作战舰艇47艘:其中小型护卫舰3艘,为"萨尔-5"级。护卫舰装备"鱼叉"式舰舰导弹8枚;"迦伯列"2型舰舰导弹8枚;"巴拉克"式垂直舰空导弹发射架2座(每座32枚导弹);76毫米机枪1挺;324毫米反潜鱼雷发射管6具;SA-366G型直升机1架。

导弹艇10艘:其中"阿利亚"级2艘,装备"鱼叉"式舰舰导弹4枚;"迦伯列"式舰舰导弹4枚;SA-366G型"海豚"式直升机1架。"海兹"级6艘,装备"鱼叉"式舰舰导弹8枚;"迦伯列"式舰舰导弹6枚;"巴拉克"式垂直舰空导弹发射架6座;76毫米机枪一挺。"雷谢夫"级2艘,装备"鱼叉"式舰舰导弹8枚;"迦伯列"式舰舰导弹6枚;76毫米机枪1挺。

近岸巡逻艇34艘:"超级德沃拉"级13艘,部分装备324毫米鱼雷发射管2具;"纳萨尔"级3艘;"达布尔"级15艘,装备324毫米鱼雷发射管2具;1012型"巴布卡特"式3艘。

两栖战舰艇:"阿什杜德"级坦克登陆艇1艘;美制机械化登陆艇1艘。

海军司令部:约300人。

表 5-5 2006 年以色列与周边邻国海军装备对比

单位：艘

装备类型	以色列	周边国家合计	埃及	叙利亚	约旦	黎巴嫩
潜艇	3	4	4			
驱逐/护卫舰	3	13	11	2		
轻型护卫舰	3	13	10	2	1	
导弹巡逻艇	12	35	25	10		

资料来源：International Institute for Strategic Studies (IISS), *Military Balance*, 2007。

三　空军

1. 简史

以色列空军是在巴勒斯坦战争中成立的，其前身是哈加纳的航空部队（希伯来语为 Sherut Avir，意为"航空勤务队"）。以色列空军最初只有一些杂乱的被征用或捐助后改做军用的民用飞机。此后，通过各种渠道获得的一批各型过时或过剩的二战战机加入到机队中，构成其主力的是 25 架阿维亚捷克战斗机 S-199（从捷克斯洛伐克购得，实为纳粹德国在战时制造的梅塞施密特 Bf 109）和 62 架超级马林喷火 LF Mk IXE。因此，刚刚成立的以色列空军即参加了巴勒斯坦战争。

在 20 世纪 50 年代，法国成为以色列军机的主要供应国。但法国在六日战争前夕对以宣布武器禁运。其后果是以色列航空工业公司明显增加了在武器生产上的投入和能力（起初基于法国机型），以及美国取代法国成为以色列主要的军机供应国。

在六日战争（1967 年）、赎罪日战争（1973 年）和黎巴嫩战争（1982 年）等一系列地区战争中，以色列空军发挥了重要作用。此外，它还参与了境外的其他军事行动，如 1976 年在乌干达解救人质的"霹雳"行动、1981 年 6 月摧毁伊拉克核反应堆的"歌剧行动"、1985 年 10 月对巴解组织在突尼斯总部的轰炸、1991 年把埃塞俄比亚犹太人转移到以色列的"所罗门行动"等。然而，近年来由于使用美制飞机对巴勒斯坦自治区目标进行轰炸，以色列受到了国际社会的抨击。

从 20 世纪 70 年代开始，以色列的大部分军用飞机均从美国获得。其中包括 F-4 "鬼怪"、A-4 "天鹰"、E-2 "鹰眼"等机种。以色列还拥有一定数量的自产机型，如"鹰"式战斗机和后来开发的更先进的"幼狮"战斗机，它其实是以色列自行生产的法国"幻影" 5 型衍生机型。以色列起初向法国购买了50 架"幻影" 5 型飞机，但后来由于六日战争遭法国禁运而未能交货。"幼狮"战斗机采用的是美国授权以色列生产的美式发动机。在 80~90 年代，以色列空军装备了一系列新型的美制军机，如 F-15、F-16、AH-1 "眼镜蛇"和 C-130。

进入新世纪以来，以色列空军购买了 F-15I "雷电"和 F-16I "风暴"。这两种最先进的 F-15 和 F-16 改型机是美国专为以色列的需求生产的。以色列空军是美国之外最大的 F-16 拥有国，截至 2008 年装备了 102 架 F-16I。新装备的还有以色列自产的具有全向攻击能力的"蟒蛇" 5 型空空导弹，以及特殊改型的 AH-64DI 长弓"阿帕奇"攻击直升机。2005 年以色列空军装备了特殊改型的"湾流" 5 型喷气机，机上装备了以色列军事工业公司制造的具有世界先进水平的侦察系统。

外界认为，以色列空军驻扎在塞多米克哈（Sedot Mikha）空军基地的三个中队（150 中队、199 中队和 248 中队）是以色列的地对地核打击力量，并认为这里装备着数量在 21 枚到 100 枚之间的杰里科 1 型和杰里科 2 型中程弹道导弹。据美国媒体报道，能够覆盖整个中东和欧洲，以及非洲和亚洲大范围目标并可以携带核弹头的杰里科 3 型远程弹道导弹在 2007 年已经投产。

2. 作战编成

空军人员有 3.7 万人，动员时可达 5.7 万人。装备作战飞机 446 架（另外可能储备 250 架），武装直升机 133 架。飞行员年均飞行时间：现役飞行员 180 小时；预备役飞行员 80 小时。

战斗攻击机和战斗机中队 12 个：2 个中队装备 F-4E-2000 型 50 架，F-4E 型 20 架；2 个中队装备 F-15 型 73 架（A 型 38 架，B 型 8 架，C 型 16 架，D 型 11 架）；1 个中队装备 F-15I 型 25 架；7 个中队装备 F-16 型 237 架（A/B 型 110 架，C/D 型 127 架）。

战斗攻击机中队 1 个：装备 A-4N 型 25 架。

侦察机：RF-4E 型 10 架。

空中早期预警机：波音 707 型 6 架（装备"费尔康"式系统）。

电子战飞机：波音 707 型 3 架（电子情报侦察/电子干扰）；RC-12D 型 6 架；IAI-200 型 3 架；DO-28 型 15 架；"空中之王" 2000 型 10 架。

海上巡逻机：IAI-1124 型"海上搜索者"式 3 架。

加油机：KC-130H 型 3 架。

运输机飞行联队（1 个）：有波音 707 型 5 架（3 架运输/加油机）；C-47 型 12 架；C-130H 型 22 架。

联络机："岛民"式 2 架；"塞斯纳" U-206 型 20 架；"空中女王" 80 型 10 架。

教练机：CM-170 型 77 架；"超级幼狐"式 28 架；TA-4H 型 9 架；TA-4J 型 17 架；"空中女王" 80 型 4 架。

攻击直升机：AH-1G 型 21 架；AH-1F 型 36 架；休斯-500MD 型 30 架；AH-64A 型 42 架。

反潜直升机：HH-65A 型 4 架；AS-366G 型 2 架。

运输直升机：CH-53D 型 38 架；UH-60 型 10 架；S-70A 型"黑鹰"式 15 架；贝尔-212 型 54 架；贝尔-206A 型 43 架。

无人驾驶飞机：有"侦察兵"式、"先锋"式、"搜索者"式、"火蜂"式、"勇士"式、"德里夫"式、"猎手银箭"式等若干架。

空地导弹：有 AGM-45 型"百舌"式、AGM-62A 型"白星眼"式、AGM-65 型"小牛"式、AGM-78D 型"标准"式、AGM-114 型"地狱火"式、"陶"式、"大眼睛"式 1+2 型等若干部。

空空导弹：有 AIM-7 型"麻雀"式、AIM-9 型"响尾蛇"式、AIM-120B 型、AMRAAM 型、R-530 型、"蜻蜓"式、"怪蛇"3/4 型。

地空导弹：17 个 MIM-23I 型"霍克"式地空导弹连；3 个"爱国者"式地空导弹连；1 个"箭"式导弹连；8 个"小榭树"式导弹连。

表 5-6 2006 年以色列与周边国家第三代高性能战斗机数量对比

单位：架

型　号	以色列	周边国家合计	埃及	叙利亚	约旦	黎巴嫩
F-16I	12					
米格-29		80		80		
F-16C/D	127	113	113			
F-16A/B	110	42	26		16	
F-15I	25					
F-15C/D	28					
F-15A/B	36					
幻影 2000		15	15			
苏-27		8		8		
总　　计	338	258	154	88	16	0

资料来源：International Institute for Strategic Studies（IISS），*Military Balance*, 2007。

第五章 军事 Israel

第三节 军工产业

一 国营军工产业

军事工业是以色列国民经济的支柱产业。[①] 近年来,以色列在世界军贸市场上获利年均达10亿美元左右。出于战争需要,以色列军事工业起步很早(50年代末60年代初),当时只能生产部分轻武器,改装和维修一些武器装备。著名的1967年"六五战争"(即六日战争)后,巨大的军品需求拉动了以色列军工企业的迅速发展。到80年代中期,以色列已经形成了较为完善的军工科研和生产体系,全国从事武器装备研制和生产的公司达250多家,并涌现出如以色列军事工业公司(IMI)、以色列武器发展管理局、以色列飞机工业公司(IAI)、拉斐尔武器开发集团、以色列造船厂等十几家规模巨大、举世闻名的军工企业。这些企业涵盖了从军工科研到武器生产,从各种军用飞机、坦克、舰艇到电子、通信设备等几乎所有军用产品的生产领域,从业人员近8万人。

以色列的军事工业包括国营(占80%)、私营和与美、英、法等国合资的企业三大类,由政府其他部门和国防部共同管理。著名的军工科研机构有十几家,如拉斐尔武器开发集团、海法技术大学、武器研究中心、航空航天学会、魏茨曼研究院(研究核技术)等。其中拉斐尔武器开发集团是以色列最大的军工管理机构,也是最具实力的武器装备研制和生产综

[①] 本节有关以色列的国营军工,主要参考《以色列的武装力量、国防体制和军工实力》,腾讯网,2009年1月6日,http://news.qq.com/a/20090106/001118_1.htm;〔以〕汉南·谢尔:《以色列国防工业》,犹太网,http://www.jewcn.com/ShowArticle.asp?ArtideID=1979。

合体。

以色列的兵器生产公司约有150家,著名的有以色列军事工业公司、索尔塔姆有限公司、梅卡维姆公司等,其中军事工业公司是以色列最大的军事工业公司,下设武器、弹药、化学、火箭系统等9家分公司和1个研究院,共有1.5万名职员从事武器装备研制和生产。

军用航空工业也有数十家公司,可生产战斗机、侦察机、运输机、直升机等各类军用飞机。其中"幼狮"、"狮"等型的战斗机是以色列军事航空工业的代表作。导弹与航天工业在以色列军工产业中占有举足轻重的地位,也是以色列在武器装备方面对其周围的阿拉伯国家保持优势的支柱。以色列据此成为世界上第八个可以发射卫星的国家,并有能力生产各类导弹,科研"孵化"实力强劲。

到80年代末期,以色列已经形成了人员齐整、设备先进、门类齐全的军工体系,并且具备了研制和生产各类轻重武器、超音速飞机、重型坦克、作战舰艇、空空和反舰导弹、电子战设备、各式雷达等武器装备的能力。其中自产的作战飞机、导弹、坦克和大炮均已接近或达到世界先进水平,军用航空电子设备、预警机、无人驾驶机在世界航空武器装备市场上独领风骚。每年的军工产值都在20亿~30亿美元,占本国工业总产值的四成以上。以色列军工企业所生产的武器装备除满足本国军队需求外,为谋求发展后劲,使军工生产销售进入良性循环,还向世界上60多个国家出口,年军火出口额高达十几亿美元。以色列飞机制造公司所拥有的无人驾驶侦察机制造技术在世界上遥遥领先,可以生产全系列的无人驾驶机,包括"搜索者"、"猎犬"、"苍鹭"等最先进的侦察机。1998年,以色列又研制出最新型的"狙击手"近程无人侦察机,其飞行半径为50~150公里,续航能力6小时,最大飞行时速176公里。除无人侦察机外,以色列

第五章 军事

近年来正在研制无人攻击机。现已研制出反雷达无人攻击机,携带有32公斤的战斗部,航速高达每小时500公里,能在各种天气条件下执行作战任务。

以色列自行研制的主战坦克"梅卡瓦"系列,以军已装备有千余辆。这种坦克采用140毫米滑膛炮作为主炮,并装备有主动防护系统。1999年,以色列著名的拉斐尔武器开发集团向世界公布了自己的最新作品——"花花公子"型直升机和车载反坦克导弹,该导弹采用串联式高爆战斗部,既可从地面平台发射,也可由直升机空中发射;发射后既可自找寻目标,也可跟踪直至命中目标。

90年代以来,被以色列视为敌对国家的伊朗、叙利亚等国的军事实力大增,以色列因此决定增加军费(每年总额达100多亿美元),在充分挖掘本国军工企业最大潜力的同时,加强与美英等国军工企业的合作,共同研制最先进的武器装备。在与外国军火公司合作的过程中,以色列军工企业掌握了许多最先进的武器研制技术,使本国武器装备的现代化水平大大提高,收到了借"鸡"生"蛋"的效果。

继1986年以色列与美国共同开发研制"箭"2导弹防御系统之后,90年代以来,双方加快了研制过程,并几次成功地进行了模拟拦截"飞毛腿"导弹试验。这套防御系统包括雷达、预警和发射控制,以及"箭"2导弹等分系统,可搜索500公里以内的来袭导弹,能同时跟踪监视和截击14个目标。

在海军装备研制方面,以色列海军科研部门与美国海军麦克马伦造船公司联合设计了"萨尔5"级轻型护卫舰,舰上装备了11个导弹发射装置、2个MK32三联装鱼雷发射管,舰尾机库内可存放1架SH-2F或"海豚"或S-76N直升机。由此可以看出,该舰具有很强的反舰和反潜能力。由于中东动荡不安的局势还将持续,以色列还将继续大力发展军工企业,研制和生产先进的武器装备，以保持地区军事优势，维护国家安全。

以色列约有150家防务公司，其年度总收入估计达到35亿美元。以色列航空工业公司、以色列军事工业公司以及拉斐尔武器开发集团是最大的三家国有公司。这三家公司产品范围很广，从常规武器到先进防卫电子系统均在其中。中型私有公司如埃尔比特（Elbit）系统公司以及塔迪兰—埃利斯拉（Tadiran-Elisra）集团公司将生产重点放在防御电子系统上。小型公司产品范围比较窄。这些企业总共雇用了近5万名员工，他们承担了高水平的研发工作并具有实战经验。

以色列国防部对外军事援助和武器出口办公室（SIBAT）负责国防出口的调控和管理。其职责包括审批所有的防务出口以及向军队出售国防工业产品。这些产品包括电子组件、导弹艇和坦克。该办公室每年都发布一份销售目录，这份目录是工业部门必须提供的权威性销售指南。

尽管有广阔的用户群，以色列本土最大的防务公司在全球防务市场中所占的比重还是相对较小。随着来自世界航空领域其他对手与日俱增的竞争，以色列试图专攻一些特殊领域的市场，并通过合并和联合来寻求合作。另外，全球削减国防开支的大气候也给以色列军工企业带来了新的机遇。一些国家试图升级现有武器装备而不是重新购买新装备。"鬼怪"2000就是这个升级过程的一个典型，它是以色列对20世纪70年代初从美国进口的F-4的完全翻新型。

随着"狮"项目的重新启动，以色列飞机工业公司开始生产的多样化并因吸收来自美国的投资而逐渐壮大，生产了"阿莫斯"通信卫星和"地平线"侦察卫星以及世界上第一个反导系统——"箭"。目前，该公司的第一架无人驾驶飞机已经成为世界上许多国家军事机构的标准。该公司还负责飞机的修理和维护以及飞机航电系统的升级，同时设计、开发和生产电子战雷达装备和导弹等装备。2000年飞机工业公司的销售总额达到21.8亿美元，其中出口额为17亿美元。同年，公司还签署了约1600份新的合同，总值约26亿美元。

以色列军事工业公司成立于1933年，当初是一个秘密的轻武器制造工厂。1948年建国后，公司由国防部直接管理，生产制造了一流的乌齐冲锋枪以及"塔沃尔"突击步枪等轻武器、重武器、飞机和火箭系统、"梅卡瓦"坦克之类的装甲车辆以及综合安全系统。1990年，公司被国有化。公司生产了约350种产品，雇用了4000多名员工。其产品除了内销，还出口到美国、挪威、比利时、菲律宾以及希腊等国。它的60%（约5.5亿美元）的收入都来自出口。

拉斐尔武器开发集团是第三家国有防务公司。它生产制造了"蟒蛇"和"突眼"导弹，这两种导弹都是与美国主要的航空公司（如洛克希德·马丁公司）联合生产的。另外，公司还生产各种被动装甲、海军诱导装置、侦察飞艇系统、声波鱼雷对抗系统、陶瓷装甲、空中推动器以及空空、空地、地地导弹。

二　私营军工产业

除了国有公司，以色列还有许多私营的防务公司。[①]位于海法的埃尔比特系统公司主要进行飞机和装甲车的系统升级，它开发制造并组装了先进的高性能防卫电子系统。公司还生产C3系统，为西方和东欧国家升级武器平台与电子系统和产品。2000年，该公司合并了另一家私营防务公司——光电工业有限公司。收购后的交易额达到了5.91亿美元，比上一年

---

① 参见知远《以色列私营防务公司》，搜狐网（引自人民网），2007年8月23日，http://mil.news.sohu.com/20070823/n251739187.shtml。

增加了 1.55 亿美元。

另一家主要的私营防务公司是塔迪兰—埃利斯拉集团公司，隶属于库尔工业公司。集团公司的子业务是防御电子系统。埃利斯拉公司的电子分公司为军队提供了一系列电子战系统，如雷达预警系统、主动对抗系统、全方位自我防护系统、电子支援和电子情报系统以及先进的数据链，该数据链配有非常轻便和优质的组件。公司雇用了 800 多名职员，其中 2/3 是工程师。塔迪兰电子系统公司设计和开发了许多军事产品，包括情报、侦察和电子硬件以及专门的海军通信系统。所有这些产品都满足了客户提出的规格要求。塔迪兰思派创有限公司（Tadiran Spectralink）生产适用于机载平台和地面设施的各种数据传输系统。BVR 系统公司负责开发革新的战斗机飞行模拟器。该集团公司 2000 年的营业额为 2.84 亿美元。

除此以外，一些较小的专业私营公司也取得了不俗的业绩，如 Cyclone Aviation、Urdan、Magal、BVR、RSL、Elul 以及索尔塔姆公司（Soltam）。Cyclone Aviation 的主要业务是直升机升级和飞机零部件生产。Urdan 工业公司利用其下属的联合钢铁铸造厂生产梅卡瓦坦克部件。Magal 安全系统公司的产品包括全方位的安全预警探测器以及在机场和其他一些公共场所使用的爆炸侦测装置。BVR 技术公司生产空中防撞击安全系统、飞行和智能武器操作训练系统以及各种空中格斗训练和驾驶情况汇报模拟器。Elul 集团公司主要负责协调发展以色列国内的海外公司与海外的以色列公司的防务交易。RSL 电子系统公司生产固定翼飞机与直升机的机载电子系统、野战炮兵使用的初速测定雷达。索尔塔姆公司生产迫击炮和重型火炮零部件，同时还生产以色列最著名的不锈钢炊具系列产品。

冷战结束后，一些私营的以色列公司或者合并或者进行了裁员，或走向军转民的道路。它们在互联网、医用电子和机器人等领域设计了许多高科技产品。这些技术都是源自军方或国防工业。"友好机器人"就是一种从军品转化过来的高科技民用产品,生产"友好机器人"的公司高层均供职于军队技术部门,这家公司研制的机器人剪草机也是基于先进导弹制导技术开发的,提供了精确的定位和导航功能。埃利斯拉公司研发生产了迎合商业市场的电子微波产品。

尽管建国以来本国的军工产业有很大发展,但以色列仍然需要从国外进口一些重型装备(如战机)。

第四节 大规模杀伤性武器与导弹防御

一 核武器的运载工具

从20世纪50年代末起,刚刚结束苏伊士运河战争的以色列总结了两次中东战争的教训。以色列高层认为,与阿拉伯国家的战争还将继续。为在战争初期就能够对敌方的战略设施进行毁灭性的打击,以色列决定开发弹道导弹,相关研制工作于1962年全面展开。1970年,以色列的第一代弹道导弹——杰里科1型[①]研制成功,后来该型导弹已被杰里科2型导弹取代。1977年杰里科2型中程弹道导弹进入研制阶段并于1986年试射。杰里科2型全长14米,弹径1.56米,导弹发射重量26吨,有效载荷1吨,弹头威力为15万吨TNT(单弹头)或3×30万吨TNT(多弹头),采用惯性制导方式,弹头可以为常

[①] 杰里科即是《圣经》中著名的古城耶利哥。据《圣经》记载,耶利哥城墙高大,城市易守难攻。约书亚按照上帝的指示,召集所有祭司围绕耶利哥城吹羊角号。到了第七天,城墙轰然倒塌,以色列人随即攻占城池。随着犹太人的离开和巴勒斯坦的阿拉伯化,该城也转译为"杰里科"。因此,导弹名称译为"耶利哥"更为妥当。

规高爆炸弹,或者是爆炸当量在 10 万吨 TNT 当量的核弹头。1989 年,美国军控与裁军局估计杰里科 2 型的改进型的最大射程达 1450 公里。杰里科 2 型服役后,以色列开始秘密研制杰里科 3 型远程导弹。据称该导弹采用 3 级固体火箭发动机,导弹全长 15.5 米,弹径 1.56 米,导弹发射重量在 29 吨左右。该导弹将以以色列下一代运载火箭作为研制基础,其射程为 4800~6500 公里,完全可以覆盖整个中东地区,而其有效载荷达 1.3 吨。据称杰里科 3 型也能携带 750 公斤的核弹头,它可以从容易组装的活动发射台上发射。

以色列空军装备的 F-4"鬼怪"式飞机、A-4"天鹰"式飞机以及 F-16 和 F-15E 飞机均具有核打击能力。2001 年 1 月,以色列从美国订购了 50 架价值 25 亿美元的 F-16I 飞机,2003 年年初开始接收飞机。同年 12 月,又订购 52 架 F-16I 飞机,这些飞机于 2008 年交货完毕。2000 年 6 月,以色列的"海豚"级潜艇在印度洋成功地进行了核巡航导弹的潜射试验,并准确命中 1800 公里外的目标。这表明以色列已经成为继美、俄之后第三个掌握潜射核巡航导弹的国家,同时也是继美、俄、英、法、中之后第六个拥有水下核打击能力的国家。以色列因此在中东地区拥有有限的二次核打击能力。每艘潜艇可携带 4 枚核导弹。以色列将保持两艘潜艇在海上值勤:一艘在红海活动,另一艘在地中海活动,第三艘则在母港内待命。一旦这些潜艇接到由以色列总理、国防部长、总参谋长和海军司令四人联合下达的命令时,它们就可以立即向预定目标发射核巡航导弹。以色列还计划从德国进口两艘同型号潜艇,以保证任何时候都能执行任务。总之,以色列准"三位一体"核体系已具备,其核打击范围覆盖整个中东地区,核打击手段已经多样化。

表 5-7 以色列准"三位一体"核投掷系统

型号	射程/作战半径(公里)	有效载荷(公斤)	数量及部署
F-16A/B/C/D/I "隼"式战机	1600（作战半径）	5400	249 架 1980 年开始部署，其中一些被认为具备投掷核武器能力
F-15I"雷电"战机	3500（作战半径）	11000	25 架 1998 年部署，其中一些可执行远程核发射任务
杰里科 2 型	1500~1800	750~1000	大约 50 枚 1990 年首次部署
潜射巡航导弹	1800	不详	不详

资料来源：瑞典斯德哥尔摩国际和平研究所著《SUPRI 年鉴 2006：军备、裁军和国际安全》，中国军控与裁军协会译，时事出版社，2007，第 943~944 页。International Institute for Strategic Studies (IISS), military Balance, 2007.

二 大规模杀伤性武器[1]

以色列的核武器计划开始于 20 世纪 50 年代，最早是在法国帮助下展开研究的。1952 年，以色列成立了原子能委员会。1979 年，南非与以色列合作进行核试验，使用的氚由以色列提供。美国的科学和国际安全研究所在 2004 年估计，以色列拥有大约 560 公斤军用钚，相当于约 110 个弹头。南非至少向以色列出售了 550 吨天然铀。2008 年 5 月，美国前总统吉米·卡特宣称，以色列核武库共有约 150 件核武器。早在 1968 年年底，以色列每年就已经可以生产 4~5 枚核弹头。以色列的核武器质量处于世界前列。以色列核技术先进性的另一个例子，

---

[1] 参见 Magnus Normark et al., "Israel and WMD: Incentives and Capabilities", User report, December 2005, Swedish Defense Research Agency, http://www.foi.se/upload/pdf/israel-and-wmd-1734.pdf.

是其核基地迪莫纳从未发生过灾难性事故。2005年,以色列成世界第十大核能专利发明国。①

以色列于1982年建立生产芥子气和神经毒气的工厂。投送武器包括炸弹,火箭弹和导弹。以色列也拥有生产生物武器的能力,其生物战制剂有非常先进的微粉剂型,但可能未部署。

以色列核威慑战略大体可以分为三个阶段。20世纪70~80年代是以色列的单向核威慑时期,以色列不必担心报复,主要发展地面和空中核打击力量。90年代以来直到2000年,以色列开始面临先进的生化武器和弹道导弹威胁,核优势被抵消,所以以色列在强化第一次打击的同时开始发展第二次核打击能力,建成了准"三位一体"投掷系统。2000年以来,以色列开始重点建设末段反导系统,建立拒止性威慑。未来以色列将会主要以拒止性威慑为主。

目前,以色列所处的情况正是由先发制人的核打击向"确保相互摧毁"的核威慑变化。但是这种核威慑有很多不确定性,还相当脆弱。近年来,以色列大力发展导弹防御系统,以求在中东地区弹道导弹扩散的大背景下增强核稳定性,确保国家的生存。

在国际上,以色列没有签署《核不扩散条约》和《禁止生物武器公约》,但它于1993年1月签署了《禁止化学武器公约》,然而未予批准。美国对以色列拥有核武器一事在事实上给予默认,而对伊朗发展核工业的活动给予强烈批评。阿拉伯国家对以色列的核武器抱有强烈警惕和批评,坚持要求其加入《核不扩散条约》,在中东建立无核区。1995年,核不扩散条约审议大会首次倡议建立中东无核区。2010年5月,各国代表在美国

---

① 〔美〕丹·塞诺、〔以〕索尔·辛格:《创业的国度——以色列经济奇迹的启示》,王跃红、韩君宜译,中信出版社,2010,第225页。

表 5-8　以色列核威慑战略的演变

年　份	核威慑类型	特　点
1970~1990	报复性威慑早期型——大规模报复	重点建设第一次打击能力
1990~2000	报复性威慑晚期型——确保相互摧毁	重点建设第二次打击能力——准"三位一体"投掷体系
2000~2010	报复性威慑与拒止性威慑并重	重点建设末段反导系统
未　来	拒止性威慑为主	重点建设多层反导系统

纽约联合国总部参加《不扩散核武器条约》第八次审议大会，决定 2012 年就建立中东无核武器区召开国际会议，呼吁以色列签署《核不扩散条约》并把所有核设施纳入国际原子能机构安保机制。会后，以色列高官指责这一决定"虚伪"。

三　导弹防御系统

以色列的导弹防御系统主要由"爱国者"和"箭"式导弹组成。1991 年，它首次部署"爱国者"导弹，目前装备 7 个"爱国者"PAC-2 型导弹连，可以拦截射程 600 公里的弹道导弹。不过该型导弹的拦截率还不高，在海湾战争中其拦截"飞毛腿"导弹的概率仅为 9%。[1] 2007 年 8 月，以色列宣布将从美国购买最新型的 PAC-3 型"爱国者"导弹防御系统。[2] PAC-3 型系统较 PAC-2 型系统无论是雷达还是导弹均有很多改进，其最重要的改进是采用洛克希德公司研制的全新的增

---

[1] 方有培、汪立萍、赵霜：《从改进型"爱国者"看 TBM 突防技术》，《航天电子对抗》2006 年第 4 期。
[2] 朱剑慧、华春雨：《以色列强化导弹防御》，2007 年 8 月 24 日《人民日报》第 3 版。

程拦截弹（Erint）导弹，它采用直接碰撞、动能杀伤的 KKV 技术。增程拦截弹在末段可达到 6 马赫高速，拥有杀伤目标的巨大动能。2002 年 8 月，美国宣布"爱国者" PAC-3 型导弹系统已具有作战能力，对弹道导弹的最大杀伤高度为 15 公里，对弹道导弹的杀伤距离为 20 公里。PAC-3 型导弹系统比 PAC-2 型导弹系统的保卫区面积增加约 7 倍。[①] 从 1997 年 9 月到 2001 年 10 月，PAC-3 型共进行 11 次飞行试验，成功率为 92%。2002 年，PAC-3 型共进行 4 次作战飞行试验，成功率为 62.5%。

"箭" 2 系统是世界上第一家试验性实战部署的常规装药高层反战术弹道导弹专用型地空导弹武器系统，也称为"箭" 2 战术弹道导弹防御系统，由以色列和美国联合研制，主要用于拦截近、中程战术弹道导弹。伊拉克在 1991 年的海湾战争中，向以色列特拉维夫发射 39 枚近程地对地"飞毛腿"弹道导弹，导致人员受伤。虽然美国在以色列部署"爱国者"地空导弹系统进行拦截，也取得一定战果，但以色列认为还存在诸多不足。海湾战争促使以色列开发更先进的两层"箭" 2 导弹防御系统。

2000 年 3 月，以色列正式开始部署"箭" 2 导弹防御系统；2000 年 10 月，"箭" 2 系统正式开始战备值班，以色列也因此成为世界上第一个部署战区弹道导弹防御系统的国家。在 2003 年 1 月伊拉克战争爆发前夕，"箭" 2 导弹连第一次进行实战性部署，目前部署 2 个"箭" 2 导弹连，保护特拉维夫和海法，覆盖了以色列 85% 人口居住区。以色列准备于 2012 年在中部地区部署第三个"箭" 2 导弹连。同时，以色列正在研制国家导弹防御指挥控制中心，它将整合"箭"导弹防御连和"爱国者"导

---

① 徐斌：《"爱国者"系列地空导弹》，《地面防空武器》2004 年第 3 期。

弹防御连，该中心还能兼容未来以色列海军装备的"宙斯盾"平台。2006年4月，以色列宣布开始改进"箭"2 Block3型，2007年开始改进其软件系统。"箭"2 Block4于2009年部署，装备诱饵弹头和700公里以上射程的导弹。①

以色列计划发展包括高低两层的近、中程陆基导弹防御体系，末段低层近程反导防御（20公里以下高度和18公里距离以内）主要由"爱国者"系统负责，末段中层中程反导防御主要由"箭"2负责，其拦截高度为20~50公里、拦截距离在90公里以内。目前，以色列正在境内部署大量雷达系统和分散的发射基地，从而弥补现有导弹防御系统的缺陷。根据以色列官方的说法，该防御系统将在未来数年内部署完毕。据估计，完全覆盖以色列全境的"箭"式系统大约需要1200枚"箭"2导弹，约需10亿美元。② 2008年8月，以色列媒体报道称，美国正筹划到2013年"箭"3系统投入运行，共向以色列提供7.5亿美元的援助。"箭"3是目前的"箭"2系统的升级型号，射程超过"箭"2，可以拦截距以色列500公里的来袭"流星"导弹，射程接近"箭"2的2倍。

第五节 安全战略的演变

以色列安全战略的演变可以分为4个阶段。③ 第一阶段从1948年以色列建国至1956年第二次中东战争。这一阶段军事战略的首要目标是把1949年同邻国签订的停战协议

---

① Anthony H. Cordesman, *Arab-Israeli Military Forces in an Era of Asymmetric Wars*, Westport, Praeger Security International, 2006, p. 153.
② 孙亚力：《"箭"2高层反导地空导弹武器系统四次发展飞跃》，《地面防空武器》2005年第4期。
③ 参见许维娜《以色列安全战略的演变》，《国际资料信息》2006年第9期。

转变成最终的和约，谋求周边阿拉伯国家的外交承认。但是由于阿拉伯国家对以色列的仇视，这一战略在当时特定的情况下未能奏效。

第二阶段从 1956 年第二次中东战争至 1973 年第四次中东战争。以色列安全战略选择先发制人的军事打击。这是阿以冲突最为激烈的阶段，先后爆发三次中东战争，以色列在战争中获得 4 倍于己的土地，将领土的实际控制线向前推进了数十至数百公里。战争的胜利使以色列期望以地理空间缓冲来自阿拉伯国家的进攻。

第三阶段是从 1973 年第四次中东战争到 2000 年。第四次中东战争证明地理空间并不能有效抵挡阿拉伯国家的进攻，以色列拥有的西奈半岛并未有效地遏制埃及的进攻，以色列军队不可战胜的神话被打破，以色列开始寻求与邻国的和解。1979 年 3 月签署埃以戴维营和平协议标志着以色列安全战略发生重大转变，即以先发制人为重点来谋求战略优势的同时，开始谋求通过直接谈判以"土地换和平"，实现阿以之间的和平共处。在此模式下，以色列先后与埃及和约旦签订和平协议以及 1993 年开始的奥斯陆和平进程是这一阶段的典型事件。以色列的安全战略进入一个新阶段。寻求一个和平稳定、和睦发展的地缘环境是以色列战略的根本抉择。

2000 年以来以色列安全战略进入第四阶段。这一阶段以色列遭受的威胁开始多元化，包括大规模杀伤性武器和亚常规威胁。威胁的主体呈现多元化趋势，既有伊朗式的国家行为体，也有真主党和哈马斯式的亚国家组织，还有大量的个人恐怖主义威胁。中东大规模杀伤性武器和其投掷系统的发展对以色列产生重大威胁，以色列的战略安全形势恶化。以色列开始建立导弹防御体系，通过拒止性核威慑应对伊朗等国的大规模杀伤性武器威胁，这一体系目前还不完善。周边国家的常规军事力量迅速增强，以色列面临周边国家的常规威胁，新崛起的真主党在北部边境对以色列形成新的常规威胁。通过2006年的军事行动，以色列打击了真主党，但没有彻底打垮其常规作战能力。以巴冲突方面，奥斯陆和平进程2000年后停滞不前，巴勒斯坦发生第二次起义即阿克萨起义。以色列面临低烈度战争的持续威胁，政府与国民对于"以土地换和平"的有效性表示怀疑。以色列一方面通过军事打击消灭极端武装的有生力量，另一方面通过隔离墙和单边撤离实现与巴勒斯坦的脱离接触，通过"自助"来实现安全。这些战略措施取得一定效果，2005年之后巴以大规模冲突基本结束。不过哈马斯在加沙仍然不断通过火箭弹袭击以色列，迫使以色列发展火箭弹防御体系。

从目前以色列与周边国家的地缘政治关系出发，根据亲疏程度，以色列的地缘政治关系大致呈现出一个基本格局：南缘冲突，中部平稳，北缘冷战，间或热战。[①] 首先要加强和稳固南缘。南缘国家主要是埃及和约旦，继续加强和稳固与埃及、约旦的政治和经济关系，能够保证以色列南部边境的安全和发展。中部的巴勒斯坦是与以色列冲突的前沿，而且地处以色列中部心脏部位，对以色列的安全具有极大影响。黎巴嫩和叙利亚是以色列北缘邻国，由于戈兰高地问题没有解决，以色列与两国仍处于敌对状态，黎巴嫩真主党与以色列处于斗争的前沿，而问题的解决有赖于以色列与叙利亚和伊朗关系的改善，但这不是短时间可以解决的。

总之，以色列目前采取的安全战略就是保持核威慑，建立有效导弹防御体系；继续保持常规力量优势；打击极端势力，建立火箭弹防御体系和边境防御体系，适应亚常规冲突，增强城市低

---

① 陈俊华：《试论新世纪初地缘视觉中的以色列》，《世界地理研究》2002年第2期。

烈度作战能力。

以色列安全战略的一个重要特点是倾向于使用硬实力,即军事力量和战争手段。这一手段在短时期内保障了国家安全,但以色列与阿拉伯人,尤其是巴勒斯坦的冲突在经历了60年之后,今天仍然没有解决的迹象,而伊朗更成为一个新的重大威胁。2010年年末开始于突尼斯的阿拉伯世界政治动荡,牵涉到埃及和叙利亚,使以色列所处的地区环境更趋复杂。显然,军事力量不可能解决所有的矛盾。

第六章
教育、科学、文化、卫生

第一节 教育

一 发展简史

兴师重教是以色列最宝贵的遗产之一。犹太人自古就有崇敬教育和知识的传统,办学仅次于敬神,教师地位高于父亲。以色列人尊重传统,把教育视为以色列社会的一种基本财富以及开创未来的关键。教育体制的目标是把儿童造就成这个不同民族、宗教、文化和政治背景的人共处的民主和多元社会中富有责任感的成员。以色列的教育是以犹太人价值观、热爱祖国、自由与宽容原则为基础,设法向学生传授高层次的知识,并着重传授对国家的持续发展至关重要的科学技术技能。希伯来语在19世纪末才重新振兴,成为日常口语和主要教学语言。

以色列建国前半个世纪,犹太移民陆续在巴勒斯坦建立学校。由于移民来自不同的国家和地区,所建立的教育体系各不相同,有以西方世俗教育为模式的,有以强调犹太传统文化为模式的,有带有较浓厚宗教色彩的。建国前夕,犹太人已拥有两所高等学校,36所中等学校,在校学生万余名,成为以色列教育体系的雏形。

建国后,以色列政府高度重视教育事业,以色列开国总理本—古里安说,犹太历史的基本内容就一条:质量胜过数量。没有教育就没有未来。总理梅厄夫人说,教育投资是卓有远见的投资。纳冯总统说,教育投资就是经济投资,他卸去总统职务后甘当教育部长。以色列建国时,只有两人的教育部在战火中着手的第一项工作就是起草义务教育法。以色列教育重在基础,突出犹太传统、爱国、宽容精神,注重高层次高素质科技人才的培养。

以色列政府曾试图统一协调教育体制,但由于各个政党和宗教派别的极力反对而未能成功。1949年,以色列颁布了《义务教育法》:所有5~14岁的儿童都必须接受免费的义务教育,父母可以在世俗学校和宗教学校之间为其子女做出选择。

1968年,以色列对全国教育体制进行过一次较大的改革,这次改革包括修改《义务教育法》,把义务教育从原来的小学和初中扩大到高中,这样实施义务教育的年限总共为11年[①],仅次于当时实施义务教育年限最长的荷兰、比利时和德国(12年)。同年,对中小学体制也进行了改革,新体制包括小学6年、综合性初中3年、高中3年。对中等教育结构和入学考试也做了修改,目的是培养学生的个人能力,在各级教育中扩大了科学与技术方面的学习,并大大加强了计算机和实验室的应用。以色列的教育立法细致完备,终身教育观念深入人心。除了正规教育,还有中学后教育、成人教育、提高教育、补习班、军校培训、职业培训、函授大学等,人人不断更新知识。

70年代,在教育体系中出现了一个更为多元化的局面,以色列社会由原来的以西方文化和价值观的单一方向为主的文化,转变为更广泛、更多样性的文化。以色列的多元文化政策基于对

---

① 2001年修正为3~18岁儿童和少年享受义务教育,免费教育至高中毕业。

每个民族和每个个体的尊重,以及对组成以色列社会各个民族的文化合法性的尊重,并允许其发展自己的独特性。多元文化政策更加合理和适用于以色列。

全民全社会办学是以色列教育的特色之一,教育成为国家建设最基本的投资,教育预算、设施和人才等水准均居世界前列。在以色列的政府预算中,教育经费处于优先地位,教育预算仅次于国防,即便在战争年代,教育开支也在7%以上。近年在以巴和谈的大趋势下,国防预算下降,教育经费持续上升,以适应高科技发展。以色列中央统计局公布的数据显示,从教育经费占政府财政预算的比例看,以色列2001年教育经费占政府财政预算的13.7%,而经合组织成员国同期的平均教育经费占12.7%。以色列用于小学至高中的教育经费占政府预算的9.1%,用于高等教育的经费占政府预算的2.4%,而经合组织成员国分别为8.9%与2.8%。如兑换成美元计算,以色列花在学前儿童教育的经费每人每年为3428美元,与日本、西班牙、瑞典和芬兰相当。小学教育经费每人为4650美元,中学教育经费每人为5617美元,高等教育经费每人为11494美元。[①] 此外,政府拨款仅是教育开支的2/3,还有地方机构、企业、海外等资助。

按所占国内生产总值比例计算,以色列的教育预算高于世界上所有发达国家。以2001年的教育投资为例,与经合组织成员国作对比,以色列当年在教育方面的投资总额占国内生产总值的8.6%,而经合组织30个成员国的教育投资平均数只占它们国内生产总值的6.2%,其中美国为7.3%、丹麦为7.1%,其他成员国大多要低于上述两个国家。以色列对小学至高中的教育投资占国内生产总值的4.9%,对高等教育的投资占2%,其余为学前儿童与成人教育投资。而经合组织成员国分别占

---

① 徐启生:《以色列教育支出知多少》,2004年10月13日《光明日报》。

3.8%和1.8%。①

以色列的教育部门成功地迎接了数次巨大的挑战：在短时间内为大量的移民儿童提供教育机会，并融合这些来自不同国家和地区的移民学生。20世纪50年代的大批移民主要来自战后欧洲和阿拉伯国家。60年代，来自北非的犹太人大量涌入。70年代，苏联犹太人首次大规模移居以色列。苏联解体后，来以色列定居的俄罗斯犹太人人数超过50万。在1984年和2001年的两次大规模移民行动中，埃塞俄比亚的犹太居民几乎全部涌入以色列。为了满足大批移民的教育需求，以色列教育部门增加学校和教师，为教师开办了专门培训班，以使他们学会与移民儿童相处；并为移民教师开办了进修班，从而有助于他们受雇于以色列教育系统。为了使不同文化背景的移民儿童获得平等的教育机会，教育部门还制定了特殊的教育政策，采取灵活的教学手段和方法，专门制定了满足新生需要的教学大纲，其中包括准备适当教具、安排短期班，以便使移民学生学好那些在其出生国中没有学过的学科，例如希伯来语和犹太历史。

经过半个多世纪的不断发展和完善，结合其实际国情，以色列政府已经建立了一整套完备的、独具特色的教育体系，为以色列培养了大批卓越人才。以色列共有中小学校2994所（包括专门实习班），综合性大学7所。以色列每万人中有135位科学家和工程师，是世界上人均拥有律师和注册会计师最多的国家。

二 教育体制

以色列的教育包括学龄前教育、小学、中学（含初中、普通高中、职业高中）、专科、大学及成人教育。从1968年开始逐步推行小学6年、初中3年、高中3年新的中等

---

① 徐启生：《以色列教育支出知多少》。

教育体制，大学学制 4～6 年。在以色列，公办世俗学校占 60%，公办宗教学校占 30%，社会或私立学校占 10%。希伯来语学校的数量大约是阿拉伯语学校的 5 倍，但不论哪一类学校，学生都应学习希伯来语、阿拉伯语和英语。

1. 学龄前教育[①]

以色列对幼儿也实行义务教育，其水平位居世界第三，仅次于德国和法国。

以色列的学前教育分为两个阶段：托儿所（日托中心）和幼儿园。托儿所接收 2～4 岁的幼儿，幼儿园接收 6 岁以前的孩子。根据以色列 1949 年制定的《义务教育法》，幼儿园最后一年为免费的义务教育。以色列的学前教育机构按照举办主体的不同，可以分为国立幼儿园、市立幼儿园、集体所有制幼儿园和私立幼儿园四类。前两种幼儿园都是公立幼儿园，由国家或地方政府投资兴办和管理。在国立幼儿园中，有一种幼儿园称为国立宗教幼儿园，属于国立宗教教育系统。这种幼儿园完全由国家投入，并同其他国立宗教教育机构一样，享有自治的权力，具体由教育部内的宗教教育局负责管理。集体所有制幼儿园是由农村地区的集体农庄基布兹和莫沙夫创办的。私立幼儿园既包括犹太教极端正统派宗教党派办的宗教幼儿园，又包括世俗社会团体和个人办的幼儿园。

按照以色列对私立宗教教育的政策，私立宗教教育系统的幼儿园在接受国家课程标准的前提下，获得国家教育经费资助。由于举办和经营私立宗教幼儿园的犹太教极端正统党派在以色列联合政府中的特殊地位，私立宗教幼儿园的教育经费，多数由政府提供。阿拉伯地区的私立幼儿园为数极少。在以色列的学前教育中，妇女组织创办了许多托儿所和幼儿园，发挥了很大的作用。

---

① 邱兴：《以色列学前教育投资研究》，《世界教育信息》2005 年第 12 期。

以色列

从学前教育的普及率来看，2002～2003学年，以色列全国2岁幼儿的入学率为22.7%，3岁幼儿的入学率为91.7%，4岁幼儿的入学率为91%，5岁幼儿的入学率为99.9%，其中希伯来（犹太）教育系统5岁幼儿的入学率为100%，阿拉伯教育系统5岁幼儿的入学率为97.4%。在希伯来教育系统中，市立和公立幼儿园有幼儿295488人（占96%），私立幼儿园有幼儿12569人（占4%），共计308057人。在阿拉伯教育系统中，只有839名儿童上私立幼儿园（占1%），其余77841人（占99%）上市立和公立幼儿园，共计78680人。

社区学前教育是以色列学前教育的另一特色。社区学前教育十分重视父母参与儿童的教育，为此政府实施了两个重要的社区教育计划，即"幼儿及其家庭的家庭活动"（Home Activity for Toddlers and Their Families, HATTF）计划和"学前儿童家庭指导计划"（Home Instruction Program for Preschool Youngsters, HIPPY），力图对不同年龄幼儿的家长进行分层指导，以提高指导的效率。

"幼儿及其家庭的家庭活动"是为1～3岁婴幼儿开设的家庭活动计划。该计划强调母亲与孩子的相互作用以及简单而经济的教具的使用，由专业协调员及专职家访员共同负责实施。"学前儿童家庭指导计划"是为3～6岁学前儿童开设的家庭指导计划，主要是帮助和指导社会处境不利的儿童的家长，因为这些儿童没有机会进入适当的教育机构，同时缺乏良好的家庭教育环境和足够的刺激，其生理和心理发展落后于同龄儿童。为此这一计划试图通过教育父母为儿童提供适宜的环境刺激，以使儿童得到正常的发展及发挥其潜能，促进儿童全面的身心发展。[1]

---

[1] 李平：《以色列社区学前教育简介》，《教育导刊·幼儿教育》2003年Z2期。

2. 中小学教育①

在以色列，中小学教师平均年龄35岁，工龄平均在10年以上，各级各类学校中教师的学历合格率在85%以上。小学教师中女性占89%左右，中学教师中女性占67%左右。以色列在校学生总数约占全国总人口数的32%，从事教育工作人员，包括部分兼职教师，占全国总就业人数的12.3%。

以色列中小学教育体系的框架是与其社会的多元性相适应的。中小学分四类：公立学校、公立宗教学校、阿拉伯及德鲁兹学校和私立学校。它们的共同点是，课程设置都很注重教授人文和自然学科等基础知识。前两类学校的课程内容大致相同，只是宗教学校更侧重犹太学科、传统和习俗的学习，这两类学校都实行男女同校学习。阿拉伯及德鲁兹学校用阿拉伯语教学，特别注重讲授阿拉伯和德鲁兹人的历史、宗教和文化，但是也教授犹太文化知识和希伯来语。私立宗教学校从属于信奉正统犹太教的各群体，实行男女分校，精讲和传授宗教知识及教义等。目前中小学生大约75%上公立世俗学校，20%上公立宗教学校，5%上私立宗教学校。

在6—3—3学制中，小学每周上学5天，高中6天；平均每周课时小学45小时，初中55小时，高中55~60小时。实行5级学分制，基础课程2级学分制，选修课程越多，级别分就越高，达5级。毕业考试百分制考70分以上，可加25分。必修课、选修课和学校自定课程的划分如下：

（1）必修课为各类基础课程，包括希伯来语、文学、圣经、数学、物理、化学、生物、历史、宗教、政治、电脑、英语、地理、体育等。政府认为希伯来语、圣经文化是犹太民族的根基，

---

① 孙正达等：《世界列国国情习俗丛书·以色列国》，重庆出版社，2004，第390~391页。

是犹太民族联结过去、现在和未来的纽带,因此在教育部规定的教学内容中,希伯来语和犹太历史、犹太律法、圣经等有关犹太教的学习是每个犹太学生从小到大都必须学习的课程。

(2) 高中增加选修课,根据教育部教学大纲推荐的内容而设定,除了上述基础课程的高级班外,还有法语、阿拉伯语、心理学、电影艺术等。

(3) 学校自定课程由学校根据家长委员会的意见开设,大纲由学校编写。教育部依据各类学校和不同学生的需要,为许多科目制定了可供多种选择的教材,教师可在广泛的范围内进行选择,以满足不同能力和资质的学生的需要。

以色列很注重对中小学生进行劳动职业技术教育,它不仅可以培养学生的劳动观念,而且使学生能掌握一定的技术知识。学校从小学一年级开始就开设有手工课,使学生对原材料、加工工具和加工过程有初步的认识。到了小学高年级和初中阶段,又为学生开设各种技术课程,学习包括材料加工、制图、电力、电子学等方面的知识。普通学校在八年级时(相当于我国的初中二年级)开设有"以色列的工业和国民经济"的课程,向学生介绍产品的生产、销售组织和财经原则。到高中阶段,其劳动教育就具有了明显的职业性质。普通中学从侧重工业技术或农业技术两方面对学生进行职业技术培训。通过这一教育,学生在中学毕业后走上社会时,可根据自己所学的知识,较容易找到专业对口的工作,同时也为社会培养了大量技术人才。

以色列的中小学课外活动很多,小学每周1~2次,组织学生去各种博物馆、展览会参观或旅游。尽管义务教育免费,但书本费、活动费却花费不菲。书本费每年200~500美元,活动费100多美元。高中毕业后,除了宗教学校学生和部分阿拉伯学生,其余学生均须服兵役,男生3年、女生2年。高中毕业成绩占大学入学分的一半,还有一半是大学入学考试的成绩。高考每

5个月1次,考3小时20分钟,满分是800分。一般学生服役期满后要花费1200~1700美元上复习班然后再参加高考。凡未满18岁且未完成初等教育的青少年还必须参加专门的补习班。

3. 中等职业教育①

在以色列,与普通中学相并存的还有专门的职业技术中学和农业中学。这与我国的中专和技校相类似。在这类职业中学学习的,主要是14~17岁的学生(相当于普通中学9~12年级)。在这类学校,学生既接受职业培训,又接受普通教育的培训。在职业中学设有三级职业培训课程,达到第一级的毕业生有条件升入高等学府继续深造;达到第二级的毕业生可获得职业证书;达到第三级的毕业生证明他掌握有实用的工作技能。农业中学通常设在有条件提供住宿的地方,除学习普通课程外,还学习与农艺学有关的科目。农业中学都有自己的实验农场,学生可从中获得生产的实践技能。职业中学为以色列培养了大批熟练工人和初级工程师。

未进上述学校学习的青年将按照《艺徒法》的要求在指定的职业学校学习一门手艺。艺徒课程由劳工部设置,在职业网络附属学校传授。这类课程需要学习3~4年,前两年为课堂学习,后一两年中,学生每周学习3天,其余时间在他们所选择的行业工作。这类行业包括发型设计、烹饪、机修和文字处理等。②

4. 高等教育

(1) 高等教育体制

以色列政府历来重视高等教育,不仅加大对高等教育的投资,还在方针政策上支持高等教育和科技产业。以色列大学作为

---

① 孙正达等:《世界列国国情习俗丛书·以色列国》,重庆出版社,2004,第391~392页。
② 参阅以色列上海领事馆官网。

以色列

政府拨款的国家或地方机构,由高等教育委员会审定其学术地位和学位授予权,监督其教学质量,参与其财政和决策权。该委员会由教育、文化和体育部长主持,其成员包括学术界人士、社区代表和一名学生代表,是政府与高等教育机构之间在财政拨款问题上的中介机构,并促进各机构间合作。该委员会向政府和高等教育理事会提交预算提案,并按批准的预算拨款。高等教育预算中,70%的资金来自公共资金,20%来自学生的学费,其余来自私营部门。

以色列的高等教育发展迅速。大约在1924年,在海法开办了培训工程师和建筑师的工程技术学院,耶路撒冷的希伯来大学则作为青年人接受高等教育和吸引海外犹太学生的中心于1925年成立。建国时,这两所大学招收的学生总数大约为1600人。如今,以色列国人口仅700多万,却有7所正规大学、约20所学院和19所师范学院,大学下设若干附属学校和研究所。以色列的中等和高等教育普及率居世界第四位,高等教育的普及率已超过30%(表6-1)。由于不断扩大招生,接受高等教育的人数呈上升趋势。必须指出,犹太人接受高等教育的比例远超过非犹太人的比例。随着苏联的解体,东欧形势的变化,以色列新移民追求高等教育的比例正在迅速上升。目前,以色列高等学府的在校生已超过20万人(表6-2)。

表6-1 一些国家中等、高等教育普及率

单位:%

国家	日本	加拿大	新西兰	以色列	法国	英国	埃及	意大利
中等	96	93	86	83	83	82	81	78
高等	31	66	41	33	37	24	20	29

资料来源:段家龙:《以色列的教育与改革》,《安徽农业大学学报》1996年第1期。

第六章 教育、科学、文化、卫生

表 6-2 以色列高等院校人数

年 份	1949 年	1970 年	1990 年	2000 年	2005 年
在校人数	1635	35374	67770	201000	257000

资料来源：陈滕华：《为了一个民族的中兴：以色列教育概览》，华东师范大学出版社，2005，第 99 页。

以色列的高考充满竞争色彩，考生的最后总成绩取决于毕业考试和心智综合测验成绩，由三部分决定。一是从 11 年级（高二）开始，学校在学年末对学生所学知识进行测试，并将考试成绩留作记录，供高校招生时参考。二是高中结业时，学生要参加全国统考，学生可根据自己的特长或专业的取向选择考试科目。三是大学入学考试。大学入学考试是对学生学习潜质进行综合测试。考试题多面广，考试时间 3 小时 20 分钟。而且，国家为考生提供 5 次考试机会，每 5 个月举行一次。高校自行确定各院系的最低录取分数线，不达标者不能录取。

在 20 世纪七八十年代，以色列改革了高校入学考试制度，减少考试科目，降低入学要求，并通过对原有中学后教育学校的改造等途径，建立了数十所高等教育学院（包括师范学院），使越来越多的东方犹太人也同西方犹太人一样拥有了上大学的机会。[1] 近年来，政府又通过加大对欠发达地区的资金投入、增加通过大学入学考试比例、实行"向升学过渡计划"、向一些符合标准的学生提供第二次考试的机会等措施，为更多的不发达地区的学生提供平等的受教育机会。[2] 以色列的高等教育机构享有充

---

[1] L. Walker Lambert, D. Zimmerman, D. Cooper, J. Lambert, M. Gardner, and M. Slack, *The Constructivist Leader*, New York: Teachers College Press, 1995, pp. 21-24.

[2] 李玉芳：《以色列中小学教育制度及启示》，《外国中小学教育》2007 年第 10 期。

分的学术和行政管理的自由,向所有那些符合入学条件的人敞开大门。不够入学资格的新移民和学生,可以参加预科班。

高校实行学分制,只要修完规定的学分,即可毕业。一般学生学完本科课程要 3~4 年,学生也可自行安排用 2 年,甚至 5 年时间毕业。学校非常注重培养学生独立学习的能力,教师授课提纲挈领,学生课下的大部分时间是在图书馆或计算机中心度过。教育、文化和体育部在各大学的教育学院合作下,参与了进行中的使教育标准符合现代化教育方法的进程,如强制实行男女平等、提高教师地位、增加人文学科课程和促进科技研究。

高校一向十分重视科研工作,7 所大学是从事研发工作的主体,是基础研究的中心,也是高级科技人才的聚集地。以色列技术人员每千人发表论文数为 60.9 篇,属全球第一;瑞士为 50.2 篇,美国为 30.1 篇。以色列每万人中从事研发的有 160 人,属世界之冠,美国为 90 人。

此外,大学十分重视科研成果的转化,是技术发展的主力军和开拓者。各高校都设有负责研究成果转化的专门机构,帮助学生和科研人员申请专利。大学是获得国内外专利最多的部门,获得的专利数量是美国大学的 2 倍以上,加拿大大学的 9 倍以上。[①]

(2) 著名大学

耶路撒冷希伯来大学 建于 1925 年。除斯各帕斯山主校区外,还拥有理工学院校区、哈达沙医学院校区以及农学院校区。全校有 7 个学科群(人文科学、社会科学、法律、理学、医学、牙医学以及农业食品环境科学),15 个学院和 90 余个交叉学科

[①] 钟翠花、李念文:《以色列的教育》,2001 年 11 月 27 日《人民日报》(海外版)。

研究中心以及12个图书馆（含犹太国家图书馆和大学图书馆），教学人员（从终身教职讲师到教授）达1300人，海外讲学学者170人，在校学生2.31万人（包括本科生1.25万人、硕士生6300人、博士生2000人以及非学历进修生2300人）。

以色列技术工程学院 位于北部工业城市海法，是以色列成立最早的一所以工程和应用科学为主的大学，成立于1924年，是以色列国防科学研究的佼佼者。该院拥有国内最大的以研发为主的应用科学研究中心，航天工程学院在世界上有极高的知名度。该院现有19个系（科）、40个研究中心、49个本科专业和65个研究生专业。其中，材料工程、航天工程、计算机科学为著名专业，其机电工程可参照美国高校排名前五位，计算机工程前十位。该校现有全职教学人员666名（教授217人，副教授218人，高级讲师187人，讲师44人），此外还有助教19人、各类教辅人员449人。该院的附属医院有医务人员138人。该校现有在校学生13188人（其中本科生9690人，硕士生2814人，博士生684人）。2004年10月，该校两位科学家阿夫拉姆·赫什科和阿龙·切哈诺沃因发现蛋白质降解新工艺而获得诺贝尔化学奖。

魏茨曼科学研究院 位于特拉维夫市东南约35公里的里霍沃特市，成立于1934年。该院是一个以研究为主的机构，有5个学科（生物、生物化学、化学、物理以及数学与计算机科学），18个门类，800个基础和应用研究项目，2400名各类科研人员（包括200名博士后研究人员），从事近千项研究。教学事务由研究生院主管，招生数仅有800人（200名硕士生和600名博士生），教师与学生比为1:2。

特拉维夫大学 位于以色列素有文化、商业和工业中心之称的特拉维夫市，是一所综合性大学，成立于1956年。该校现有9个学院（工程、精密科学、人文、管理、生命科学、社会科学、艺术、医学、法律），106个学系以及82个研究所，教职员

2200人，2.6万名攻读各种学位的学生、1万名非学历学生以及2800名青年进修生。

巴尔伊兰大学 位于特拉维夫市东郊约10公里的拉马特甘市，是一所宗教教育气氛相当浓郁的综合性大学，成立于1955年。该校的宗旨是知识优秀、现代精髓与以色列传统相结合，远离政治，致力研究犹太学术传统。该校有6个学科群（精密科学、生命科学、社会科学、人文科学、犹太研究和法律），38个系，5个下属地区学院；1300名教学人员，3.12万名学生（信仰宗教的学生和世俗学生各半），其中包括攻读学位学生2.26万名（本科生16150名、硕士生5200名和博士生1250名）和非学历进修生8600名。

海法大学 位于海法市的卡迈尔山上，成立于1963年。该校有6个学科群（人文科学、社会科学、教育学、法律、社会福利与健康研究、科学与科学教育），57个研究中心/所/实验室，以及全国闻名的考古博物馆、艺术廊等文化设施。该校有全职教师500人，学生1.35万人（本科生8500人、硕士生4000人、博士生500人以及少量的进修教师等）。

内盖夫本—古里安大学 位于以色列南部内盖夫沙漠边沿的比尔谢巴市，成立于1964年。该校现有4个学科群（工程科学、卫生科学、自然科学和社会科学）和3所学院（管理学院、研究生院、药学院）以及沙漠研究所、应用研究所、应用生物科学研究所、水科学技术研究所和大学研究中心等研究机构。该校在校学生人数从建校初期的500人发展到现在的1.6万人，其中50%来自内盖夫，50%来自全国各地以及其他国家。

5. 成人教育①

成人教育机会的迅速扩大反映了以色列教育系统和整个社会

---

① 参阅以色列上海领事馆网站。

面临的挑战。教育部以及公立与私立机构为了满足各种需要开设了各种课程，其范围从学习希伯来语和提高基础教育技能一直到提高家庭福利和扩大一般文化知识，劳工部则在许多领域为成人开设了职业培训和再培训课程。成人教育越来越受到欢迎，特别是备受老年人欢迎，因此许多大城市以及城镇都开设了许多相关课程。

以色列利用专门制订的速成方法，帮助移民和其他居民群体参加分级进行的希伯来语教学课程，以便其融入国家生活的主流。补习班的目的是缩小成人间的教育和文化差距，使他们能够完成正规教育。职业培训班分日校和夜校，设在由劳工部和工业企业联合开办的中心以及技术与职业培训机构内，课程从几周到一年不等，包括基础教育、在职培训以及已经接受过文化和职业培训而学非所用的成人（主要是移民）的再培训。家庭教学和指导课程旨在通过发展和提高家庭福利来改进家庭和社区生活的质量。遍及全国各地的"民众大学"开设了大量的成人教育班和讲习班，课程既有学术科目，也有大学文科。广播电台还为移民播放专题节目，其中包括"广播大学"。

第二节　科学技术与人文社会科学研究

一　科技发展简史和科研机制

1. 发展简史

以色列的科学研究史是犹太人返回故土的历史的一个必要部分。犹太复国主义的创始人西奥多·赫茨尔在《犹太国》一书中阐述了科技对新犹太国的重要性。他认为："社会问题的表现形式完全取决于我们的技术力量，技术可能给劳动力市场带来繁荣。我们那些真正造福于人类的技术发明家们将发明比这些更为美妙的东西。"① 他不仅把犹太国家设想为犹太人的现实家园,同时还是犹太人的主要的精神、文化、科学中心。然而,巴勒斯坦地区面积狭小,自然资源匮乏,把这片曾是贫瘠、疾病肆虐的土地转变成一个现代化国家的愿望,是后来科学研究和技术发展的关键因素。

对农业的研究可追溯到19世纪末,1870年以色列建立了米克夫以色列学校;1921年在特拉维夫建立农业站,后来发展成为农业研究组织,现在是以色列主要的农业研发机构;在第一次世界大战前,随着希伯来保健站的成立开始了医疗与公共卫生研究工作。20世纪20年代中期,在耶路撒冷希伯来大学建立了微生物学院、生物化学系、细菌学系和卫生学系,以色列的医疗和公共卫生研究随之得到了很大发展,并为哈达萨医疗中心——当今以色列最著名的医学研究机构——奠定了基础。工业研究是30年代在死海实验室首先进行的;基础科学与技术方面的进展则是在希伯来大学、以色列工程技术学院和丹尼尔·西埃弗研究中心开始取得的。西埃弗研究中心后来发展成为魏茨曼科学研究院。

以色列建国后,它的科技成果主要是靠大批合格人才取得的(24%的劳动力具有16年以上的学习经历)。在来自前苏联的几十万移民中有许多训练有素的科学家、工程师和技术人员,由于他们逐步进入以色列的劳动大军,这一百分比已明显上升,并将对以色列以后几十年的科学和技术成就产生重大的影响。现在以色列拥有大批的顶尖技术人才,而且技术人才在全国人口的比例高居世界第一。根据联合国的最新调查,有硕士、博士称号或者科技专著的以色列人占总人

---

① 〔奥〕西奥多·赫茨尔:《犹太国》,肖宪译,商务印书馆,1993,第87页。

口的15%以上,全世界600名诺贝尔奖得主中,约20%是犹太血统。①

2. 科研机制

以色列的研发主要是在7所大学、数十个政府和公共研究机构和数百个军用、民用企业中进行。同时在所有层次上,从各种机构到研究人员都保持有国际联系,这也是以色列科研与开发活动的一个具有活力的实质性特征。已经建立的几个双边研究基金会在以色列的科学"革命"中发挥了决定性作用。其科研集群结构如图6-1所示。②

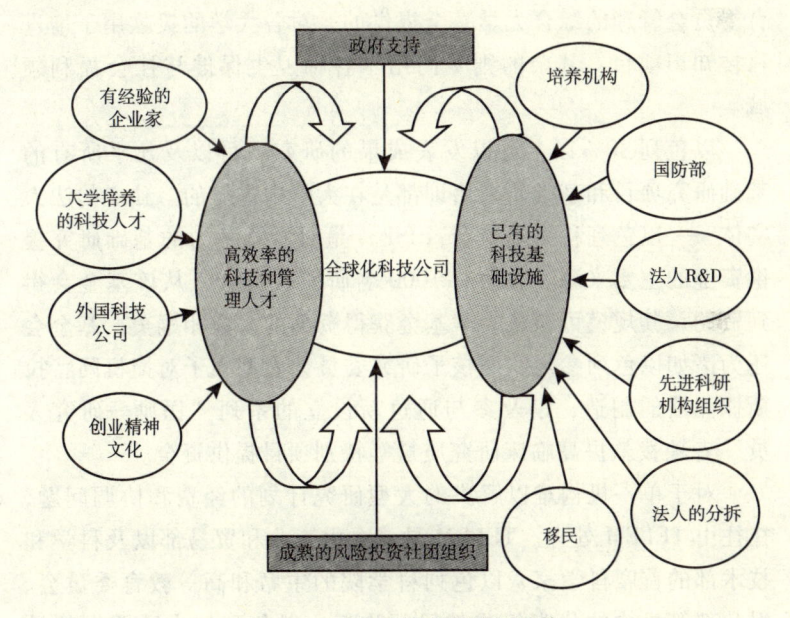

图6-1 以色列的科研集群结构

---

① 宋晓松:《以色列科技发展的特点及其启示》,《商业经济》2009年第8期。
② State of Israel, Ministry of Industry, Trade & Labor-Foreign Trade Administration, http://www.academy.ac.il.

(1) 政府机构的研究开发

政府和公共机构为半数以上的研发活动提供了财政资助。政府部门中共有 11 个与科技关系密切的部（农业部、通信部、国防部、教育文化部、能源部、环境部、卫生部、工贸部、劳工与社会事务部、国家安全部和科学艺术部）。每个部都有各自的首席科学家，他们的办公室每年一般都有约 100 万美元的预算。政府财政资助的大部分用于与经济发展相关的研究，主要是工业和农业领域，与其他国家相比，其占整个研发费用的比例很大；40% 以上的经费是通过国际、国家和政府的研究基金以及高等教育委员会管理的综合大学基金提供的。对各大学的拨款用于增进科技知识项目，其余的则专门用于各种卫生保健与社会福利领域。

以色列 80% 以上可以发表成果的研究项目以及几乎所有的基础研究项目和基础研究培训都是在大学中进行的。独立的法人实体——以色列科学基金会（ISF）是对有竞争力的基础研究提供资金的主要来源。大约有 1000 名研究人员个人从该基金会得到资助，其规模可与从大学基金获得资助的人数相媲美。基金会还为诸如以色列参与欧洲核子研究委员会大型强子对撞机阿特拉斯探测器的制造，以及参与通过新设立的系列"医师—研究人员"专项拨款提高临床研究质量等特别项目提供资金。[①]

对于单一机构难以解决的大型研究计划的经费和协调问题，往往由 TELEM 处理。TELEM 是一个由工业和贸易部以及科学和技术部的首席科学家、以色列科学院的主席和高等教育委员会、财政部等机构的代表组成的民间论坛。以色列加入欧盟框架计划、成为欧洲同步加速器实验室成员，以及最近的互联网二期计划，都是在 TELEM 的指导（必要时在经费方面给予帮助）下完

---

① 以色列驻华大使馆网站。

成的。目前，TELEM 正在考虑在纳米技术领域作新的尝试。[①]

（2）大学的科研开发

前述以色列 7 所大学的学者出版的书籍和发表的论文几乎涉及所有的科学领域，在世界出版物中占据了相当大的比例（约1%），在化学和计算机科学等领域具有非凡的影响力。在自然科学、工程、农业和医学领域里出版著作的人数，在其劳动大军中所占的比例大大高于任何其他国家。以色列科学家与其他国家科学家合著的出版物在本国的出版物中也占据着相当高的份额。

为了使本国学术界与国际学术界融为一体，以色列鼓励学者参加国际学术会议，同时也鼓励到国外进行博士后研究，以及利用假期出国工作。以色列在研究机构、大学和政府级别上还与国外的相应组织保持着广泛的交流计划和合作项目。以色列也是举办国际学术会议的重要中心，每年都要主办许多这样的会议。

大学在开展科研活动的同时，继续在促进国家的技术进步中发挥重要的创新作用。魏茨曼科学研究所是世界上最先建立组织机构（1958 年）、负责把自己的研究成果转化为商业用途的研究所之一；目前在以色列所有的大学中都建立了类似的组织。这些毗邻大学校园建立起来的以科研为基础的工业园区，率先获得了巨大的商业成功。这些大学还常常与国内外企业合作，建立起将科研成果转化为特定商品的附属工业企业。

在大学里的跨学科的研究和试验机构在对国家工业至关重要的各种科技领域发挥着作用，它们作为国家的应用研发中心，为诸如建筑、运输、教育等领域服务。除外，有很大比例的大学教员以顾问身份为产业部门提供技术、行政、财务和经营管理方面的咨询服务。[②]

---

① 以色列驻华大使馆网站。
② 以色列驻华大使馆网站。

（3）双边科研基金会

以色列同很多国家建立了双边的科研基金会，它们在以色列的科学"革命"中发挥了决定性作用；今天越来越多的此类合作机构正在广泛开展活动，涉及从基础研究到工业开发及市场营销等各个方面。主要的双边科研基金会有 BSF，BARD 等。

美以两国科学基金会（BSF）：成立于 1974 年，经费由两国以同等比例提供，用于扶植民用研究。目前该基金会的资金总额达 1 亿美元。它资助从人类学、生物医学工程到物理学和环境科学等许多领域的基础研究和应用研究项目，自建立以来已授予了近 2000 项补助，总金额超过 9000 万美元。

美以两国农业研发基金（BARD）：成立于 1977 年，旨在为双方共同的利益促进和资助农业研发项目。相关建议必须由每个国家至少一个合作调查者提出。基金会的收入来自两国设立的一笔捐赠基金，其总额现约为 1.1 亿美元，该基金收入用于资助新项目。

美以两国工业研发基金会（BARD-F）：成立于 1977 年，它是美国与他国关于此类活动的第一次安排，目的是支持各类研发和促进双方高科技产业的合作，从而推进科研成果的转化，其中包括产品工艺技术和试销。所有项目都必须由双方的企业提出，而且使双方受益。迄今为止，基金会已经批准了电信、电子、计算机软硬件、医疗设备等方面的 200 多个项目，相关销售额已达 10 亿美元。基金会由双方提供同等数额的一笔资金作为经费，现总额已有约 1.1 亿美元。

美以科学和技术委员会：由已故的拉宾总理与当时的美国总统克林顿于 1994 年设立，旨在为那些可以改善生活和环境质量、促进两国经济和技术利益的长期项目提供资金。项目包括：探索一种发电能力达到数十兆瓦的太阳能发电方法；可以向人口稠密的城市提供清洁水的竖式脱盐装置。

英以研发基金(BRITECH):成立于1999年,5年中为该基金捐款总额达到1550万美元。该基金支持两国有助于开发商业项目或制造工艺的各类工业研发项目。

加以工业与研究开发基金会(CIIRDF):成立于1994年,其运作模式与BARD相同。基金会为加拿大和以色列公司的联合项目提供50%的资金。该基金每年资助约7个项目,利用由加拿大270多名专家组成的网络来促进公司间的合作。

德以科学研发基金会(GIF):成立于1987年,目的是支持双方互利领域的基础研究与应用研究。其基金来自由双方提供同等数额的经费,总额已有约7500万美元。GIF资助诸如生命科学、医学、化学、物理、数学、工艺学、农学、社会科学等领域的某些选定的联合研究项目。

新以工业研究开发基金(SII-RD):1996年根据双方协议建立,协议规定以色列和新加坡各出资100万美元。项目包括研制出紧凑、价廉、使用数字技术解决图形预印和印刷流水线工艺的系统。

欧盟第五框架:以色列是唯一参加这项计划的欧洲本土之外的国家。根据这项计划,签字国的研究机构有资格在它们与欧盟国家结成伙伴关系的项目上获得资助。在诸如电信和生物技术等不同领域中,已经有16个左右的项目得到了资金。1999～2002年,各个项目可获得的资金总额为150亿美元。[①]

二 自然科学成就

1. 医学

以色列的医学技术对当代生物技术革命在理论与实践上作出了重大贡献,在医学和辅助医学研究以及生物工

---

① 以色列驻华大使馆网站。

程方面则形成了先进的基础结构。其临床医学和生物医学研究方面的出版物占全部科学出版物的一半以上。以色列科学家已经找到方法生产一种人体生长激素和干扰素，一组可用于有效防止病毒感染的蛋白质。治疗多发性硬化症的良药 Copaxone，其包括基础研究到工业化生产的整个研制过程都是在以色列进行的。此外，包括克隆在内的遗传工程导致了用途广泛的、利用单克隆抗体和其他微生物制品的成套诊断仪器的发明。如 CT 扫描仪、核磁共振成像系统、超声扫描仪、核医学摄像机、外科激光仪器等用于诊断和治疗的尖端的医疗设备已经研制出来，并销往世界各地。另外，还发明了其他医疗新产品，包括受控释放的液体聚合物，它可以防止牙齿上菌斑的聚积；可缩小前列腺良性和恶性肿块的装置；可以用来矫正眼睛斜视的肉毒杆菌毒素；以及可用于诊断肠胃疾病的装在可吞咽胶囊中的微型摄影机。[①]

2. 工业

在工业部门，过去数十年来，民用研发的费用以及从事工业研发的科学家与工程师的人数成倍增加。电子工业领域的研发活动主要由少数大企业进行。多年来，研发密集型公司是促进工业就业机会与出口的主要源泉。扶助企业持续增长是国家工业战略的中心。《鼓励研究与开发法律》旨在促进工业的研发活动，该法律由工业与贸易部下属的首席科学家办公室负责实施，仅在2000年，该办公室就为约1200个项目提供了经费。与工业研发有关的产品（不包括钻石）占全部工业出口的一半以上。电子产品在 20 世纪 60 年代后，已扩展到更尖端的军事与民用技术开发方面。在通信方面，基于研发的应用包括图像、语音和数据的数字化、处理、传输和增强。产品范围包括从高级的电话交换机

---

① 以色列驻华大使馆网站。

到语音信息系统和电话线路倍增器。光学、电子光学和激光作为工业部类也一直发展迅速,以色列在光纤、印刷电路板电子光学检查系统、热成像夜视系统、光电式机器人制造系统方面居于世界领先水平。以色列已经可以研制和生产利用计算机软件和辅助领域的设备。以色列研发的计算机图形和利用计算机的图像系统已经广泛应用于国内外的印刷出版业。各种计算机辅助教学系统促进了学校的教学,其中有许多系统是为出口而开发的。以色列开发的软件产品有些是为计算机主机设计的,但大多数适用于中小型系统,例如计算机工作站等。以色列还开发出了一种带有三个触摸片的计算机鼠标,它可以使盲人"阅读"屏幕上的文字和图形。有关机器人的研究始于70年代后期,现在生产的机器人可用于完成包括钻石抛光、焊接、包装、建筑和其他形形色色的工业项目,目前正在进行将人工智能应用于机器人的研究。

航空技术不仅与国防有关,而且已经推动了技术的发展,随之带动了民用副产品的发展。"阿拉瓦"是以色列生产的第一架民用飞机,随后又生产了"西风"喷气战斗机。1988年,以色列航空工业公司与以色列空间机构合作,生产和发射了本国设计和制造的卫星。此外,以色列还研制、生产、出口大量有关部件,包括显示系统、航空计算机、仪表系统和飞行模拟器,并在无人驾驶飞机的技术上居世界领先水平。[①]

3. 农业

以色列农业部门的研发几乎完全是依靠研究人员与农民之间的合作来完成的。研究的成果通过一个推广服务系统迅速传授给农民进行农田试验,生产中的问题则被直接反馈给科研人员。具体从事农业研发的主要是农业部下属的农业科研组织,而以色列

---

① 以色列驻华大使馆网站。

的大多数农业研究所都和联合国粮农组织保持密切的联系。以色列的农艺师们在农业生物技术、滴灌、土壤管理和利用工业废水灌溉等方面已开创了先河。这些技术进步成果已经用于畅销的农用产品——从遗传工程育种和生物杀虫剂到光降解塑料和计算机控制的灌溉/施肥系统。为了优化利用短缺的水资源、贫瘠的土地和有限的劳动力,以色列开始了一场农业耕作方式的革命。对于节水技术的探索促进了计算机控制的灌溉系统的开发,其中包括使水直接流到植物根区的滴灌方法。经过深入研究,现在内盖夫地下巨大的半碱化水库正被开发出来用于种植各种作物,如供给欧美冬季市场的优质西红柿和各种瓜果。利用电磁处理水的研究也获得了可喜的成果,经过处理的这种水可提高牲畜的体质和作物产量。以色列自行设计和制造的计算机正广泛地应用于协调日常农事活动,例如指导施肥并监测有关的环境因素;按照经过测试的成本最低产量最高的产出比,为牲畜提供混合饲料,为家禽提供温度和湿度可控的环境。此外,还开发、制造和使用了各种创新的耕作、播种、收割、采集、分类和包装设备。科学研究和技术开发提供了植物组织自动培育、生物杀虫剂、抗病虫害种子和生物肥料,使农业获益匪浅。[①]

4. 能源

以色列缺乏常规能源,对替代能源如太阳能、热能和风能的广泛开发已经产生了积极的效果。因此,以色列在太阳能的所有领域均居世界领先水平,也是世界人均拥有家用太阳能热水器最多的国家。在利用风能方面,已成功开发一种带有一个可膨胀柔性转子的风能涡轮机。利用含一定盐分和矿物质成分的池塘水来吸收太阳能的技术已研发成功。可以采集地热并将其转化为蒸气来推动动力涡轮机工作的地热电站现正处于测试阶段。由以色列

---

① 以色列驻华大使馆网站。

工程技术学院的一组科学家开发的一个新项目正在利用干燥的空气和水（甚至海水或半碱化水）通过 1000 米高的烟囱产生能源。①

5. 水技术

以色列被誉为海水淡化的世界先导。由以色列海水淡化企业 IDE 和法国 Veolia 公司投资 2 亿美元兴建了一个世界上最大的海水淡化厂，日产量达 100 万立方米。该厂为南部内盖夫的广大地区提供饮用水。IDE 公司开发了一种被称为"反渗透"的技术，可使每立方米水的生产成本降低到约 60 美分，显著低于现有生产成本。近年来，公司在西班牙和印度赢得了海水淡化厂的项目。在这一领域的领先公司还有 Tambur Ecology 公司等。②

三 人文社会科学

1. 研究机构

以色列在人文社会科学研究方面也取得了重大成就，在该国 7 个诺贝尔奖获得者中，除了 3 个和平奖之外，社会科学和自然科学各自占据了两个名额，前者分别是 1966 年以色列作家阿格农获得的文学奖和 2005 年罗伯特·奥曼获得的经济学奖。以色列的相关研究集中于几所主要大学中，它们都设有法学、史学、文学等学科的院系和研究机构。同时，以色列同 70 多个国家达成了文化交流协议。目前，以色列的大型人文科学研究项目如艺术、历史、哲学、宗教等都由以色列科学院出资赞助。

2. 考古学的成就

巴勒斯坦地区悠久的古代文明为以色列考古学与考古工作铺

---

① 以色列驻华大使馆网站。
② 以色列政府商务部网站。

垫了极其深厚的历史基础并提供了广阔的研究前景。本地区的考古发掘起步较早,法国人 F. 德索西在 1847 年就开始发掘耶路撒冷墓穴。1913 年,法国犹太人雷蒙德·韦尔对耶路撒冷的大卫城进行考古勘察。1948 年建国后,以色列考古界展开了真正意义上的考古发掘,并取得以下三项主要成就。

(1) 死海古卷

1956 年在库兰伊附近的 11 个洞穴中发掘出了各类古代文书和与《圣经》有关的《以赛亚书》的古希伯来文抄本、《哈巴谷书》注释、亚兰文的《创世记》注释、《感恩诗歌》、《战争卷》,以及犹太圣殿的铜质藏宝图等。这是以色列考古学迄今为止最为重大的发现,它大大推动了有关《圣经》、比较神学、希伯来语、早期犹太史、早期基督教史等的研究。

(2) 大卫城

对于大卫城遗址的全面系统的考古发掘主要在 1967 年之后。这里出土了巴比伦之囚以前的大量陶器、石器、铁器和镶嵌有木制、骨制和象牙物品的装饰物等大量文物。1988 年以色列在遗址上建立了耶路撒冷历史大卫塔博物馆,馆内收藏了上述文物,而且概括了整个耶路撒冷迄今为止 4000 年的历史。

(3) 马萨达遗址

马萨达为死海附近一要塞名,要塞位于死海东南岸。公元 70 年罗马军团进攻耶路撒冷,城破后 960 名军民退守马萨达要塞。他们在公元 73 年 4 月 15 日,即逾越节的前一天集体自杀,仅 7 人幸免。1963~1965 年,考古队对整个山头进行发掘,结果证实与史料记载完全吻合,殿堂、库藏、防御工事、罗马军营与围攻工事一应俱全。政府对马萨达遗址非常重视,遗址被誉为犹太民族英雄主义和珍爱自由的象征,成为犹太人爱国主义教育的重要场所。[①]

---

① 张咏梅:《以色列考古的特征及其发现》,《文博》1998 年第 2 期。

以色列国防军每年在此举行仪式,口号是:"马萨达永不沦陷!"2001年,马萨达遗址被列入世界文化遗产名录,如今它是以色列的旅游胜地。

此外,以色列在阿拉伯、伊斯兰历史和现状的研究领域也有大量成果,其中许多成果是用英文发表的。在其他方面,S. N. 艾森斯塔德是国际知名的从事现代化理论研究的学者,其部分著作已译成中文出版。

3. 以色列科学院资助的部分人文社会科学项目①

(1)希伯来古文字学项目

该项目从1965年开始实行,由以色列的玛拉基·拜特哈、阿里、科莱特等学者同法国科学社会研究中心共同进行,该项目旨在研究中世纪以来希伯来文字的特点、正字法、技术与物理特性,并为研究希伯来文字建立系统性的研究工具。迄今,研究人员已经研究了6500多个手稿并初步建立起了电脑数据库。

(2)犹太文学与阿拉伯文学研究(Halakhic)

该项目的研究由本—兹维研究所负责,旨在重新认识《巴比伦塔木德》中的一些律法思想及其评论对犹太文学和阿拉伯文学的深刻影响。该项目提供相关的基础设施、材料和工具,并试图借此进一步进入古希伯来语文学的研究。

(3)犹太教礼仪研究

对犹太教礼仪的研究,在2003年开始着手进行,主要由本—古里安大学负责,旨在建立一个正规的反映犹太教礼仪的传统、形式和阶段的数据库。该数据库在严谨的学术要求下进行编纂,将为犹太礼仪研究及其分支研究提供一个基础性的借鉴平台。目前该项目已翻译从开罗等地发现的65000多首礼仪诗。

---

① http://www.academy.ac.il/.

第三节 文化

一 文学[①]

以色列文学从广义上讲，是有着 3000 多年历史的犹太文学的继续。《圣经》不仅是犹太民族文学的奇葩，影响到西方文明，也为世界文明作出了巨大贡献。在大流散以后，犹太文学开始受到犹太人所在国文化的影响，从而变得各具特色。到以色列建国后，这个散落的文明得以返回故土，重新开始其新的生命历程。以色列文学以其继承传统、不断创新、不断关怀人性的渐进过程，绽放出独特的民族特色和现实意义。当代以色列文学大体经历了三个发展阶段。

第一阶段是传统文学阶段（1948 年至 50 年代末）。大部分作家都参加过犹太复国主义运动，为以色列建国作出很大贡献。文学和民族复兴运动相结合，并使文学服务于后者，是这一阶段创作的特点，很多作品都体现了个人和民族的命运休戚相关。作品中人物的经历、伦理道德、命运和精神风貌实际上都是犹太民族的集体经历、伦理道德和精神风貌的缩影。作家们运用现实主义手法，以敏锐的目光、冷静的思考、洗练的笔触大胆地揭示生活的本质，作品具有艺术的深沉和厚实。这一时期出现了一批被称为"独立战争一代"的青年作家，如穆谢·沙米尔、大卫·沙哈、汉诺克·巴托夫、阿哈农·梅格德、本杰明·塔穆兹、史·伊扎尔等。深受读者喜欢的作品有沙米尔的《血肉之王》、

[①] 本小节主要参考了徐新的《以色列文学四十年》，《当代外国文学》1993 年第 3 期；徐新的《以色列文学漫谈》，《译林》1995 年第 2 期；徐新的《论以色列女性文学》，《国外文学》1994 年第 3 期。

第六章 教育、科学、文化、卫生

巴托夫的《账单与灵魂》、塔穆兹的《锁着的花园》等。

第二阶段是新浪潮阶段（20世纪50年代末至70年代中期）。这一时期的作家大多是在以色列建国后成长起来的"新浪潮的一代"，他们追求的生活态度、思维方式和道德观念都与前代作家大不相同，他们掀起了文学创作的新浪潮。尽管犹太民族不再颠沛流离，但建国后并不太平的中东形势和连绵的战争、来自周边阿拉伯世界的敌视和压力，使得以色列始终无法解决安全问题。再加上移民大量涌入，国内经济的压力巨大，社会问题日益复杂，人们在精神上和心理上承受着沉重压力。作家们觉得传统文学已经无法表达人们的情感和周围的生活，文学需要新的创作手法和题材来适应社会生活和人的精神世界的需要，从而表现出一种与现实主义传统相分离，甚至反叛的倾向。作家们以同时期西方出现的卡夫卡等现代派文学大师为学习的对象，积极推进本土文学的现代派，并且使新流派成为20世纪六七十年代以色列的主流文学。新浪潮终于在文学界掀起了巨浪。

这些作家在进行文学创作时，主观色彩更浓重，他们关注个性化的感受，努力挖掘人们的心灵隐秘，通过挖掘个体性来反映人类的共性。与之相适应的表现手法自然是意识流、印象派、表现主义、荒诞派、存在主义、超现实主义等西方现代派作家惯用的表现手法。

其中平哈斯·沙迪的《寓言式生活》，在创作手法上采用了光怪陆离的表现主义手法。艾莫斯·奥兹和尤拉姆·卡尼在创作中同样使用了这一方法。大卫·哈沙和亚阿可夫·沙伯泰则是运用意识流手法的大师，特别是沙伯泰的长篇小说《往事绵绵》和《完美的过去》。阿哈隆·阿佩费尔则主要采用印象主义和存在主义手法，他的代表作为《烟火》、《卡特瑞娜》。伊茨哈克·奥巴斯则是位荒诞派和超现实主义的大师，他的成名之作是《丽珊达之死》。著名诗人耶胡达·阿米海和T.卡尔米则在诗歌领域大开现代派之风,他们的"多元"隐喻及梦幻的碎片赋予了诗歌以游戏品性和超验性。在这一时期,以色列文学走向了世界,1966年瑞典皇家文学院宣布将该年度的诺贝尔文学奖授予以色列著名作家撒母耳·阿格农,以色列文学顿时受到了全世界的注目。继《圣经》之后,以色列文学又一次成为人们关注的焦点。

第三阶段是多元化阶段(70年代以来)。在此前时期的文学作品有描述阿什肯纳兹犹太人的生活(即以欧洲文化为背景、来自西方的犹太移民生活经历)的倾向,但在以色列文学的发展中只描写一部分人的生活是远远不够的,于是在本阶段形成了新的文学协作方式。

塞法迪文学、女性文学的崛起以及文学创作的个性化倾向的进一步加强,是这一阶段最突出的标志。80年代以来,作品更多涉及自我和家庭,进一步走出意识形态和民族的圈子,更加关注如何表达犹太人作为个人、作为人类社会的普通人所面对的问题和所要实现的目标。作家更倾向于对个体的描述,在表现手法和语言上追求多样化。

其中代表塞法迪文学的青年作家阿尔伯特·斯维萨,他的作品集《阿库德》着重揭示了一个生活在以色列的塞法迪犹太人不正常的心理感受。耶胡什亚的作品《马利先生》通过对主人公一家五代人生活的描写,向读者展现了一百多年来塞法迪犹太人的生活情景和精神状态。新作家萨米·米切尔于1993年出版的长篇小说《维克多利亚》塑造了一位在艰难生活中展现出精神力量的塞法迪妇女形象。

多元化的第二个标志是女性文学的崛起,女性文学的特点首先表现在对妇女的不幸和悲哀的关注、对压制妇女旧传统的揭露和批判上。著名的女诗人拉结的《我知道该怎样谈论自身》就是一篇反映妇女不幸的作品。另一位女诗人达丽亚·拉维克维奇的《机械玩偶》,以机械玩偶为比喻形象说明了女性总是处于一种受男性摆布的从属地位。诗人李·阿娅伦在《填房女与惶恐感》中通过对选为填房女子心理的描写，反映了女性的惶恐和不安。著名小说家巴农的《费拉德尔》则不仅反映旧传统对妇女的压制，而且在故事高潮中写出主人公的大胆"反抗"。进入80年代，随着女性意识觉醒的发展，以色列女性文学更加深刻地揭露男性社会对女性的压迫，代表作为亨德尔的《零钱》和卡斯特尔—布罗姆的《一个生了双胞胎却使自己蒙受屈辱的女人》。

此外，一向不受重视的巴勒斯坦文学家也开始受到关注。1992年5月，作为以色列公民的巴勒斯坦小说家艾米尔·哈比比获得以色列文学奖。①

近些年来，我国学者也积极致力于翻译以色列文学作品。2010年，在以色列希伯来文学翻译研究所的资助下，《以色列当代文学译丛》由上海译文出版社全部出版，该译丛收选了以色列最负盛名的作家诗人的代表作。② 其中有耶胡达·阿米亥的《开·闭·开》，尤拉姆·卡纽克的《亚当复活》，梅厄·沙莱夫的《蓝山》，阿哈龙·阿佩菲尔德的《奇迹年代》，阿摩司·奥兹的《黑匣子》，阿格农的《一个简单的故事》，大卫·格罗斯曼的《证之于：爱》，亚伯拉罕·耶霍舒亚的《情人》，哈伊姆·毕厄的《充斥时间的记忆》，克纳兹的《爱的招魂》。

二　电影

以色列电影多反映宗教信仰、战争、和平、民族冲突等，呈现出写实风格。

---

① 〔以色列〕埃利·巴尔纳维主编《世界犹太人历史——从〈创世记〉到二十一世纪》，刘精忠等译，黄民兴校注，中国人民大学出版社，2007，第288页。

② 参见《文学中的名门望族——〈以色列文学译丛〉》，2011年1月9日《晶报》。

以色列

　　1912年,俄籍犹太人雅阿科夫·本—多夫拍摄了第一部短纪录片《埃尔兹的犹太人生活》。1923~1947年,拍摄的一些半纪录性影片有《犹太军团》(1923年,导演雅阿科夫·本—多夫);《这里就是埃尔兹》(1933年,导演巴鲁奇·阿加达迪);《圣地》(1934年,导演克伦·海耶松);《伟大的诺言》(1947年,导演约瑟夫·莱斯泰);《父亲的房子》(1947年,导演赫培德·克林)等。第一部故事片《休战》拍摄于1950年,导演阿玛尔。此后,随着海尔兹利亚兴建的第一座制片厂,陆续拍出了不少故事片,有约瑟·克鲁姆哥尔德导演的《脱离邪恶》(1951年),T.迪金森导演的《24号高地没有回答》(1955年)。50年代拍摄的希伯来语故事片有《琼哈丹·泰利》(导演亨利·许内德),《丹娜不知怎么办》(导演巴鲁奇·迪厄纳尔)。60年代摄制的18部故事片中较为知名的有《月球上的一个洞穴》(1965年,导演乌里·佐哈尔);《牢记》(1964年,导演阿尔特维斯)等。[①]

　　1954年,以色列通过了奖励民族电影生产和必须放映以色列短片的法令。1961年成立海法电影资料馆,1969年成立民族电影生产基金供给协会。特拉维夫有两家制片厂,耶路撒冷有一家。70年代摄制了不少有影响的作品,主要有《小木鸟》(1977年,导演罗辛比尔克)、《维恰尔案件》(1979年,导演阿弗拉姆·赫弗纳)。80年代,以色列电影行业深受政治因素的影响,电影工作者们力图把视点放在巴以冲突等严肃题材上,讲述意义深刻的故事,但观众对本土电影的热情已经消退。

　　近年来,多位活跃于影坛的导演不再将政治和宗教的主题放

---

① 早期以色列电影的资料参考"以色列电影",百度百科,http://baike.baidu.com/view/475056.htm;"Israeli films before 1960", http://en.wikipedia.org/wiki/Israeli_films:_Pre_1960。导演人名根据犹太人名发音进行了重译。

在首位,而是放眼于对周边人的关爱,如人的基本生活和尊严等问题,显示出电影工作者的道德勇气和胸怀。同时,他们的作品也在国际电影节上屡屡获奖,如《阿维娅的夏天》曾获得 1989 年柏林国际影展杰出艺术贡献银熊奖;新写实主义作品的《妓海苦雏》曾获 2004 年戛纳影展金摄影机奖;同时,青少年电影也有很大的发展,儿童心理影片《阿邦的前半生》,反映新一代以色列青年心声的青春爱情喜剧片《特拉维夫的情事》,表现一种新的以色列文化特色的影片《晚婚》以及描写一个缺少威严父亲的家庭情节剧的影片《受伤的翅膀》等。

随着电影事业的发展,以色列《新电影法》的公布带动了每年本土电影拍摄量的大幅度增加。电视台注意到播放本国电影的收视率不错,逐渐开始为电影行业注入数目可观的资金。以色列与其他国家的文化交流活动也对本国电影生产产生了很大的影响,使得电影艺术家们不再仅仅是坚持单一的民族主义和民族风情题材的创作风格,而逐渐转向多元素、国际化的创作形式。

以色列电影中心是工贸部下属的一个机构,旨在促进本地和外国制片人在境内拍摄电影,并提供各种服务,如安排业务洽谈、提供鼓励资金等,这些都有力地推动了本土电影走向国际化的发展,促使以色列电影出口量年年上升,赚回了更多的外汇,还吸引了一些外国影片、合拍影片纷纷在以色列选拍外景。

三 美术、雕塑与摄影[①]

从20世纪开始,以色列的美术呈现出不断创新的倾向,东西方文化交会以及以色列故土本身的发展、城市的特色和源于国外艺术的风格倾向无不影响着这门艺术。在绘画、雕塑、摄影和其他艺术形式中,这个国家变化万端的景色总是主

[①] 主要参考以色列新闻中心《以色列概况》,1995,第 231~239 页。

角：小山的梯田和山脊勾画出千姿百态的线条与形状；内格夫山麓、遍地皆是的灰绿色植物和明亮的光线形成非凡的色彩效果；大海和沙漠总是出现在画面上。总而言之，本地风光、本地人关注的事物和政治等是以色列艺术的主题，并使这种艺术保持了独特的魅力。

本地区有组织的艺术活动始于1906年，这一年，鲍里斯·沙茨教授（1867~1932年）从保加利亚来到这里，根据1905年犹太复国主义者代表大会批准的一项计划，在耶路撒冷建立了比扎莱尔工艺美术学校，旨在鼓励有才华的年轻犹太人研究以色列故土的艺术。到1910年，这所学校已有32个系，500名学生，并且拥有一个遍布犹太人世界的现成的艺术品市场。

1. 油画

比扎莱尔学校最初的定向是想通过把欧洲绘画技巧与中东装饰形式相结合，创造一种"正宗犹太艺术"，于是便产生了许多表现《圣经》场面的绘画。这些作品充满了对往昔的回忆和对未来的遐想，其中的形象多取材于古代也门犹太社团和当地的贝都因部落。这一时期的艺术家包括沙米尔·赫森伯格（1865~1908年）、埃夫拉姆·列勒恩（1874~1925年）和阿贝尔·潘（1883~1963年）。

第一次重要的艺术展览1921年在耶路撒冷旧城的大卫古城堡举行，参展画家大都来自比扎莱尔学校。然而此后不久，该校那种民族风格、东方气息的直陈手法已显得落伍，它受到两方面的挑战：一方是比扎莱尔学校内部年轻的反对派，另一方是新到以色列的艺术家。他们开始寻找一种适合于他们称之为"希伯来"艺术的表现方式，与"犹太"艺术分庭抗礼。他们为了标榜新的文化认同并表示自己关于以色列可以作为民族复兴发源地的看法，便在创作中运用近似原始的技巧描绘中东地区的日常现实，突出风景画面中的强光部分和明快色调，着意刻画异乡情调如简朴的阿拉伯生活方式。这些在以色列·帕尔迪、采昂纳·塔格、平哈斯·利特维塔夫斯基、那胡姆·顾特曼和雷郁芬·罗宾等人的画作中都不难看出。20 世纪 20 年代中期，大多数主要的艺术家纷纷转移到生气勃勃的新城——特拉维夫（建于 1909 年），那里从此成为全国的艺术活动中心。

强烈影响以色列 30 年代艺术风格的，是 20 世纪初西方的新观念，尤以源于巴黎绘画界的表现主义为甚。摩西·卡斯特尔、麦纳克姆·山米和阿雷·厄沃赫等画家的作品倾向于通过变形手法描绘充满感情、往往带有神秘气氛的现实。虽然题材仍是当地的山川人物，但 10 年前的直陈手法已逐渐消失，东方和穆斯林气息已荡然无存。30 年代中期，一些艺术家为了逃避日益增长的纳粹恐怖移居此地，他们带来了德国的表现主义。这些移民艺术家有赫尔曼·斯特拉克、莫德查·阿尔顿和雅各布·施泰因哈特，加上大约 20 年前来到耶路撒冷的德国出生的艺术家安娜·蒂肖和利奥波德·克拉考尔，他们聚集成为一派，主要致力于表现自己对于耶路撒冷的景色及其周围群山的理解与感受。这些艺术家对于当地艺术的深入发展作出了重大贡献，尤其是在比扎莱尔学校校长阿尔顿和施泰因哈特的领导和指点下，新一代艺术家日臻成熟。

第二次世界大战期间以色列艺术家与巴黎的联系中断了，加上大屠杀造成的心灵创伤，使一些艺术家（包括摩西·卡斯特尔、伊扎克·丹齐格和阿哈隆·卡哈那）开始接受崭露头角的"迦南人"思想，这一思想通过复兴古代神话和异教主题寻求与这片国土的土著居民打成一片，并创造出"新的希伯来民族"。1948 年的独立战争导致纳夫塔利·贝泽姆和阿夫拉汉姆·奥菲克等艺术家采取了一种社会立场鲜明、富于战斗精神的风格。然而，这一时期形成的最令人瞩目的流派是"新视野"派，这些人旨在使以色列绘画摆脱地方色彩和文学瓜葛，进而跻身当代欧洲艺术之林。他们发展了两个主要趋势：其一以"新视野"的主将约瑟·亚里茨基为代表，追求抒情风格，表现依稀可辨的地方风光片断和冷色调，属于这一派别的其他著名画家有阿维格德·斯丹麦茨基和耶海兹克尔·史特来西曼。其二是风格上的抽象派，徘徊于几何主义与常常以象征为基本手法的形式主义之间，这极其明显地表现在罗马尼亚出生的艺术家马塞尔·扬科的作品中，他曾在巴黎学习，是达达主义的创始人之一。"新视野"派不仅使以色列的抽象艺术获得了合法地位，而且直到60年代初还是后者的主导力量。

60年代的艺术家承上启下，使"新视野"派的活动和70年代追求个性的时尚得以衔接。史特来西曼和斯丹麦茨基都是设在特拉维夫市的阿维尼学院的教师，他们给第二代艺术家以极大影响，其中包括拉菲·拉维、阿维瓦·尤里、尤里·利夫席茨和李·尼科尔，他们在寻求个人意象的过程中，以形式多样的绘画作品向抒情抽象派的精细画风提出了挑战。他们的作品借鉴了海外的各种表现主义和象征性抽象的风格。阿尔顿在比扎莱尔学校是有影响的，尤其在题材和技巧两方面，这在阿维德格·阿里卡的作品中可明显看出。他创作的图形世界富于强烈的宗教含义，并回归到大屠杀和传统犹太题材的具象主题上去，这在约叟·伯格纳和沙米尔·巴克的超现实主义绘画中可以领略到。雅各布·阿加姆是光效应绘画艺术和活动艺术的先锋，他的作品曾在许多国家展出。

然而，70年代的艺术发展到以极简抽象派艺术为特点，几乎总是包括使人联想起当地抽象派绘画的不定形透明形体。拉瑞·阿布拉姆逊和摩西·格舒尼等艺术家的作品主要表现为对意念的讲解而不是对美学的思考。20世纪八九十年代，艺术家在个人实验的气氛中创作，似乎只是寻求自我满足和对以色列精神的感受，他们采用的方式是把多种材料和技巧以及形象结合起来，不仅吸收当地素材，也吸收形形色色的普遍性素材，如希伯来文字母和人类的紧张及恐惧情感。平哈斯·科亨—加恩、德加尼特·贝雷斯特、加比·克拉斯莫、齐比·杰瓦、茨韦·戈尔德施坦、大卫·雷伯等人的作品反映出，当前的时尚仍然力求扩大以色列艺术的定义，使之超出传统概念和题材，既是乡土文化独特的表现形式，又是当代西方艺术中一个生机勃勃的组成部分。

2. 雕塑

雕塑作为艺术的一种鲜明的表现手法，是一种给人以静态的但却具有强烈视觉冲击力的艺术形式，是以色列艺术发展中不可或缺的元素。经过几位雕塑家的长期努力，雕塑艺术在这个国家兴盛起来。因特尔哈的石雕巨狮而闻名的阿夫拉汉姆·梅尔尼科夫以及则夫·本—兹维引进立体派艺术的时候，摩什·兹弗尔、阿哈隆·普里弗尔和巴特亚·里山斯基所代表的学术气味更浓的雕塑派成了建国前雕塑艺术领域的主流。

40年代末，古代迦南人的艺术风格影响了一批艺术家，其中突出的是伊扎克·丹齐格，他用努比安红砂岩雕成的异教英雄猎手尼姆洛德的高大形象，是创造中东雕刻与现代人体概念之间综合体的尝试，而他的羊群雕塑形象则酷似沙漠中的岩石、引水渠和贝都因人的帐篷。50年代的雕塑采用钢铁为雕塑材料是促成这一现象的部分原因。

为那些在以色列历次战争中的阵亡者提供有形纪念物的意愿，从60年代起给了雕塑艺术新的动力，主要是不具象的大量纪念碑树立起来，成为以色列的一道风景线。这类作品的代表是耶西洋·沙米用钢材焊接的海军纪念碑，竖立在阿赫则夫，表现了自然的残酷和人类对付暴虐破坏的能力。另一代表作是丹尼·卡拉文创作的内格夫旅纪念碑，位于贝尔谢巴郊外，它使人联想起沙漠战斗的特有性质。

在普遍的法国流派尤其是表现主义的影响下，当代的概念艺术家利用范围广泛的材料，创作出与环境融为一体的雕塑以表达他们对社会和政治现实的个人反应。依格尔·图马金为表达对战争的抗议，运用几何和象征的抽象形式，创作出表现力极强的形体与象征结合的作品。梅纳什·卡迪什曼趋于几何极简抽象派的倾向则尤为明显，他不断塑造羊的形象。羊使人想起它既是本地田园生活的形象化描绘，也是羼弱无助的受害者的象征。

以色列一些雕塑家已得到国际承认，其中有图马金、卡拉文、科索·埃卢尔和以色列·哈达尼，在国外的公共和私人环境中都可以看到他们的作品。

3. 摄影

19世纪中叶，巴勒斯坦地区的摄影业主要是提供摄影服务，向朝圣者和游客出售作为纪念品的圣地（主要是基督教圣地）的照片。犹太复国主义运动兴起后，为了适应世俗的审美情趣，摄影师们开始通过歌颂英雄的镜头将犹太社会在巴勒斯坦的发展摄制成纪录片，描述先驱者在以色列故土上耕耘和建设城镇的情况。

一些颇具才华的摄影记者忠实地记录了这个国家的成长经历，其中有些人至今仍很活跃，包括蒂姆·吉达尔、大卫·鲁宾格、维尔纳·布劳恩、鲍里斯·卡尔米、泽夫·拉多万、戴维·哈里斯和米哈·巴尔·安。在跨越"文献摄影"和"艺术摄影"之间的无形界限的人中有：专心从事人物摄影的阿利扎·奥尔巴赫，着重拍摄大自然的尼尔·福尔贝格、多伦·霍维茨和沙伊·吉诺，水下摄影专家戴维·达罗姆，以及专门从事空中摄影的一对搭档杜比·塔尔和莫尼·哈马蒂。

近年来，由于摄影作为纯粹的艺术媒介已成为流行的艺术形式，在美术馆、博物馆、管理者和收藏者的积极支持下，涌现出一批富有创造力的摄影家。今天的艺术摄影具有高度的个性，探索生与死、艺术与幻想等问题，表现手法不拘一格，从形式主义和极简抽象派到景象化和知识概念化。一些展览摄影作品的重要场所也应运而生，其中第一流的是坐落在艾因哈罗德基布兹的"艺术之家"的两年一度的摄影展和位于加利利北部的特尔哈的"新摄影博物馆"。

四 音乐与舞蹈

1. 音乐①

以色列有着丰富的民族音乐遗产，包含了古代希伯来的传统和各种犹太流散地不同文化的传统。1880~1890年，随着首批犹太复国主义者把东欧和中欧的民间音乐因素带到巴勒斯坦，有些像意第绪舞蹈音乐如 KLEZMER 保留了原始风格，也有许多民歌被重新填词以反映移民所处的新环境，或者被配上有中东风格的曲调。这些发展标志着人们开始创作"权威的"以色列音乐，即把东方的声音与欧洲传统结合起来。从20世纪初，用《圣经》或传统的犹太故事创作了一些新的民歌，有些是反映日常生活的歌词。1918~1948年的歌曲作者大都来自"基布兹"，他们的作品很多反映了那里的农业耕作和开荒的内容。

以色列建国后，分别在特拉维夫和耶路撒冷成立了音乐学院，培养出一批又一批的音乐人才。加上不断移民而来的犹太音乐人才，使以色列拥有一支数量众多、造诣很高的音乐家队伍。他们为以色列创造出两种各具特色的音乐形式：一种是集中了无数专业作曲家的智慧和才华创作而成的以色列古典音乐，它既具有俄罗斯音乐的成分，又表现出希腊音乐和阿拉伯音乐的旋律，同时还保留了以色列音乐那种富有抑扬顿挫的特点。另一种音

---

① 文中资料引自张和清《以色列现代音乐的发展》，新浪网，2008-04-27，http://blog.sina.com.cn/s/blog_512c73540100ar4l.html。

是由以色列乐坛新秀创造出来的,充满活力、风格独特的民间音乐。

60年代初,耶路撒冷希伯来大学开了高等院校设立音乐教育与研究课程的先例。从那以后,特拉维夫大学和巴尔伊兰大学也增设了音乐研究系,主要就两个专门领域进行研究:犹太音乐和以色列各民族的音乐,特别侧重于东方人社团的音乐。

由于音乐活动在以色列边远地区的广泛开展和新乐团的出现,以色列的老乐团面临着严峻的挑战。但是,由于观众的不断增加,所以乐团的前景还是光明的。譬如,以色列爱乐乐团的票友就有2.8万人,每年观众达30万人次,每年在以色列演出场次达134场,在国外达40场。耶路撒冷交响乐团、海法交响乐团、以色列室内乐团、基布兹室内乐团、雷霍沃特以色列室内乐团以及里雄来锡安以色列交响乐团每年到欧洲和北美演出的场次也多达80场。里雄来锡安以色列交响乐团近年来不但承担新以色列歌剧院的伴奏,而且在以色列的演出也非常活跃。这家乐团是由作曲家兼指挥西蒙·科恩创建,由诺阿姆·沙里夫发展壮大的。

各种乐团从独奏音乐会到大型交响音乐会,将范围广泛的古典音乐作品呈现给观众。这些音乐会有的在著名历史圣地演出,如著名的罗马古城凯撒里亚和人称伊甸园之门的贝特锡安经过修复的罗马圆形剧场;有的在全国各地的文化中心举行,有的在特拉维夫曼恩音乐厅和耶路撒冷的国际会议中心音乐厅举行,这两个音乐厅都是可容纳3000名听众的现代化音乐厅。稍微小一些的音乐厅包括耶路撒冷剧院、特拉维夫演艺中心、特拉维夫和以色列博物馆,以及全国各地社区和基布兹的文化中心等。以色列听众欣赏音乐的水平相当之高,他们非常欣赏国际知名的客席音乐家和国际知名的以色列独奏音乐家,例如平哈斯·祖客曼、什洛莫·明茨、丹尼尔·巴伦波伊姆和伊扎克·佩尔曼,这些著名的音乐家已经组成以色列乐坛一道亮丽的风景。

1982年，新以色列歌剧院成立后就开始演出具有很高专业水平的歌剧，给以色列歌剧注入了新的活力，重新燃起了公众对歌剧的热情。1994年，特拉维夫演艺中心建成并投入使用。该中心大剧场拥有1600个座位；其舞台设备、灯光、音响等均属世界一流。

以色列在音乐领域的国际交流也非常活跃，除了邀请世界各国的乐团、音乐家来以演出交流外，也有不少以色列音乐家在国外著名的乐团任职。许多指挥和音乐演奏家均是通过演出商鲁斯·沙哈尔运作的，其努力已将以色列提升到了一个具有竞争力的"音乐输出"国。

以色列的音乐输出不仅包括演员和开办大师级课程的教师，而且也包括作曲家。年青一代的作曲家有：奥迪德·泽哈维、迈克·沃尔普、茨皮·弗雷舍、拉切尔·加尔因、哈加尔·卡迪马、英安·里夫等，他们的作品均在国外演奏过，而且获得过很多奖项。

以色列还有着深厚的合唱传统，建国以后，这种传统得到继承和发扬。无论是非宗教的会议还是在犹太会堂里的祷告，都能听到合唱的歌声。早在1920年，工会成员就组成合唱队，在基布兹里，合唱成为流行的表演形式。

以色列建国后，民歌开始反映流散到世界各地的犹太人所接触的不同地域文化。其中最让人感兴趣的是东方犹太人社区和拉迪诺歌曲形成西班牙风格和拉丁美洲影响的音乐。

今天，合唱仍然是以色列音乐创作的重要形式，其中最重大的事件是津里亚世界合唱大会和合唱节。另外，每年5月举办的犹太歌咏月也得到了政府的强力支持。

以色列著名的合唱团有：赫米奥拉女声合唱团、特拉维夫爱乐合唱团、特拉维夫室内合唱团、拉马特干室内合唱团、莫兰合唱团、基布兹国家合唱团、伊楚德合唱团、加利利地区合唱团、耶路撒冷鲁宾音乐舞蹈学院安科尔青年合唱团、纳阿玛女声合唱团等。

以色列作曲家协会在20世纪50年代只有50名会员。现在，该协会会员人数多达200人，其中20人为新移民。除以色列音乐研究所（IMI）外，以色列还有两家音乐出版社：以色列音乐出版社（IMP）和以色列音乐中心，出版的音乐类图书达到了3000种。

目前，以色列被认为是世界上音乐活动最丰富、最频繁的国家之一。音乐是以色列最具实力、最活跃的文化项目。

2. 舞蹈①

在犹太人的社会生活和宗教生活中，舞蹈是表达欢乐的一种方式，也是社团和家庭庆祝活动不可缺少的部分。建国以来，以色列的民间舞蹈得到发扬，而20年代才从西方引进的艺术舞蹈则成为由专业舞蹈编导创作、专业舞蹈演员表演的舞台节目。

如今，以色列国内有6个主要专业舞蹈团，多数在特拉维夫，演出足迹遍及国内外。它们都具有很高的专业水平，每个舞蹈团都有不同的方向和风格。现代舞的发展应归功于耶路撒冷的塔玛舞蹈团（1986年创办）和一些小型舞蹈团体，它们大多以一位艺术家为轴心。1989年，苏珊娜·德拉尔舞蹈戏剧中心在特拉维夫开始营业，并成为国内舞蹈事业的中枢。特拉维夫的以色列舞蹈图书馆和以色列舞蹈档案馆也出版舞蹈类图书以及《以色列舞蹈年刊》。专门的舞蹈培训机构有设在耶路撒冷和特拉维夫的鲁宾音乐舞蹈学院、巴特—多尔舞蹈班和全国各地的舞蹈学校和培训班。

以色列对舞蹈教育领域有一些创新的贡献，如在世界各地广泛传授的摩西·费尔登克赖斯教学法，以及埃什科尔—瓦赫曼舞

---

① 文中资料引自以色列新闻中心《以色列概况》，第250~255页。

蹈动作符号体系，这是记录舞蹈和其他动作的三大体系之一。

以色列民间舞蹈是由世界各地的犹太或非犹太民间舞蹈形式汇集而成的。它是从20世纪40年代才开始发展起来的一种新的艺术形式，表现题材有历史的，也有现代的，有关于《圣经》的联想，也融进了现代舞蹈的风格。早期的开拓者放弃了东欧的城市生活，过上了集体定居点的乡村生活，也带来了适合新环境的家乡舞。几十年来，罗马尼亚霍拉舞典型地表现了犹太移民在以色列故土上建立的新生活。众人围成圆圈的形式使所有跳舞者地位平等，简单的动作人人都能做，手拉着手象征着新的观念。

民间舞蹈发生转折是在1944年达利亚基尔兹举办的第一届民间舞蹈节上，当时人们意识到，本地的舞蹈、音乐和服装，没有一种能反映出重返家园的人们的现实生活。随后他们创造了一种具有多种民间风格的舞蹈，吸收了散居世界各地的犹太人舞蹈主题和当地传统，如男人们排成一排的阿拉伯足舞"德卜卡"，以及从北美的爵士、拉美的节奏到地中海国家的击打节拍的舞蹈形式。

与以色列民间舞蹈一起发展并影响它的，是不同种族的传统舞，这类舞蹈反映了以色列社会"流亡者聚集"和多元化的实质。它们之所以能保留下来，是因为有些团体专演某种地方舞，如也门、库尔德斯坦、北非、印度、格鲁吉亚、布哈拉和埃塞俄比亚舞蹈，也有的团体专演阿拉伯、德鲁兹和切尔克斯舞蹈。

五　文化设施[①]

以色列全国约有200个大大小小的博物馆，分布在都市、城镇和基布兹，每年参观人数达几百万。这些宝库展示了考古学、人种学、地方史方面的内容，展示了古代和现

---

① 文中资料引自以色列新闻中心《以色列概况》，第240~243页。

代的艺术,以及原始和精致的手工艺品。

以色列博物馆 建于1965年,设在耶路撒冷,是国家级博物馆,由几个主要部分组成:比扎莱尔工艺美术博物馆;犹太人与人种史展馆,陈列的展品反映了散居世界各地的犹太社团的典型风格;美术陈列馆,既有按时期划分的展室,也有综合性展厅,收藏了来自各大洲的艺术精品;考古文物厅,陈列了从史前时期到15世纪的展品;雕塑公园,展出了60多件作品;"圣书之殿"馆,收藏了珍贵的《圣经》手稿,包括《死海古卷》;青年馆,设有美术陈列室、教室、制作室,并有广泛的教育项目;东耶路撒冷的洛克菲勒展馆,收藏有本地区的考古文物;东耶路撒冷的培利艺术中心,有专门为阿拉伯少年儿童开设的各种项目;蒂奇奥屋,这是在耶路撒冷市中心的一座百年老宅开设的画廊兼大众咖啡厅。

特拉维夫艺术博物馆 建于1932年,现馆址是1971年开放的,设有中心画廊,收藏了古典和现代艺术品,特别是以色列艺术;馆内设有青少年馆;还设有定期举办朗诵会、室内音乐会和放映艺术影片的礼堂;此外,还有许多展厅可供举办短期展览。海伦娜·鲁宾斯坦现代艺术展览馆也隶属这个博物馆。

艺术之家 建于1934年,位于艾因·哈罗德基布兹,这是国内第一座乡村博物馆,也是基布兹运动的第一个艺术博物馆,收藏有世界各地犹太人的大量绘画、雕塑和民间艺术作品。这里经常举办短期专题展览,并进行各种教育项目与研究。

海法博物馆 建于1949年,它集两个展馆于一座建筑之中:古代艺术馆,专门展览以色列和地中海流域的考古发现;现代艺术馆(建于1951年),展出世界各地从18世纪中叶至今的艺术品。这个博物馆属下还有史前陈列馆、国家海事陈列馆和季科京日本艺术陈列馆。

以色列故土博物馆 建于1953年,位于拉马特阿维夫,其综合性馆藏反映了这一地区考古学、人类学和历史学方面的发现。馆内分别展出玻璃器皿、陶器、铸币、民俗物品、铜器等，此外，还设有天文馆。"男人和手艺"展览展出了古代编织、珠宝和陶器的制作工艺以及研磨谷物和烤面包的方法。博物馆还包括一个发掘出来的泰尔·考西尔洞穴遗址，里面有 12 层人类文明遗迹。博物馆属下还有特拉维夫—雅法历史陈列馆和独立大厅，1948 年以色列建国就是在独立大厅宣布的，这两处都位于特拉维夫市中心。

大屠杀历史纪念馆　位于耶路撒冷，旨在使人们永远记住 600 万犹太人死于纳粹大屠杀的历史。这个博物馆包括画廊、刻有被害者名单的大厅、犹太人救助者正义大道、档案馆、中央纪念馆（地板上刻有关押犹太人的集中营的名称）、儿童纪念馆及被毁灭社团幽谷。

伊斯兰 L. A. 迈尔艺术学院　建于 1974 年，设在耶路撒冷，收藏了种类繁多的永久性展品，有陶器、纺织品、珠宝、各种仪式用品等，囊括了从西班牙到印度的上千年的伊斯兰艺术。博物馆还经常举办各种专题的短期展览。

大流散博物馆　建于 1978 年，坐落在特拉维夫大学校园内，它利用现代技术和视听装置追溯各个时代散居世界各地的犹太社团的历史。在这座博物馆内，展品是按主题安排的，每层楼都有一个研究区。该馆还举办以犹太人为主题的短期展览，有一个以视听手法按年代表现犹太人历史的展览，还有定期举办的范围广泛的教育和文化项目以及巡回展览。

耶路撒冷大卫塔历史博物馆　建于 1988 年，坐落在城堡遗迹上，收藏了第一圣殿时期（公元前 960～前 586 年）以来的文物、哈斯蒙尼王朝时期（公元前 1 世纪）的塔和城墙的部分遗迹，以及希律王（公元前 37～前 4 年）建造的巨塔地基。这个博物馆概括了耶路撒冷从最初作为迦南人的城市到至今 4000 年的历史。展览按时期划分,每个展室都顺着一条"时间主线"来描述主要事件,此外还运用地图、录像带、全息图、图画和模型等来加强展览效果。该馆还不时举办有关主题的短期展览。

第四节 医疗卫生

2010年,以色列中央统计局公布的数字显示,全国人口已达764.55万(包括被占领的约旦河西岸、加沙地带和东耶路撒冷犹太居民),其中,犹太人为577.09万人,占人口总数的75.5%,其余为阿拉伯人和德鲁兹人等。自2003年以来,以色列人口年增长率为1.8%,与80年代人口增长率相似。2009年,以色列新生婴儿16.1042万人,比上年增长2.6%。据《联合国人类发展报告》,2005年以色列人类发展指数是0.932,居全球第23位,平均期望寿命80.3岁,5岁以下儿童死亡率6‰,15~49岁艾滋病流行率低于0.25%;医疗保险覆盖面100%。[1] 在中东地区,以色列的各方面公共卫生指标都名列前茅,这得益于完善的卫生体系、一流的医疗设施和国民自觉的公共卫生意识。

一 公共医疗卫生体系

以色列的医疗事业起步较早。英国委任统治时期,在巴勒斯坦的犹太人就初步形成了预防、诊断和治疗三个环节的医疗网络。以色列建国后,在原有的基础上建立健全了国家的医疗卫生服务体系。

以色列公共卫生主要由卫生部负责,它负责卫生政策制定、

---

[1] United Nations Development Programme, *Human Development Report*, New York, UNDP, 2007/2008.

起草立法建议、公共卫生服务运作和促进卫生保健机构提高效率、政府卫生保健预算管理、国立大医院管理、颁发医药卫生人员执业许可等,此外还包括生物恐怖、常规和非常规军事打击的卫生应急管理。① 地区和区域卫生机构负责提供服务和医疗服务的监管。以色列全国分为6个行政区,实行各负其责的辖区卫生服务管理。

以色列的公共卫生系统主要有以下4个机构。②

1. 公共卫生管理机构

卫生部下设公共卫生处,包括食品服务、环境卫生与管理、流行病与实验室、妇幼保健、牙齿保健、健康教育。由卫生部和六大行政区管理辖区内公共卫生服务,疾病控制依托医院、诊所和专业机构,水、食品、职业与环境卫生直接由卫生行政机构管理。公共卫生处还有专门的医学道路安全研究所,负责道路安全。水资源的短缺是以色列的主要环境问题,因此卫生部还负责保护水质和灌溉水的循环利用。

2. 妇幼中心

妇幼中心也称家庭卫生中心,主要由公共卫生护士和医生组成,负责传染病的报告、学校卫生、家庭访视等,提供低成本、方便可及的服务。其中,460家妇幼中心直接由卫生部管理,其他的由卫生部提供经费支持,由市政机构和医疗保险机构提供的服务包括健康教育、儿童发育常规、0~5岁儿童免疫,免疫覆盖率为95%。独立执业的医生在构建家庭卫生服务方面也起到很重要的作用。

3. 以色列疾病控制中心

以色列疾病控制中心(Israel Center for Disease Control,

---

① B. Rosen, *Health Care System in Transition*, WHO, Geneva, 2002.
② 戴继舫:《以色列公共卫生体系概述》,《中国社会医学杂志》2009年第4期。

ICDC)① 的主要职能是收集更新与健康有关的数据，为决策提供依据。由卫生部一署长、代表、医院管理人员、疾控中心主任组成指导委员会。为加强合作，疾控中心成员分为9个领域和2个亚领域开展工作。疾控中心的主要活动内容包括：疾病登记、疾病调查、出版专题书籍、召集专题会议等。

4. 公共卫生实验室

负责从事公共卫生方面的检测，包括国家公共卫生实验室、地区和中心实验室，以及国家中研究所和医学中心。负责检测细菌，病毒，水、食物、废水的毒物，药物和化妆品安全和效果等；该实验室还负责全国医院送检的样本。

二 卫生配置和管理概况

目前，以色列已经是城市化国家，属于中等收入国家水平。全国拥有医生约32000名、牙科医生9000名、药师6000名，每千人拥有医生4.6名，医院内的医护比基本为1:2，医务人员基本上是由疾病基金、卫生部以及其他部门资助管理的，由医院和疾病基金雇用。以色列有47家综合医院，病床拥有率为每千人5.95张。综合医院中45%的病床由政府部门管理和控制，36%左右由保险公司所有，剩余的19%由非政府组织和其他一些宗教组织拥有。② 除此之外，以色列国内还建有完善的社区初级保健门诊，有850多个覆盖全国的母婴诊疗中心，为国民提供便宜、便捷的卫生服务。这些卫生保健机构中有50%左右是由卫生部直接管理的，另外一部分是由卫生部给予财政资助或者基金负责管理的，除了提供常规的健康教育项目，还

---

① The Israel Center for Disease Control Website，http：//www.health.gov.il/icdc1/.
② 赵琦、赵根明等：《以色列的医疗卫生服务体系》，《中国卫生资源》2009年第6期。

为 0~5 岁的儿童提供免疫接种服务。以色列儿童的疫苗接种率为 95%，远远高于西欧国家。综合管理的免疫接种体系直接降低了婴儿死亡率，2007 年以色列婴儿死亡率为 4.28‰。

以色列的医院自主经营，只负责法律责任，医疗事故由保险公司赔付。医院比较关注工作绩效，如手术量、门诊量、病床使用率、平均住院天数等；医疗机构分工和定位明确，小医院的专科特色发展较好。

三 筹资与医疗保险

在以色列，医疗设施和各项服务经费由卫生部、大城市政府、私人及非营利机构以及医疗保险基金提供。目前，以色列的卫生费用主要由居民缴纳的医疗保险费、职工的健康税加上政府预算三方面共同承担，所有经费由保险机构管理。

以色列的医疗保险制度历史悠久，早在建国之前就已经粗具规模。1995 年，政府通过了《医疗保险法》，制定了医疗服务的各项标准，规定"只要投保人每月缴纳不超过其收入 4.8% 的医疗保险税，不论年龄和健康状况如何，都可享受包括就医和住院在内的标准化医疗服务"，从而确保了全民医疗保障服务。[1] 虽然以色列医疗费昂贵，外国人看个普通感冒也动辄要花费上百美元，但国民有了医疗保险，心里很踏实，几乎没有看不起病的现象。

以色列国内现有 4 家医疗保险公司，又称医疗基金。这 4 家保险公司性质为 HMO 组织，即既收保险费，又办医院，拥有众多的医疗机构，也参与机构的费用管理。全民参与的健康保险支付体系，保证了以色列卫生事业的质量、公平和安全，并保证了全体国民享受到包括医疗服务在内的广义上的公共卫生服务。

---

[1] 赵琦、赵根明等：《以色列的医疗卫生服务体系》。

居民享受卫生服务的形式有 3 种：一是国家健康计划支付，这部分由 4 家医疗保险机构提供；二是自愿的健康保险；三是付现金。自愿健康保险可以作为国家健康保险计划的补充，因此在社区医生和医院就诊时采取混合支付方式。而没有进入国家健康计划的私人医院，只能够付现金和通过自愿健康保险来支付。①以色列的医疗保险范围包括医学诊断与治疗、预防医学与健康教育、住院、外壳和器官移植等方面。

四　公共健康问题

以色列面临的健康问题与西方世界相似。鉴于死于癌症和心脏病的人占死亡人数的 2/3，对这两类疾病的研究被看做国家医疗卫生的首要任务。由于人的寿命延长了，因此老年人的医疗问题也引起人们的更大关注。②

与多数发达国家一样，以色列必须解决因 20 世纪末的环境条件和生活方式而产生的种种健康问题。卫生部提交的一份长期计划建议制定附加法规，同时强调提高个人对自身安全健康的责任心。广泛传授的保健教育课堂敦促公众戒除吸烟，暴饮暴食、不参加体育锻炼等已被证明为有损健康的不良习惯。

此外，以色列政府还推行了一系列措施对付健康公害。在处理被污染河流时，政府计划将被污染的水源转化为具有生态和再生价值的至为重要的淡水资源。河流的水质由有关部门监控，而饮用水是否适合饮用则需经过严格的检测。在对有害物质的安全管理方面，政府制定了采取发放牌照和对各类产品及其使用处理进行规范和监督等切实的管理办法的法律。③

---

①　B. Rosen, *Health Care System in Transition*.
② 　以色列新闻中心：《以色列概况》，第 140 页。
③ 　以色列新闻中心：《以色列概况》，第 142 页。

五 卫生服务公平性

以色列是一个高度强调卫生服务公平性的国家，卫生服务注重"以人为本，以人权为中心"的原则，强调权利与义务共存。政府强制要求居民必须选择一家医疗保险公司。除了用法律保障公民获得基本医疗保健的权利之外，以色列国内还有许多社会团体、志愿者服务机构开设的社区诊所，专门针对弱势群体，比如外来劳工、性服务者、贫困人口、阿拉伯人、非法务工人员等，为其开展相应的医疗卫生服务，帮助他们实现基本的卫生保障，从而提高整个社会的服务可及性和公平性。比如，为了给来自埃塞俄比亚和前苏联的犹太移民以及阿拉伯人提供更好的卫生服务，一些医疗机构甚至雇用了志愿者为他们提供基本保健。另外，它们还在一些特殊的街区设立流动门诊车，免费为一些特殊群体提供基本检查。

此外，以色列还积极参加国际医疗救助。医院的大门对所有求医的人都是敞开的。在过去的岁月里，世界各地的患者，其中包括那些在形式上仍然与以色列处于战争状态的阿拉伯国家的患者，都来接受专门治疗。在亚洲和非洲的许多地方，以色列的医护人员正在帮助医治在发达国家已经绝迹的疾病患者；并且根据交流计划，向当地的医务工作者传授医疗技能，其中部分交流是在世界卫生组织的主持下进行的。以色列的医疗队还参加了境外灾区的救援工作。

六 注重人才培养与国际合作

以色列非常重视对卫生人才的培养，现有 4 所医科院校、2 所牙医专科学校、2 所药剂师学校和 20 所护士学校。[①]

[①] 赵琦、赵根明等：《以色列医疗卫生服务体系》。

许多医生在心血管病、脑外科、整形外科等方面经验独到，医术精湛。政府也十分重视医学研究，在精密医疗仪器的研发上走在世界前列。以色列已率先研制并使用了激光外科手术器械和种类繁多的电子医疗设备，其中包括电子计算机监探系统、电子起搏器及其他救生和解疼设备。①

此外，以色列建有严格的医疗卫生人员培训、考核、资格认定制度以及医疗卫生工作岗位的公开竞争选聘机制，保证了高质量的服务及医疗卫生技术不断创新，从而不断地推动医学科学技术的进步。

在以色列有很多医院都和国外一些知名医院有密切的联系，这些医院一方面派出自己的医务人员到合作医院进修深造，提高服务水平和质量，另一方面邀请国外知名专家来医院讲学，开展医疗服务，以拓展自己的服务领域。

第五节　体育②

一　竞技运动联合会

运动在以色列就如同其他国家一样，是非常重要的全国性休闲活动。以色列的运动文化类似欧洲国家。以色列的体育发展可以追溯至建国以前。虽然足球和篮球被视为以色

---

① 以色列新闻中心《以色列概况》，第141页。
② 主要参考〔美〕B.L. 贝内特、〔澳〕M.L. 豪它尔、〔以〕U. 西姆利著，邓菊生译的《以色列的体育竞技运动》，《齐齐哈尔师范学院学报》1994年第6期；百度百科：http://baike.baidu.com/view/144340.htm；搜狐网：郑晓春《运动王国的守护者》，http://it.sohu.com/20100812/n274159904.shtml；《以色列的文化体育事业》，央视网，2009 - 09 - 18，http://news.cctv.com/china/20090918/105388.shtml。

列最受欢迎的运动,其受欢迎程度不下于欧洲,但以色列在许多其他运动如手球和田径上也有非常杰出的表现,并且也积极投入各种体育项目的发展和推广。

在以色列,运动的文化传统上是注重参与,而非产生精英的运动员。原因之一是义务兵役制度的实施使几乎所有年满18岁的以色列公民都必须加入军队训练,另一个原因可能是犹太人的传统精神,强调培养健康的身体和心灵的重要性,但却不太会支持追求竞争性的体育形式。这种传统也是出自历史上马加比家族(以及再献圣殿节)抵制奥林匹克运动会的想法。因此,许多以色列人喜欢一些非竞争性的运动,如游泳、远足以及在沙滩上玩Matkot(一种类似网球的以色列运动)。

足球在以色列是最受欢迎的运动项目,成立于1922年的足球协会是最早的体育组织,该协会资助550个足球队,拥有15000名运动员。国家足球队在世界杯、奥运会和亚运会上都有令人满意的表现。在1976年的蒙特利尔奥运会上,以色列队与法国队一比一战平。

竞技运动联合会成立于1931年,该组织控制了大多数竞技项目的比赛。它通过下属的拥有22000名运动员的400个竞技运动俱乐部,开展16个项目的比赛。参加者最多的比赛项目是:排球(约6000人)、手球(约3000人)、击剑、乒乓球和游泳。

网球协会成立于1950年,现在拥有600多个俱乐部。自1949年开始,以色列定期参加戴维斯网球赛。随着1968年篮球协会的成立,篮球运动渐渐普及起来。该协会如今拥有500个篮球队和1500名球员,大约1/3的篮球队来自基布兹。

2007年成立的以色列棒球联盟为世界上首个球季比赛只打七局的职业棒球联盟,若比赛出现平手,将于赛后由两队球员进行全垒打比赛决定胜负,仿佛足球的PK大战。

以色列的体育组织隶属于亚奥理事会,但篮球和排球两个项目是与欧洲联系在一起的。特拉维夫马卡比篮球队于1977年和1981年两度获得欧洲杯冠军的战绩。同时，学生竞技运动协会不受政治影响，该协会成立于1953年，在国际学生竞赛中代表以色列。对学生来说，除了由俱乐部和竞技运动协会提供广泛的参与竞技运动的机会外，还有许多与学校有关的竞赛活动，既有区域性的中级水平的比赛，也有国家级水平的比赛。

近年来，以色列的妇女、阿拉伯人对竞技运动的兴趣不断增长，参加竞技运动的人数逐年增加，绝大多数的排球运动员和游泳运动员来自基布兹。

二 奥林匹克竞赛

以色列国家奥委会成立于1935年，1936年曾申请参加柏林奥运会，却因巴勒斯坦问题未被同意。1952年国际奥委会承认其会员资格。自1952年起，以色列参加了除1980年以外的历届奥运会。以色列参加比赛项目有：篮球、摔跤、自行车、帆船、射击、体操、柔道、举重等。

在1972年8月26日举办的第20届奥运会上，5名巴勒斯坦"黑九月"成员袭击奥运村的以色列选手，造成了流血事件，导致了17名以色列运动员和教练员死亡。

在奥林匹克运动会中，以色列在柔道、皮划艇、滑浪风帆上都曾赢过奖牌。2004年，以色列在雅典夏季奥运会上取得历史性突破，获得男子帆船帆板金牌，并获得一枚男子柔道铜牌。

三 体育教育

以色列政府十分重视青少年的体育工作，对不同的学龄段设置相应的课程。出于让青少年拥有"强健身体"的目的，军事训练与体育紧密结合，以色列在校园内外开展了国家军事训练项目"谢拉克"(Shelack)。谢拉克的目的是提高青少年的身体素质、射击能力和野外生存能力,培养纪律性、组织性、对国家的忠诚以及友爱的协作精神。

以色列有4所专门培养体育师资的师范院校。翁格特体育师范学院是第一所体育师范学院,该院于1944年在泰尔·阿威无创办,如今已具备国内一流的设施和设备。

四 残疾人体育工作

以色列国的残疾人体育工作闻名于世,在耶路撒冷、特拉维夫、海法等地开设多家残疾人体育俱乐部。许多残疾人在俱乐部通过体育运动来进行康复训练,他们通常是由于车祸或其他伤病而致残的。由于以色列开展了普遍且深入的残疾人体育工作,因此该国的残疾人运动员在残疾人奥运会和其他赛事中屡获佳绩。

以色列的运动医学也很发达,成立于1957年的温盖特体育学院,是以色列首屈一指的体育院校和国家体育运动中心。该校拥有顶尖的运动医学专家和齐全的器械设备,在以色列享有盛誉。

第六节 新闻出版

一 报纸与通讯社

以色列媒体享有比较充分的新闻自由,特别是对政府的监督职能更是发挥得淋漓尽致。1948年,政府、军方和新闻界共同签署一项协议,决定设立新闻审查制度,目的是防止泄露国家机密。据此,审查办公室向媒体提供一份涉及军事和安全事务的清单,任何与此有关的报道在发表前都需交审查人员过目；审查人员可以危害国家安全为由，删除新闻报道中的任何内容。1989年，最高法院作出一项裁决，规定只有确信即将发表的新闻将危及公共安全时，才可对其进行审查。而媒体则有权对审查官的决定表示反对，并向"三人委员会"（由政府、军方和新闻界代表组成）提出申诉。法院此举的目的是限制军方的新闻审查。1998年，政府正式颁布《信息公开法》，强调信息公开与新闻发布的重要性。但另一方面，以色列面临的独特地区环境与报纸的政党色彩不可避免地使其报纸带上政治性。以色列的新闻从业者在1963年还自发成立了"新闻委员会"，目的是保护新闻自由，同时督促媒体和记者遵守职业道德及道德规范。新闻从业者还设立了道德法庭，对那些违反相关规定的媒体或记者进行道德审判。[1]

新闻出版业发达，其原因之一是以色列人对新闻的高度关注。特拉维夫是以色列的新闻出版业中心，而且所有当地报纸均集中在大城市，几乎不存在地方报纸。周五的报纸大量刊登副刊，因此容量大增，而周六因为是安息日，所有报纸停止出版。国内发行的报纸杂志总数约为1188种，其中36种日报，17种为希伯来文，其余为阿语、英语、法语、德语、匈牙利语、波兰语、罗马尼亚语等。此外还有俄语、意第绪语、匈牙利语等语言的报纸。其中，希伯来语报纸往往政治色彩浓厚或宗教倾向突出，如《观察家报》（Haztofeh）属于全国宗教党。多数报纸依赖政党、宗教组织或公共基金会的资助，这影响到它们报道的自由度，并引起很多争议。

以色列的主要报刊有：《国土报》（Ha'aretz），创刊于1918年，有希伯来文和英文两个版本的日报，无党派报纸，发行量约

---

[1] 章一帆：《时局关乎生活以色列媒体不愁读者》，《环球时报》2004年4月19日第七版。

5.5万份，被誉为以色列的《纽约时报》，以高水平的新闻报道和评论著称，在国内最具影响和声望；《晚报》（Mz'ariv），创刊于1948年，希伯来文晚报，基本支持政府立场，发行量15万份；《新消息报》（Yedioth Ahronoth），创刊于1939年，希伯来文晚报，支持利库德集团，发行量30万份；《耶路撒冷邮报》（The Jerusalem Post），创刊于1932年（当时名为《巴勒斯坦邮报》），英文日报，反映政府观点的半官方报纸，发行量5万份，是以色列发行量最大的英文报纸，也是中东地区最大的报纸之一，在以色列国际传播中具有十分重要的地位，是一份被广泛认可的报纸；《团结报》（Al-Ittihad），阿拉伯文日报，以色列共产党机关报。另外，《环球报》被誉为报界新秀，它创刊于1983年，是最年轻的报纸，也是唯一的商业类日报。由于许多流散在外的犹太人陆续移民以色列，导致以色列的外文出版物种类繁多。2002年，以色列还出版了第一份中文报纸《特拉维夫—北京》，成为数万名在以打工的中国人唯一的中文读物。

以色列的通讯社有：犹太通讯社（JTA），设在耶路撒冷；以色列通讯社（INA），1923年成立，每天发希伯来文电讯稿，设在耶路撒冷；以色列联合通讯社（ITIM），1950年成立，设在特拉维夫。

在以色列报界，新闻周刊《哈莱曼·哈兹》的风格独树一帜，它的出版人和总编尤里·阿夫拉里支持同巴勒斯坦解放组织谈判并支持建立一个巴勒斯坦国。他在1951年出任周刊总编不久，开始努力使该杂志实现雅俗共赏的主张，并实现了盈利。60年代末期，许多新潮杂志都竭力效仿《哈莱曼·哈兹》敢作敢为的报道风格和版式。

1977年大选后，执政的利库德集团通过其控制的广播电视部，努力在新闻事件的报道和评论中体现自己的政见，1984年出任广播电视部部长的尤里·普罗特便限制了新闻界攻击政府的范围。

以色列

进入80年代,面临着激烈竞争、销路下降而成本上升的以色列报纸开始向美国报纸看齐,许多报纸像《今日美国》一样向读者提供精短新闻,用大标题配发大量新闻图片。在激烈的报业竞争中,有的出版物因无力为继,只好关门大吉,如新闻周刊《考特岁特·罗西特》。

同时,以色列出版商开始受到外商的觊觎,而这些外商大都支持保守党派的施政纲领。1981年以后,美籍以色列裔巨富江格买下了以自由风格著称的《哈莱曼·哈兹》杂志50%的股份。接着,英国的报业大亨罗伯特·迈克斯韦尔买下了以色列著名报纸《晚报》1/3的股份,加拿大联合报业集团的老板戴维·罗德尔也以1.7亿美元买下了大报《耶路撒冷邮报》。①

在巴以问题的报道上,媒体总是表现出较为明显的倾向性。对巴平民被打死之类的报道,媒体总是轻描淡写;对以色列遭袭击的报道,却总是连篇累牍。但是,也有许多例子说明媒体报道的自由性。前总理内塔尼亚胡的经济丑闻、前国防部长莫迪凯的性丑闻,都是媒体捅出来的。前任总理沙龙更是被媒体搞得焦头烂额。80年代,沙龙曾因发动入侵黎巴嫩战争一事被媒体曝光而被迫辞去国防部长职务,他担任总理时的两桩受贿丑闻——希腊岛受贿案和南非商人科恩非法捐款案,也是媒体最先披露的。总的来说,以媒体的报道既攻击沙龙等以色列政要,也攻击阿拉法特;既批评在野的工党,也抨击执政的利库德集团。

2004年11月,《新消息报》在其网站上揭露了一些士兵有组织地亵渎巴勒斯坦武装人员尸体并拍照的情况,指责上述行为已经成为以军中的一种普遍现象。这一丑闻被披露后,以军方迅速作出反应,对这一指控的真实性提出怀疑,但同时承诺将彻查相关事件。2007年3月,2006年年底才创刊的巴勒斯坦英文报

---

① 阿才编译《以色列报业向何处去》,《新闻实践》1990年第9期。

纸《巴勒斯坦时报》进军以色列市场，引起当地民众的强烈反响和争议，但多数民众持宽容态度。

同时，以色列的一些新闻作品在国际上也引起关注。2007年4月，以色列摄影师欧迪德·巴利提（Oded Balilty）的作品《犹太定居妇女同以色列警察发生冲突》获得了美国普利策突发新闻摄影奖，该作品生动地再现了2006年加沙地带犹太非法定居者与以色列警察之间的激烈冲突。

二 广播电视与通信

1. 广播电视

以色列的广播电视由以色列广播电视局（ORI）管辖。在广播方面，"以色列之声"创办于1928年，是以色列最老和最具权威的一家电台。后由1948年成立的、直属于总理办公室的以色列广播局接管其业务，其总部设在耶路撒冷，每天用希伯来语、阿拉伯语、英语、意第绪语、俄语等17种语言对国内外广播。1965年议会通过《广播局法》，该电台成为一个独立的有声新闻传播媒体。"国防军之声"为军方电台，于1951年设立，用希伯来语广播。"以色列之声"和"国防军之声"的广播是许多以色列人获取新闻信息的主要渠道。工作日期间，这两家电台的新闻每半小时更新一次。

在以色列建国之初，大多数犹太人反对建立电视台。因为人们对电视台存有偏见，认为电视会减少国民的阅读时间；电视台播放的西方电视节目也会冲击希伯来语的发展，影响以色列文化的发展，削弱国家的整合。[①]

[①] 关于以色列电视的资料，主要参见章一帆《时局关乎生活以色列媒体不愁读者》；"以色列广播电视局"，新浪网，http: //blog.sina.com.cn/s/blog_4d2f1df90100ipaw.html；"以色列国家概况"，外交部网站，最近更新时间：2011年3月，http: //www.fmprc.gov.cn/chn/pds/gjhdq/gj/yz/1206_41/。

以色列

1966年，成立了以色列电视教育中心，主要播放电视教学课程，包括学校课程和成人教育课程。直到1967年第三次中东战争后的1968年，政府才设立第一家公共电视台，而且主要对被占领土上的阿拉伯人广播，广播语言主要是阿拉伯语，电视节目主要是教育节目和公共广播节目两部分，后者主要是儿童节目和阿语节目。

80年代末，政府解除了管制，到1990年出现了第一家私人电视台和7家地方有线电视台，这些有线电视台有新闻、电影、音乐电视、体育等几十个新闻和娱乐性频道，其利润来源于广告收益。1994年，政府批准建立了商业电视网，7家有线电视台合并为3家，但其节目同时还受到教育文化部所属的一个公共委员会的监督。

以色列的公共电视一台主要播放新闻和娱乐节目，以希伯来语为主，它不播广告，收入靠收视费。这种运营模式基本模仿英国的BBC电视台。其节目70%在国内制作，主要包括电视剧、新闻采访、专题片、体育节目及各种文娱节目。以色列每户人家不论有几台电视机，每年交费约125美元。公共电视二台是商业电视，由3家公司经营，其新闻节目的收视率最高，广告是其主要收入。教育部还设有教育台，播放适合各个年龄段的人的教育节目。2001年4月，政府宣布成立公共电视三台（第二个商业台），专播新闻。此外，国民还能收看周围阿拉伯国家、法、德、俄、美、英、土耳其、意大利、西班牙等国家的电视节目，共约有50个频道。

以色列的电视台更政治化，受到议会的严格控制，电视台台长由政府任命，董事会只有形式上的推荐权，董事会成员由各党派代表组成，而执照费的收取却由财政部长控制。

1996年，以色列与外国公司合作制造并发射了国产卫星阿莫斯，它可以提供电视电台和数据传输服务。第一家卫星直播电视台于 2000 年投入使用。

在以色列，新闻节目受欢迎的同时也导致了本地娱乐节目制作的贫乏，本地几乎不制作电视剧，播放的电视剧主要依赖进口。在电视出现后的最初年间，电视剧主要从美英进口，一般黄金时间只播放一部进口电视剧。以色列主要使用希伯来语为进口的电视节目和本国的阿拉伯语节目打字幕，而本国的阿语节目也要打希伯来语字幕。

2001 年，以色列全国共有收音机 307 万台，电视机 215 万台。①

2. 通信与新媒体

以色列的通信事业发达。

自建国以后，电话网一直由政府控制。1985 年，国有的贝泽克（Bezeq）电信公司负责全国的电话网。90 年代，前苏联移民大量涌入推动了公司业务的快速发展和服务质量的提高。1991 年，政府出售了贝泽克公司 13.8% 的股份，目前控制了该公司 54% 的股份，并准备全部私有化。1994 年，政府批准成立了另一家私人公司即移通（Cellcom）公司，允许它进入移动电话市场。1999 年，又出现了第三家公司即伙伴（Partner）通信公司。1997 年，手机市场的垄断也被打破，两家专门提供国际长话服务的公司即巴拉克（Barak）公司和卡维·扎哈夫（Kave Zahav）公司宣告成立。90 年代末，以色列的国际长话和手机电话的费用是世界上最低的。②

1999 年，以色列电信设备及服务市场的年度总额约为 43 亿美元，主要电话线的数量达到 290 万条。目前，全国共有固定电话用户 325 万，手机用户 902.2 万，手机已成为电信市场的主要

---

① The Middle East and North Africa 2006, London and New York, 2005, p. 569.
② 以上参见"走向世界的以色列"。

部分，使以色列成为世界上手机普及率最高的国家之一。2003年，国内共有个人电脑161万台，互联网用户200万，[1] 而且后者每年增加30%。

近年来，以色列的新媒体发展迅猛，目前相关公司已经有720家，其中约450家是新创公司，主要集中在广电内容管理、广告管理、E-Learning、电子商务、社交网络、数字电视、IPTV、游戏等领域。这些公司一般规模比较小，大都处于起步阶段，当然也不乏像 NDS、Orca、Optibase、PilatMedia 等已具规模的企业。新媒体约占有20亿美元的市场份额。过去，相关企业主要是在欧美市场开拓，现在逐步开始加大向中国、俄罗斯、印度和巴西等重要的新兴市场渗透的力度，努力推销包括直播卫星、通信设备、信息处理、存储与安全技术、传输与显示解决方案等在内的各种技术。目前，以色列国内主要有3家移动电话运营商，包括来自法国的 Orange；电视和宽带运营商也引入了充分的竞争机制，比如2003年由马塔夫有线系统媒体、特维尔国际通信和GoldenChannels 三家有线电视公司成立的合资公司"Hot"在经营有线电视业务的基础上，同时经营固话和宽带接入，成为以色列电信的有力竞争者；而在电视运营方面，以色列最大的卫星电视公司 YES 也与 Hot 几乎平分天下。[2]

三　图书出版

以色列文化教育事业发达，因此带动了图书出版业的迅速发展。1926年，以色列图书周首次设立，每年举办一次，在10个大城市举办10天，在小城市举办3天。

在世纪之交时，以色列总人口为640万人，读者约300万

---

[1] The Middle East and North Africa 2006, p. 569.
[2] 崔慕丽：《以色列新媒体瞄上中国》，《环球》2009年10月号。

人，每年销售各种图书 3400 多万册。换言之，以色列人每年平均购买 5 本书，每个读者平均购买 12 本书。因此，据说在购买图书方面，以色列名列世界第三。

以色列在世纪之交每年销售的 3400 万册图书中，1300 万册为一般文学图书，900 万册为教科书，600 万册为宗教图书，300 万册为百科全书，300 万册为旧书。以色列平均每年出版 5000 种新书（到 2008 年仍然如此），每种新书平均印数 2000 册。以色列共有 200 家出版社，年收入约 4 亿美元。文学类图书的数量不断增长，其中诗歌的增长更快，每年出版 700 种新诗集。文学的发展为悬念小说等带来了生机。

以色列拥有一个高度集中的图书发行机构：施泰马茨基（Steimatzky）。它创办于 1925 年，其业务包括出版、发行和零售，最初只是以色列另一个发行商西弗里（Sifri）的一个小小的竞争者。自 20 世纪 80 年代收购西弗里后，施泰马茨基逐步控制了以色列的图书发行业务。在发行方面，施泰马茨基有 6 个图书批发仓库，专门为独立书店提供图书，它在全国有 150 个图书销售点，并控制着本国报刊和外国报刊的进出口权。

进入 80 年代以来，以色列出版图书所使用的文字发生了很大的变化。此前，英文和希伯来文图书的销售量平分秋色。而到世纪之交，虽然希伯来文图书的销售量已经超过英文图书，但是英文图书的前景要好于希伯来文图书，因为以色列的教育制度鼓励国民学习英语。以色列的儿童从 6 岁起开始学习英语，同时学习希伯来语。所以，以色列人基本上都能讲第二"母语"，许多人都可以阅读英文原著。不过，英语也遇到了一个强劲的竞争者即俄语，其原因是到以色列定居的俄罗斯人数量不断上升。在世纪之交，俄文图书的销售量已占施泰马茨基图书总销售量的 2.5%。

以色列也出口希伯来文图书，有一家专门机构负责宣传散布在世界各地的犹太作家。创立于1962年的希伯来语文学翻译研究所是以色列作家和外国出版商的桥梁，其工作类似于代理商。在世纪之交，它为180个作家充当代理。自1985年以来，有1300多部希伯来文图书被翻译成外文，其中英文最多达306种，随后是德文284种，法文居第三有155种。[1]

2000年，新兴图书连锁店"左梅斯法林"（Tzomet Sfarim）进入市场，采用折扣战略向施泰马茨基发出强劲挑战。目前，其分店规模已经扩大到80家。但折扣战略让出版社深受其害，陷入赔本经营的困境。在2009年6月初以色列图书周开幕之际，有出版人提交一份提案，要求效仿法国的图书定价制，在新书出版后的两年内稳定售价，不许打折。[2]

---

[1] 以上参见《以色列人平均每年购买五本书》，易文网，2001-11-05，http://www.ewen.cc/books/bkview.asp?bkid=8215&cid=13767。
[2] 参见《以色列出版人提议新书不打折》，2009年6月25日《中国图书商报》。

第七章
对外关系

第一节 外交政策

一 影响外交决策的主要因素

国家安全是以色列对外政策的核心。建国之初,影响以色列外交决策的主要因素有以下几点。

第一,国力弱小、资源缺乏的以色列面临着周边阿拉伯国家的军事包围和进攻。面对阿以之间持续不断的流血冲突,保障国家生存和安全成为以色列对外政策最紧迫和最根本的目标。

第二,因此,以色列外交最迫切的任务就是谋求国际社会的承认、尽可能多地争取大国支持,借此维护自身的生存和安全。由于英国在委任统治末期与犹太社团发生激烈冲突,并且在巴勒斯坦战争中支持阿拉伯国家进攻以色列,而美国出于整体中东战略的需要,也未给予以色列全力的支持,以色列面临着严峻的形势。同时,战后英法势力逐渐衰落,而美苏依靠二战取得优势,大力向中东渗透,阿拉伯国家和犹太复国主义都成为它们拉拢的目标。更重要的是,当时冷战刚刚开始,但美苏完全对立的格局尚未形成。这又为以色列提供了机会。

以色列

第三,除了东西方两大阵营,以色列也积极与本地区亲西方的大国发展关系(如伊朗和土耳其),以及地区外的大国(如中国)和地区(拉丁美洲和60年代以后的非洲)。在这一方面,以色列利用了它的一些独特资源,如提供先进的农业技术援助。

第四,以色列作为执政党的工党基本上由西方犹太精英组成,他们深受西方文化的影响,自认为高于"落后"的阿拉伯邻国,其政治体制也在一定程度上类似于欧洲,而犹太教在各方面也接近西方的基督教。因此,以色列的外交容易倾向西方,而犹太社团在巴勒斯坦的发展本身就是英国贝尔福宣言颁布的结果。另一方面,工党属于第二国际的民主社会主义流派,这种政治上的"中立"色彩也为其奉行中间政策提供了便利。

二 外交政策的主要内容与演进

为获得美苏两个大国的共同支持,以色列在战后初期一度奉行"中立"政策。事实证明,这一政策比较符合以色列的国家利益,也正是在美苏的共同支持下,巴勒斯坦分治决议才能在联合国大会通过,以色列建国才成为可能,而以色列也才能取得第一次中东战争的胜利。[1]

与此同时,让世界各国了解以色列,"谋求国际社会的承认"的方针一直贯穿于以色列对外交往的整个过程中。拉丁美洲地区是以色列谋求国际社会承认非常成功的地区。1948年5月至1949年5月的一年里,世界上有53个国家承认了以色列,其中20个为拉美国家。

---

[1] 庄建青:《以色列政党制度及其对外政策的影响》,青岛大学硕士论文,2009。

第七章 对外关系

20世纪50年代以后,东西方两大阵营形成,美苏对抗加剧,以苏关系不断恶化,以色列的"中立"外交逐渐丧失了回旋余地。由于与西方国家的意识形态接近,以色列最终选择了美国和西方国家,实行一边倒的对外政策,以便在东西方激烈对抗中更好地维护国家的安全和利益。这一外交转变为日后美以关系的发展奠定了基础。[①]

60年代中期,苏联加紧对中东的渗透,极力拉拢激进的阿拉伯国家,向埃及提供军事援助,派遣军事专家和技术人员。在美苏对抗的大背景下,美以关系迅速升温,确立起"特殊关系"。美国出于全球战略利益的考虑,为了遏制苏联向中东地区扩张,从这一时期起一直将以色列视为在中东抗衡苏联南下扩张和阿拉伯激进国家的桥头堡。在政治、经济、军事上全力支持和援助以色列,在数次中东战争中,美国的援助对以色列获胜起到了至关重要的作用。

冷战时期,以色列与美国建立了全面发展的战略合作关系,美国的对外政策和态度是影响以色列外交政策的重要因素。因此,以色列与西欧国家建立了友好关系,同作为美国后院的拉丁美洲国家保持了密切往来,视非洲为以色列对第三世界国家政策的一个重点地区(美国为防止苏联的渗透而大力支持以色列和非洲国家交往),与东欧各国的关系则一波三折,同中国的建交谈判一再拖延而最终胎死腹中。冷战结束前,美以关系在美国里根总统在任期间达到顶峰。在很大程度上,正是得益于美国的巨大支持和援助,到冷战结束时,以色列不仅在国家安全环境方面有明显改善,而且发展成为中东地区的经济、科技和军事强国。[②]

---

① 谢立忱、李文俊:《以色列的外交策略》,《西亚非洲》2007年第6期。
② 谢立忱、李文俊:《以色列的外交策略》。

以色列

冷战结束后,以色列的生存和安全环境得到明显改善,美国在以色列外交中的地位一如既往,美国每年数十亿美元的经济和军事援助不可或缺,以色列历届政府仍将美国视为外交的重心,全力发展和维护同美国的特殊关系。但为了减轻对美国的过分依赖,着眼于国际形势缓和的大趋势,以色列开始推行全方位外交政策,以求摆脱外交孤立,增进国家安全。由此,以色列力争保持同西方国家传统的友好关系;积极发展同俄罗斯、中亚和东欧各国的关系,拓展与非洲、亚洲和拉丁美洲各国交往;推动中东和平进程,争取同阿拉伯国家改善关系。

以色列的全方位外交在相当程度上取得了成功:同西欧、拉丁美洲和非洲国家关系有了进一步改善与发展;在亚洲、大洋洲及东欧地区取得了外交突破,先后与俄罗斯和东欧国家建立或恢复了外交关系,与众多第三世界国家建立了外交关系,在1992年与中华人民共和国建立了外交关系;对于阿以关系,以色列政府接受了"以土地换和平"原则,愿意在联合国242号决议的基础上解决占领土地问题,推动中东和平进程。以色列先后和阿拉伯国家签订了巴以和约、约以和约,恢复了与叙利亚的和平谈判,同其他阿拉伯国家的关系也有不同程度的改善。全方位外交进一步扩展了以色列的外交空间,使其在很大程度上摆脱了外交孤立的处境,继续获得了美国的支持与援助,缓和了中东局势,促进了国家的安全利益。

90年代中期,以色列的对阿政策出现不稳定迹象。一方面是因为历史、宗教、领土等原因,阿以冲突不可能在短时间内获得根本解决;另一方面,巴以谈判屡遭挫折,双方内部的极端势力迅速增强,以色列的右翼政党和巴勒斯坦方面的哈马斯影响力急剧扩大。巴方的暴力袭击和以方的武力镇压呈螺旋式上升。但巴以双方都已经认识到,战争不能解决巴勒斯坦问题。

第二节 与美国的特殊关系

一 1948年至20世纪50年代末

以色列和美国的"特殊关系"是以色列外交的中心,始终不懈地谋求与美国建立战略盟友关系是以色列对外政策的基点,这对于保障以色列的国家安全至关重要。① 美国的支持和援助,尤其是军事援助是以色列确保生存和安全的基础。在对待美以特殊关系方面,以色列国内并没有太大的分歧,各党均致力于发展和维护美以特殊关系,相关政策成为以色列历届政府外交的重中之重。

1948年5月14日下午4时,以色列国宣告成立。16分钟后,美国承认以色列临时政府。杜鲁门总统如此迅速地宣布承认这个犹太国家,除了与犹太复国主义者此前在美国的活动有关外,主要是美国出于对中东地区战略利益的考量。以色列建国符合美国的战略利益,即将英国势力排挤出巴勒斯坦和中东地区,遏制苏联染指中东的野心,夺取在中东地区的主导权。同时,美国犹太利益集团对美国制定中东的政策有很大的影响,直接影响美国对以色列的态度。但另一方面,美国对以实行武器禁运,尽管它允许民间提供旧武器和志愿兵参与巴勒斯坦战争。

在以色列成立的头3年中,美国给予了以色列大量援助。仅1949年美国的援助额就达1亿美元,② 这在当时是一笔惊人的数目,它几乎相当于英国在世界范围内的经济援助的总和。美国的

---

① 相关情况详见李伟建等《以色列与美国关系研究》,时事出版社,2006。
② Herbert Druks, *The Uncertain Friendship: The U. S. and Israel from Roosevelt to Kennedy*, Westport: Green Wood Press, 2001, p. 126.

援助对于以色列恢复和发展国内经济、巩固国防以及安置难民等都起到了至关重要的作用。

1953年艾森豪威尔上台后，美国推行联阿抗苏政策，从而导致美以关系一度跌入低谷。艾森豪威尔可以算得上是战后美国历任总统中对以色列态度最强硬的一位总统。1953年下半年，美国着手组建一个从一开始就将以色列排除在外的地区性防御组织。为了拉拢阿拉伯国家伊拉克加入该组织，美国从1954年开始向伊拉克提供军事和经济援助。以色列为此向美国提出抗议，但美不予理会。随后，以色列向美国提出签订一项双边共同防御条约、购买美国先进的导弹系统，均遭到白宫的拒绝，美国担心此举会激怒阿拉伯国家，阿拉伯国家对参加美国主导的防御组织毫无兴趣，而海湾国家的石油对美国具有重要意义。以色列深感失望，转而与英法秘密联合，1956年背着美国发动了第二次中东战争。对此美国极为不满，公开反对三国侵略埃及。艾森豪威尔致电以总理本—古里安，敦促以色列履行联合国决议，撤出西奈半岛和加沙地带。美国甚至准备对以色列进行经济制裁。在美国和苏联的强大压力下，以军被迫撤出了西奈半岛。

然而，第二次中东战争结束后不久，中东地区的民族解放运动风起云涌，一些亲美政府被推翻。与此同时，苏联在中东扩张势力，阿拉伯国家的联合进一步增强。于是，美以两国间的谅解和信任大大增强了，开始建立起正常的磋商关系。美国在这种交往过程中不断强调其承担着以色列的安全与领土完整的道义责任，其目的是把以色列作为对付苏联在中东扩张的桥头堡。在发展以美关系方面，以色列表现出了极大的主动，多次表明亲美立场，积极配合美国的中东战略。美以双方展开密切合作，确立起"特殊关系"。美国大力武装以色列，通过大量的经济和军事援助，确立以色列对阿拉伯国家的军事优势；在国际上美国也大多支持以色列在阿以冲突中的立场，在联合国中经常否决对以色列不利的提案。

第七章　对外关系

整个冷战时期，以色列一直充当美国在中东地区遏制和抗衡苏联向该地区渗透与扩张的桥头堡。以色列不仅向美国提供各种反苏军事基地和重要军事情报，而且积极充当美国在中东地区与苏联争霸的代理人，为其提供新式武器的实验场。

二　20世纪60年代至80年代

1961年，肯尼迪总统提出以色列在保卫美国的中东利益方面具有不言而喻的重要性。1962年以色列外交部长果尔达·梅厄访美期间，肯尼迪宣称以色列是美国没有正式签约的盟国，第一次明确宣布了以色列的特殊地位，美以关系发生了质的变化，美以特殊关系形成。美国开始向以色列提供远多于50年代的经济援助，并正式提供军事援助（霍克式导弹）。1963年，肯尼迪总统在给以色列总理艾希科尔的信中表示：美国信守保证以色列领土完整的义务。1964年7月和1968年1月，约翰逊总统在与艾希科尔总理的两次会晤中重申了美以有着"特殊关系"。但是，这一时期美以关系仍然存在波动。[1]

70年代，美国推行"尼克松主义"，在全球范围内进行战略收缩，更加注重战略伙伴的作用，在中东加速武装和援助以色列。正是美国的经济和军事援助，帮助以色列渡过了20世纪六七十年代的多次危机，在历次中东战争中愈战愈强，维持了对阿拉伯国家的军事优势。据统计，截止到1987年，以色列获得的各项援助500多亿美元，其中美国占400多亿。[2]

在美以关系中，以色列与美国的关系并不是平衡的。美国在中东有多种利益和目标，以色列并不能代表美国在中东的全部利

---

[1] 李伟建等：《以色列与美国关系研究》，时事出版社，2006，第17~18页。
[2] 杨曼苏：《以色列——谜一般的国家》，世界知识出版社，1992，第179、182页。

益。而对以色列来讲,美国的力量是必须借重的,美国的援助和支持对以色列的生存和安全不可或缺。在1973年第四次中东战争中,埃及和叙利亚一举收复部分失地,打破了美苏维持的中东"不战不和"的局面;同时,阿拉伯产油国拿起石油武器,对西方实行石油禁运,引起西方国家内部的分化。美国认识到要遏制苏联势力在中东的扩张,必须改变其一味偏袒以色列的狭隘政策,缓和同阿拉伯国家的矛盾,谋求阿以和解,实行同阿以双方发展友好关系的"双轨"中东政策。这本身也有利于以色列的长远安全。为此,美国对以政策发生了重大变化。美国要求以色列改变以往的政策,与阿拉伯国家进行和谈。

1973年十月战争结束后,经过反复谈判,以色列与埃及和叙利亚分别签订军事脱离接触协议。1978年以后,在美国促成下,埃及和以色列签订了《戴维营协定》和《埃以和平条约》,使得中东地区两个最强大的国家达到和解,从而为阿以问题的和平解决打开了缺口。

1981年里根上台执政后,美以关系出现了新的转机,美以双方全面确立战略合作关系,美以特殊关系进入全面发展的全盛时期。[1] 里根明确表示:"以色列对美国有战略价值","我们必须制定具体表述这种立场的政策"。[2] 1981年年底,美以就签署《美以战略合作谅解备忘录》达成协议。1983年11月,美以建立了"军事和政治联合体"。1986年5月,以色列作为非北约成员国参加了美国"星球大战"计划,从而使美以军事合作上升到了一个新水平。1988年4月,两国正式签署《美以战略合作谅解备忘录》。它是美国同中东或北约国家之间的第一个战略协议。协议确立了美以之间的军事、政治、经济、战略和情报等方

---

[1] 王晓:《试论二战后美国与以色列关系的演变》,《历史教学》1998年第5期。
[2] 赵伟明:《以色列基本国策的支点》,《世界政治与经济》1992年第5期。

面的全面合作关系，并且首次确定了两国军事合作的性质和规模，从而把双方业已存在的战略合作关系正式化了。在整个 80 年代，美国向以色列提供的各项援助显著增加。据统计，1980～1988 年，美国提供的援助总额达到 252.06 亿美元，是过去 30 年总额的 2 倍。这样，以色列在美国中东战略中的地位便上升到了顶峰，美以特殊关系也相应得到飞速发展并终于完全成形。

三　后冷战时期

冷战结束后，美以特殊战略关系存在的基础——遏制苏联向中东的扩张——消失，以色列在美国中东战略中的地位受到了冲击，但美以特殊关系的总格局基本保持不变。

一方面，美国仍全力维护以色列的生存权利及安全利益，但更多地约束以色列一切不符合美国自身利益的行动。美国在中东的主要战略目标演变为大力推动中东和平进程，在继续保证以色列的生存和安全前提下，努力深化同阿拉伯国家之间的关系。但是中东个别不服从美国意志的地区强权（伊拉克和伊朗）对美国主导的中东安全体系造成了新的威胁，并直接威胁到了以色列的安全。这样，美以之间就有了新的战略合作基础。因此，以色列在美国"东遏两伊，西促和谈"的中东战略实施中成为重要的战略盟友。在 1991 年海湾战争期间，面对伊拉克的导弹袭击，以色列自始至终保持克制。此外，在中东和平进程问题上，美国力促双方通过对话、谈判达成妥协，以色列的利库德政府尽管不太愿意，最终仍同意参加马德里中东和平国际会议。

1993 年年初，克林顿总统入主白宫后，美以关系再次出现转机。克林顿不止一次地称以色列是美国在中东唯一的、真正的朋友，强调美以间的"特殊关系"。1993 年 3 月，克林顿和拉宾总理在华盛顿举行会谈，双方表示要"把现有的战略伙伴关系提高到一个新水平"，并规划了美以间今后 10 年的一系列安全合作的安排。同年 8 月，以巴经秘密谈判，草签了《奥斯陆协议》，但最后的正式文本仍然在白宫草坪签署，以表示对美国的敬意。然而，以巴谈判因各种因素一波三折，进展迟缓。2000 年 7 月，克林顿主持下的以巴戴维营会谈以失败告终，克林顿希望在任内完成以巴谈判的愿望化为泡影。

此后，以巴关系急剧恶化，而新上任的布什总统陷入了反恐战争的泥潭，无暇顾及和平进程。2002 年 10 月，布什签署国会外交授权法，承认耶路撒冷为以色列的首都。同时，沙龙政府以反恐旗号向阿拉法特施压，并实施单边撤离加沙行动。此前，中东问题国际四方委员会（联合国、美国、欧盟和俄罗斯）于 2003 年 4 月正式公布"路线图"，要求分阶段完成巴以最终地位谈判，实现巴勒斯坦建国。但直到布什卸任，"路线图"的计划仍无法付诸实施，这一僵局一直延续到奥巴马上任以后。

总之，美以特殊关系是以色列外交最珍贵的核心，也是美国实现其中东战略的重要支柱。因此，以色列成为世界上接受美国援助最多的国家。然而，作为一个怀有全球抱负的超级大国，美国的利益不可避免地与作为地区国家的以色列的利益发生摩擦，从而使双边关系出现波动。在国际上，美以特殊关系也是一个饱受争议的话题，并且引起了伊斯兰激进势力对美国的强烈抨击。

第三节 与西欧各国的关系

一 与英国、法国、德国的关系

长期以来，西欧各国都是以色列的政治盟友和对外经贸联系最为密切的地区之一，但与美国相比，双边关系以经济文化最为突出。以色列与法国、英国、德国、意大利、西班牙等西欧各国保有传统关系，并从实际出发区别对待，经常调整其外交政策。20世纪五六十年代,以色列曾一度与法国、英国结成了军事联盟,共同发动了苏伊士运河战争。

法国是欧洲大国,境内犹太人最多,并支持犹太复国主义运动。战后初期,以色列试图通过与法国发展政治与军事关系,以制约周边阿拉伯国家,而长期陷入阿尔及利亚困局的法国也想借助以色列牵制其他阿拉伯国家,以维持其在中东地区的势力范围和永保大国地位。因此,法国是五六十年代唯一向以色列出口包括幻影式战机在内的各种武器的西方大国,并帮助其建设核反应堆。但在戴高乐东山再起以后,从阿尔及利亚脱身的法国于60年代停止了向以色列的武器出口。在70年代,在政治方面双边关系虽时有龃龉,但在经济、科技、文化上的相互往来仍很密切。由于第四次中东战争带来的影响,以色列在国际关系上进一步孤立,以法国为代表的西欧各国都疏远了以色列。80年代,法国试图以西欧大国身份对阿以双方施加影响。在黎巴嫩战争中,法国极力促成巴解部队安全撤出贝鲁特,并参加了美国主导的多国部队,但这一政策一度导致了阿拉伯世界的敌视。此后,巴黎努力与阿以各方协商,支持召开中东和会。

以色列虽然与英国存在传统关系,但英国在以色列西欧政策中的地位仍落后于法国。苏伊士运河战争后,英国的大国地位削弱,以色列为避免日后可能承担的风险,逐步把外交关系的重心由英法转向美国。而70年代以来,英国的中东政策也主要体现在欧共体的政策之中。

以色列与联邦德国之间的关系在欧洲国家中最具特色。50年代初期,联邦德国加入北约组织后,以色列不失时机地与其建立外交关系,主要目的在于获得战争赔款。1953年以色列和联邦德国订立两国关系"修正案",1956年两国正式建交。从此双方在经贸、科技、文化上往来日多。联邦德国向以色列提供了包括坦克在内的一些军火。而截至1979年,联邦德国向以色列提供的赔款和还债总价值约达 39 亿美元。① 德国统一后，反犹的新纳粹势力抬头，这不可避免地给两国关系发展带来隐忧。

二　与欧共体（欧盟）的关系

60 年代以后，随着欧共体以及后来的欧盟的发展，西欧各国的对外政策口径趋向统一，包括同以色列的关系在内。1973 年第四次中东战争爆发后，严重依赖从中东进口石油的西欧国家改变了对以色列的一贯立场，不再支持美国的中东政策。同年 11 月，欧共体九国外长会议发表联合声明，强烈敦促阿以双方严格遵守安理会的 338 号决议，希望在联合国各项决议的基础上在中东恢复公正与和平。之后，阿拉伯石油输出国组织宣布，石油减产的决定不适用于西欧。1977 年埃及总统萨达特的耶路撒冷之行受到了欧共体的欢迎。1980 年 6 月，欧洲委员会发表《威尼斯声明》，对美国一手操纵埃以和谈表示不满。《声明》宣称："……以色列应该撤出（它占领的）阿拉伯领土，承认阿拉伯人的正当权利，承认巴解组织的地位和巴勒斯坦人民的自决权……"这个声明构成了 80 年代欧共体对阿以冲突和以色列的基本政治立场。以色列则宣称声明是试图破坏中东和平进程的"慕尼黑阴谋"。②

1982 年以后，欧共体对以色列的政策基本上坚持政治和经济问题分开。1975 年，以色列与欧共体建立自由贸易区，1995 年同欧盟重新签署联系协定。1987 年 12 月被占领土的巴勒斯坦人起义开始后，欧共体在政治上严厉谴责以色列的行为，并实行相应的经济制裁。1991 年海湾战争发生后，以色列与西欧

---

① 劳伦斯·迈耶著《今日以色列》，钱乃复等译，新华出版社，1987，第 125 页。
② Colin Legum ed., *Crisis and Conflicts in the Middle East/ the Changing Strategy: From Iran to Afghanistan*, New York: Holmes & Meier, 1981, p. 96.

各国的关系有所改善,直至在西班牙马德里召开中东和平国际会议。西欧各国支持政治解决阿以冲突,积极参与中东和平进程,《奥斯陆协议》就是在挪威的积极参与下以巴达成的秘密协议,此后西欧国家积极向巴勒斯坦自治区提供援助,并派观察员参加了 1995 年自治区的选举。欧盟也是中东问题"四方机制"之一。2004 年 12 月,以色列与欧盟签订《欧洲近邻政策》协定。

第四节 与日本的关系

历史上,日本人与犹太人没有恩怨,且同情犹太人的境遇。第二次世界大战期间,日本政府没有配合纳粹德国的消灭犹太人行动,个别日本人,如驻立陶宛领事三浦秋原、犹太学家拙素户什等还帮助犹太人从欧洲转道日本逃往中国。因此,以色列建国后对日本颇有好感。

1952 年旧金山和会后,以色列与日本正式建立外交关系,在东京设立了公使馆。1963 年公使馆才升级为大使馆,但两国之间几乎没有任何贸易上的直接往来,只保持极其有限的非官方接触。日本对中东的了解也比较有限。

1973 年第四次中东战争爆发之前,日本对中东的政策是"亲阿"而不"反以"。但石油危机之后,两国关系发生重大改变。1973 年 11 月 22 日,日本内阁官房长官宣布了日本对中东的政策,其核心内容是:不承认以色列武力获取和占领的任何领土,要求以军必须从 1967 年战争占领的所有领土撤出。日方在声明的最后部分指出:"日本政府将继续严重关切中东事态的变化,根据未来形势的发展'重新考虑'对以政策。"该声明成为此后日本一个时期内对中东政策的基础。

1973 年石油危机后,日本大力推行各种节能措施,效果显著。到80年代前半期，日本的石油进口量非但不增，反而急剧下降，这促使它把自己的中东政策调整为在阿以之间建立"平衡"。1985年9月，以色列外交部长兼副总理沙米尔应邀访日，这是以色列政府高官第一次访日。日本为了避免刺激阿拉伯国家，诡称之"商业之旅"，继而两国开始了大量"非官方"来往。同年10月，以色列财政部长莫代和不管部部长阿伦斯访日。1988年6月，日本外相首次访问以色列，标志着日以关系进入新阶段。1989年2月，以色列总统受日本首相竹下登之邀赴日参加天皇裕仁的葬礼，其间同日本首相竹下会晤，竹下表示日愿在中东发挥更积极的协调作用。1989年和1990年日本分别邀请了阿拉法特和时任以色列外交部长的阿伦斯访日，日本的"阿以平衡"政策的实施达到巅峰阶段。

  冷战结束后，美国国内的犹太院外集团趁机游说政府对日本施压，建议布什政府通过日美贸易谈判，逼迫日本放弃名存实亡的抵制政策，改善日以关系。1991年4月，日本首相海部俊树与美国总统布什在旧金山会晤。布什呼吁日本放弃抵制政策，树立参与中东和平进程的自信。海部俊树表示日本将考虑改善日以关系，不会再一味顾忌阿以矛盾。海部俊树的表态被称为日以关系的"历史性"发言。海湾战争加快了日以关系的发展步伐。"沙漠风暴"行动发起后，日本政府也刮起了对以外交"旋风"。从1991年起，几乎每年都有日本首相、外相或特使访问以色列。面对日本频频摇动的"橄榄枝"，以色列亦有新的打算。它认为苏联解体后，除美国以外数日本最为强大，必须拉紧日本。以色列甚至表态，它赞成日本成为联合国安理会常任理事国。日以关系迅速走进蜜月期。1992年7月，日本驻以大使馆商务处正式设立，至此日以关系完全实现了正常化。双边贸易发展迅速，日本成为2000年以色列在亚洲的第一大贸易伙伴。

第五节　与周边阿拉伯国家的关系

以色列建国后，长期与周边阿拉伯国家处于敌对状态，发生过4次大的战争，尤其是1967年"六五战争"以后，以色列侵占了巴勒斯坦和阿拉伯邻国的约旦河西岸、加沙地带、西奈半岛和戈兰高地等大片土地（被占领土），使其实际控制领土面积约达到1947年分治决议规定的两倍。之后，以色列与周边阿拉伯国家之间的关系发生了巨大变化，现简略分述如下。①

一　与埃及的关系

1979年3月，以色列同埃及正式签订和平条约，两国结束了战争状态，以色列同意归还全部西奈半岛。1980年2月，双方互派大使。1989年3月，以撤出西奈半岛最后一块埃及领土塔巴地区。2000年11月，为对以色列以武力镇压巴勒斯坦平民表示不满，埃及召回驻以大使。2002年2月，以驻埃大使向埃及总统递交了国书，标志两国关系转暖，但埃宣布降低与以关系，切断除外交关系以外的政府交流，以抗议以军入侵巴勒斯坦。2005年3月，埃驻以大使到任。2008年10月和2009年7月、11月，以总统佩雷斯访埃。2009年5月、12月，以总理内塔尼亚胡访埃。总体上，尽管两国实现了和平，但主要来往限于经济领域和官员互访，民间来往很少，双边关系实际呈现为"冷和平"。另一方面，埃及也积极参与调解以巴关系，以巴经常在埃及领土上进行双边谈判。

---

① 部分资料参见《以色列国家概况》，中华人民共和国外交部网站，http：//www. fmprc. gov. cn/chn/gxh/cgb/zcgmzysx/yz/1206_41/1207/。

二 与巴勒斯坦的关系

1993年9月13日,以色列同巴解组织相互承认并签署加沙—杰里科先行自治协议。1994年5月4日,以巴在开罗正式签署关于巴勒斯坦在加沙、杰里科先行自治的执行协议,此后巴勒斯坦民族自治机构宣布成立,阿拉法特任首任主席。1997年1月15日,以巴签署《希伯伦协议》,以撤出希市80%地区。1998年10月23日,巴以在美签署《怀伊协议》,规定以从约旦河西岸撤出13.1%的土地;12月15日,巴全国委员会通过修宪决议,删除其中的灭以条款。1999年9月,双方就执行《怀伊协议》签署《沙姆沙伊赫备忘录》;9月13日,启动了最终地位谈判。但因双方在攸关切身利益的重大问题上分歧严重而进展不利。2000年9月起,双方爆发暴力冲突,即阿克萨起义。①

2001年1月,沙龙政府上台后奉行"安全优先"政策,2002年6月正式决定在西岸地区沿1949年停火线修建"隔离墙"。隔离墙将大片巴勒斯坦领土划入以色列管辖之下,并使巴勒斯坦的社会和家庭遭受割裂,使巴勒斯坦人的日常出行面临重重困难。2004年7月9日,海牙国际法院宣布以色列修建隔离墙违反国际法,应予终止并拆除已修建的隔离墙。7月20日,联合国大会以压倒多数通过决议,要求以色列执行海牙国际法院的裁决。但以色列政府认为,修建隔离墙是政治问题,不是法律问题,国际法院无权就此进行裁决。

---

① 2000年9月28日,以色列反对党领袖沙龙拜访了圣地——圣殿山,这是全球宗教争夺最激烈的地点之一。这一地点对犹太人、穆斯林和基督徒维持宗教的重要性是相似的。沙龙的行动被许多巴勒斯坦人团体认为是故意的挑衅行为并且在那里引起了骚乱,双方对此事件的动机有争论,这个事件即阿克萨群众起义。

第七章 对外关系

2007年3月，包括哈马斯在内的巴勒斯坦民族联合政府成立，以色列内阁以压倒性多数决定继续实行对巴的抵制政策。以表示不会同不接受"三项条件"的巴联合政府谈判，也不会同该政府中曾是以谈判对象的法塔赫成员联系，呼吁国家和社会抵制新政府。2007年11月安纳波利斯中东和平国际会议召开后，巴以开始就巴最终地位问题、落实"路线图"计划等进行谈判。因以继续扩建定居点，双方在耶路撒冷、难民和边界等核心问题上分歧严重，谈判未取得实质性进展。

从2008年12月27日开始，以色列对哈马斯控制的加沙地带实施代号为"铸铅"的大规模军事行动。2009年1月8日，安理会通过1860号决议，要求双方立即停火。经埃及等国斡旋，以方和哈马斯等武装派别于1月18日宣布停火。美国奥巴马政府上台后，加大促和力度，并就定居点等问题向以色列施压，促成美、以、巴三方首脑会晤。经美国斡旋，巴以于2010年5月初启动间接谈判，但因以色列拒绝延长定居点建设禁令无果而终。

三 与约旦的关系

约旦与以色列的关系相当特殊。历史上的约旦河东岸曾经是巴勒斯坦的一部分，1921年由英国当局单独划出成立外约旦酋长国。因此，以色列一些强硬人士曾经反对约旦从巴勒斯坦划出去，而后来又提出由约旦吸收巴勒斯坦难民，以避免他们回归以色列。1967年以后，以色列占领约旦河西岸，但西岸在法律上仍为约旦领土，其市政官员仍由约旦委任。1985年2月，约、巴达成协议，协议规定双方建立邦联；举行由安理会常任理事国和与冲突有关的各方参加的国际会议，进行和平谈判。协议遭到以色列的反对，随后约旦中止了同巴解组织的对话。

1987年的巴勒斯坦起义开始后，以色列受到国际上的强大压力。1988年7月，约旦宣布断绝与西岸的"法律和行政联系"，实际上放弃了对西岸的主权。此后，约旦由于与以色列不再存在领土问题，因此在《奥斯陆协议》签订后开始的谈判中，双方很快达成了协议。1994年7月，以色列和约旦在华盛顿签署和平条约，宣告结束两国长达46年之久的战争状态。同年11月，以、约建交并互派大使，实现了两国关系正常化。2008年1月，以总理奥尔默特访约。2009年5月，以总理内塔尼亚胡访约。

四　与叙利亚的关系

20世纪70年代末以来，随着埃及与以色列签订和约和关系正常化，叙利亚成为对抗以色列的主要阿拉伯国家和阿拉伯世界里激进国家的代表。叙利亚一方面通过进口苏联武器加强自身力量，另一方面通过参与黎巴嫩事务和在黎驻军对以色列进行牵制。1991年10月以后，叙利亚参与了马德里和会，并与以色列就戈兰高地等双边关系问题展开会谈。以色列要求双方先建立外交关系，之后再谈领土问题，而叙利亚则坚持先谈领土问题，因此谈判无法取得突破。

1991年11月，以色列议会通过《捍卫戈兰高地法》，进一步确认了高地为以色列领土。但在1992年9月，以首次表明"以土地换和平"的原则也适用于戈兰高地，之后，以叙和谈断断续续地进行。1996年，谈判中断。1999年双方恢复了中断近4年的谈判，但仍未取得突破。2001年2月沙龙当选以总理后，提出无条件恢复谈判的要求，叙利亚予以拒绝。2002年2月，叙总统巴沙尔表示愿就戈兰高地问题与以达成和平协议。2003年5月，以总理办公室证实：伊拉克战争前，以与叙在约旦进行了接触，但以方拒绝叙方立即重开谈判的建议。2006年3月，以允许戈兰高地生产的苹果向叙利亚出口；6月，4架以色列战斗机侵入叙利亚领空，飞越阿萨德总统的夏季行宫；9月，3名以色列议员访叙，与阿萨德总统进行了会见。2007年1月，瑞士承认曾为以叙秘密谈判居中斡旋，遭总理奥尔默特否认。2008年5月，以叙双方宣布在土耳其斡旋下展开非直接谈判，谈判进行了四轮，因2008年年底的加沙冲突中止。可以说，除巴勒斯坦以外，叙利亚是阿以矛盾中最重要的一方。

五 与黎巴嫩的关系

1982年6月，以色列入侵黎巴嫩，1985年6月撤出时在黎南部保留约850平方公里的安全区，扶植约3000人的"南黎巴嫩军"，并经常同黎巴嫩和巴勒斯坦武装发生冲突。此后，黎巴嫩参加了马德里和会之后的对以谈判。然而，由于叙利亚对黎巴嫩的影响，尽管黎巴嫩与以色列之间的纠葛并不太复杂，但双方仍然难以达成协议。1998年4月，以内阁通过决议，提出愿有条件地执行联合国425号决议，从黎南部撤军，但要求黎在安全问题上做出承诺，遭黎、叙拒绝。2000年5月，以单方面从黎南部撤军。但黎、叙坚持以还应撤出谢巴地区。

以色列撤军后，真主党在黎巴嫩的影响不断扩大，这使以色列感到担忧。2006年7月，真主党武装人员潜入以北部一军事据点，摧毁一辆以军装甲车，打死3名、绑架2名以军士兵。此后，以对黎发动大规模军事行动，进行陆海空全面封锁，对其大城市持续实施空袭。空袭对贝鲁特的基础设施造成重大破坏，平民死亡人数达1110人，约百万人逃往邻国。同时，真主党武装也向以北部城市发射了近4000枚火箭弹，近30万以居民逃离家园，而以军在战斗中进展迟缓，伤亡惨重。8月11日，联合国安理会一致通过1701号决议，要求黎以停火。8月14日，双方正式停火。10月1日，以军宣布完全撤出黎巴嫩。

六　与其他阿拉伯国家的关系

20世纪80年代以来,海湾国家尤其是沙特阿拉伯在解决阿以冲突方面发挥了越来越大的作用。马德里和会召开后,1994年10~11月,第一届中东北非经济首脑会议在摩洛哥的卡萨布兰卡召开,共有61国和国际组织的代表及大批企业家与会。会议呼吁取消对以色列的直接禁运,决定设立地区性发展机构。由于利库德政府的强硬政策,此后以色列与阿方的矛盾明显增多。1997年11月,第四届中东北非经济首脑会议在卡塔尔首都多哈召开,许多阿拉伯国家抵制了会议,此届会议成为类似会议的最后一届。[1] 尽管阿拉伯国家与以色列的关系没有出现根本改善,这一时期摩洛哥和个别海湾国家仍然与以色列发展了某种关系。2002年3月,第14次阿拉伯国家首脑会议通过了以沙特王储阿卜杜拉的建议为基础的《阿拉伯和平倡议》,要求以色列撤出所有阿拉伯领土,接受享有主权、以东耶路撒冷为首都的巴勒斯坦国,公正解决巴难民问题;阿拉伯国家将相应承认以色列的存在,确保其安全并实现关系正常化。

从2010年12月开始,整个阿拉伯世界陷入了巨大的政治动荡,突尼斯和埃及的政权先后倒台,叙利亚的反政府示威不断,利比亚国内冲突升级。对于以色列来说,在以巴冲突的解决仍遥遥无期的时候,阿拉伯邻国的动荡意味着一个安全不确定时代的来临。2011年4月25日,美国皮尤研究中心发布一份民间调查结果,显示54%的被调查者主张中止埃以和约;[2] 4月28日,埃及宣布准备永久开放与加沙地带连接的拉法口岸(此前口岸

---

[1] 王京烈主编《面向二十世纪的中东》,社会科学文献出版社,1999,第231~234页。

[2] 〔以色列〕《国土报》网站2011年4月27日报道。

由埃、以共同管理），这将便利包括哈马斯在内的加沙地带的人员出行和物资流通。同时，埃及还积极调解巴解组织与哈马斯的关系，双方于4月27日宣布，在新的大选之前将组建过渡联合政府。

第六节　与伊朗的关系[①]

一　1979年以前

波斯人与以色列的关系源远流长。早在古波斯帝国时期，居鲁士大帝在灭亡新巴比伦之后，就曾允许巴比伦城中的犹太人返回巴勒斯坦。由于伊朗加入了西方主导的军事联盟，从以色列1948年建国一直到伊朗巴列维王朝倒台的30多年里，其与伊朗的关系一直很亲密。因此有学者认为这是一种准同盟关系，也有学者将这一时期界定为两国关系史上的战略联盟期。

1948年建国后，以色列曾利用伊朗作为中转站，把伊拉克的犹太人送往以色列。1950年3月伊朗在事实上承认了以色列国的地位，但两国建立正式外交关系的努力受到了伊朗国内保守的伊斯兰宗教势力的强烈反对。伊朗作为中东的非阿拉伯伊斯兰国家，对以色列抱有一定程度的同情。它在联合国投票反对以色列进入联合国，但同时也表示不介入阿以冲突。

1957年年底，以伊重修旧好，两国关系得到了较快发展。由于伊朗国内宗教势力及激进阿拉伯国家的反对，当时巴列维国王只能将与以色列的关系维持在事实上承认的框架内，这也为两

[①] 本节内容参见何志龙、靳友玲《巴列维时期伊朗与以色列的关系》，《暨南学报》2009年第2期。

国关系确定了基本模式。50年代的以色列虽然在巴勒斯坦战争和苏伊士运河战争中取得了军事上的胜利,但这并没有使以色列获得真正的安全。1958年以色列提出了"外围联盟"的政治策略,希望与包括伊朗在内的中东地区非阿拉伯国家结成联盟。巴列维国王着眼于地区安全格局,认识到伊朗的安全在以色列的"外围联盟"框架内能够得到最好的维护。加之1963年巴列维开始推行的以土地改革为中心的"白色革命"导致了伊朗国内的不稳定,而伊朗与阿拉伯国家的关系也在不断恶化,因此,巴列维国王加快了大力发展与以色列关系的步伐。伊朗向以色列大量出口石油,以色列帮助伊朗发展农业并向其出口武器装备。可以说,共同的安全和经济利益是这一时期以伊两国关系繁荣发展的根本推动力。

1973年第四次中东战争期间,阿拉伯国家运用石油武器使巴列维国王对阿拉伯国家的力量有了进一步认识。伊朗在继续加强与以色列传统关系的同时,开始重视培养伊朗与阿拉伯国家的友谊。但当时两国所面临的地缘政治环境并未发生根本变化,从长远角度看,两国都不希望相互关系过于疏离,因此在许多领域也有很多新的合作。

二 1979年以后

79年1月,伊朗发生伊斯兰革命,巴列维国王被迫流亡国外,宗教领袖霍梅尼回国建立了政教合一的伊斯兰共和国。由于巴列维王朝与美国的特殊关系和美国在阿以问题上对以色列的支持,霍梅尼把反对巴列维国王与反美反以交织在一起,将以色列称为"伊斯兰的敌人",以伊双边关系发生了根本性改变。伊朗拒绝承认以色列,并断绝了与后者的一切官方联系;反以成为伊斯兰政权的立国之本,并且经常付诸行动。

第七章　对外关系

新世纪以来，在以伊双边关系中，有两个关键性的节点。

第一个节点就是"9·11"事件。"9·11"事件后美国发动全球反恐战争，把伊朗列在支持国际恐怖主义国家的黑名单之首，还把伊朗称为"邪恶轴心"。从地缘政治看，此后的阿富汗战争和伊拉克战争使得美国和以色列已经在事实上形成了对伊朗的包围态势，从而导致了伊朗的地缘安全环境急剧恶化，而伊朗国内的保守派势力也因此进一步加强。由于阿拉伯世界一致认为美国在中东和平进程中一直偏袒以色列，伊朗也认为以色列是美国在中东的代理人。伊朗国内逐渐强势的保守派也一贯指责美国在中东的霸权行径是为了以色列的利益，可见除双边关系层面以外，复杂的地区安全格局和宗教意识形态等外部因素导致了后"9·11"时代伊以关系的持续恶化。

第二个关键节点是"伊朗核问题"。2003年年初伊朗宣布提炼出核电站燃料铀；2004年11月底，伊朗宣布中止铀浓缩，这使得伊朗核问题一度缓解。可是到了2006年年初，伊朗再次恢复了已中止两年多的核燃料研究。伊朗核问题再次引发地区局势紧张。

伊朗可能拥有核武器的前景让以色列人倍感焦虑，以色列官员和军事将领多次在公开场合呼吁国际社会向伊朗施加政治和经济压力，并且暗示，如果国际社会施压无法阻止伊朗核武器计划，以色列可能将单方面动用武力，打击伊朗的核设施。而伊朗也不甘示弱，对以色列进行口诛笔伐，认为以色列霸道和蛮横。针对以色列不断的武力威吓，伊朗国防部长曾经针锋相对地明确警告说，如果以色列敢于袭击伊朗核设施，伊朗将以牙还牙，摧毁以色列的迪莫纳核基地，并让"这个犹太国家在地球上不复存在"。然而，以色列官员在私下里承认，伊朗的核设施无法摧毁，因为它过于分散和隐蔽。

第七节 与土耳其的关系①

一 1980 年以前

1947 年，土耳其对联合国巴勒斯坦分治决议表示反对。土耳其担心以色列国将是共产主义政权。基布兹的发展、工会作用的扩大、以军使用苏式武器等现象表明，以色列有可能是苏联在中东扶植起的一个共产主义卫星国。在第一次中东战争中，土耳其保持中立。但在 1949 年 3 月 24 日，土耳其正式承认以色列国，是世界上第一个承认以色列并与之建交的伊斯兰国家。

1950 年 1 月，两国互建外交代办处，在联合国形成了投票联盟，政治关系迅速升温。土耳其允许保加利亚、叙利亚和伊拉克犹太人转道土耳其移居以色列。50 年代，两国成为重要的贸易伙伴。但在 50 年代中期，土耳其对待以色列的态度明显发生变化。1955 年，土耳其拉拢伊拉克等国组建亲美、反苏的巴格达条约组织，并称"土以关系是微不足道的"。1956 年苏伊士运河战争爆发后，土耳其谴责以色列是对中东和平的最大威胁。1956 年 11 月，土耳其外交部宣布召回驻以色列公使。12 月，两国外交关系降至代办级。其实，这只不过是一个外交姿态而已，多年来，土以两国互派的外交使团人员都很齐备，而且通常由大使头衔的外交官担任"代办"。1957 年，土耳其总理孟德里斯和外长左鲁在巴黎秘密会见以色列驻意大利大使艾里亚胡·沙逊。

---

① 参见章波《冷战时期土耳其和以色列关系述评》，《西亚非洲》2010 年第 8 期；冯基华《论土耳其和以色列关系的发展及对中东格局的影响》，中国伊斯兰学术城，引自中国社科院西亚非洲研究所网站，2006 - 02 - 27，http://www.islambook.net/xueshu/list.asp? id = 3249。

双方认为土以两国要秘密加强军事合作，应对苏联在中东地区的渗透。

1958年8月底，以色列总理本—古里安和外长果达尔·梅厄秘密访问安卡拉，与土耳其总理孟德里斯和外长左鲁会晤。两国秘密签署了关于加强外交、军事、商业、科学和情报合作的协议，共同对付埃及的纳赛尔主义、泛阿拉伯主义和苏联共产主义的威胁。上述协议标志着两国间政治关系的显著提升，以及土以秘密外层联盟的建立。1960年5月政变后上台的凯末尔·古塞尔将军继续重视且秘密发展与以色列的联盟关系。

1965年10月，苏莱曼·德米雷尔领导的土耳其正义党上台执政。该政权外交政策的目标之一是加强土耳其与西亚北非地区的阿拉伯和伊斯兰国家的友好合作关系，以土关系发展进入低迷期。1966年4月，土耳其军事情报部门冻结了与以色列的情报合作。1966年，土停止了1958年土以秘密协议。在1967年战争中，土耳其不允许美国通过境内的阿达纳军事基地支持以色列，反对以色列通过武力手段强占阿拉伯国家领土，并积极为阿拉伯国家提供人道主义援助。1969年9月，土耳其外长卡格来扬在伊斯兰组织会议上表示支持联合国第242号决议，要求以色列撤出在1967年战争中占领的阿拉伯土地。1973年战争期间，土耳其两次表态反对以色列以武力手段占领阿拉伯国家领土，反对美国通过土耳其的军事基地援助以色列。1980年7月，以色列议会通过耶路撒冷法案，宣布耶路撒冷是以色列不可分割的首都。土耳其政府谴责以色列的行为，关闭了驻耶路撒冷的领事馆。1980年9月，土耳其军人通过政变上台；12月，土军政府宣布把与以色列的关系降为二秘级，两国关系降到冰点。

二 1980 年以后

1989 年 5 月,埃及重返阿拉伯国家联盟,对以土关系来说是一个改善的契机。有埃及作先例,土耳其发展与以色列关系时便不再顾忌阿拉伯国家的反对。1982 年,土耳其在联合国关于谴责以色列占领戈兰高地的决议时,投了弃权票。1986 年 9 月,土耳其派了一个有经验的大使级外交官埃克雷姆·顾文迪仁去特拉维夫出任驻以色列代办。80 年代中期,土以在贸易和军事情报等方面加强了合作。

1991 年 10 月,马德里中东和会召开,以土关系再次升温。1991 年 12 月,土耳其宣布同时把它同巴勒斯坦和以色列的外交关系提升为大使级。1993 年签署的《奥斯陆协议》标志着中东和平进程迈出了重要的一步,土耳其对此做出积极反应,派遣了一名大使去以色列。不久,土耳其外交部长对以色列进行了非正式访问,两国签署了今后几年内涉及安全合作、反恐和在中亚进行合作的农业方案。1996 年 2 月,土耳其与以色列签署军事训练合作协定,这是土耳其第一次正式与非伊斯兰国家进行军事合作;3 月,两国签订自由贸易协定。

2002 年,作为一个伊斯兰宗教色彩浓厚的政党的正义与发展党上台后,土耳其政府加大了对伊朗核问题、叙以和谈以及巴勒斯坦问题的关注和调解。此时作为新兴经济体的土耳其,其经济、政治实力不断上升,它试图以此彰显自己在地区政治中的地位。因此,土耳其积极发展与阿拉伯国家的关系(尤其是在经贸方面),与美国开始疏远,在伊拉克战争中甚至拒绝让美国借道。由此,土以关系也步入不确定轨道。2010 年 5 月 31 日,以色列军队在公海上对援助加沙船队中的"蓝色马尔马拉"号船拦截检查时与船上人员发生冲突,以军开枪打死 9 名土耳其公民。事件发生后,土方向以方提出公开道歉、赔偿损失等四项要求，以方则无意道歉。这一事件将对未来土以关系产生不利影响。

第八节 与苏联/俄罗斯的关系

一 与苏联的关系①

以色列与苏联的外交关系曲折多变，由来已久。事实上，十月革命前的俄国拥有世界上规模最大的犹太社团之一，犹太复国主义的许多领袖均来自俄国，并信奉社会主义思想。犹太人通过建立银行、办糖厂、修铁路和其他公共设施，在苏联赢得了普遍的声誉。二战后，巴勒斯坦问题成为国际社会关注的热点。而在中东，绝大多数阿拉伯国家均为英国前殖民地，执政的是保守的亲西方的君主制政权，苏联很难施加影响，后者因此决定支持犹太国的建立。1947年11月29日，苏联等8个东欧国家在联合国大会上对巴勒斯坦"分治"决议投了具有决定作用的赞成票。② 在随后爆发的新一轮阿犹冲突中，苏联通过东欧国家送去武器帮助犹太人发起反攻，扭转了不利的形势。1948年年初，阿犹冲突又趋激化，美国见势不妙，向联大两次建议托管巴勒斯坦，但都遭到苏联东欧国家的反对。

在以色列建国后的第三天，即1948年5月17日，苏联宣布承认以色列，成为继美国和危地马拉之后第三个承认以色列的国家。5月26日，苏联在以色列设立大使馆，此后还多方支持以色列。对当时的以色列来说，与苏联建交意味着当时世界上两个不同阵营中最强大的国家都支持犹太人国家。苏联的承认为东欧

① 参考孙正达等《世界列国国情习俗丛书·以色列国》，重庆出版社，2004。
② 参见肖瑜《以色列建国过程中的苏联因素》，《西亚非洲》2010年第8期。

以色列

其他国家承认以色列开辟了道路。第一次中东战争中,苏联的支持在军事上更有意义。因为在战争的头六周,连美国都宣布对中东禁止出售或运输武器,以色列主要靠从苏联进口的大炮、机枪和飞机打赢了这场战争。①

除了民主德国以外,1948~1950年,以色列先后和保加利亚、匈牙利、波兰、捷克斯洛伐克、罗马尼亚以及南斯拉夫等东欧社会主义国家建立了外交关系。在以色列加入联合国的问题上,苏联也给予有力支持。② 1949年5月11日,联合国正式接纳以色列为成员国,这意味着这个国际上最大和最具权威的国际组织承认了以色列。

然而,此后以色列与苏联之间关系趋向紧张。虽然犹太复国主义带有社会主义色彩,但以色列实行的是西方式的议会民主制度,同苏联政治体制截然不同。以色列吸引外来犹太移民的政策也与苏联的移民政策冲突。吸收移民是解决以色列人力资源不足的主要手段,也是以色列的既定政策,而苏联犹太人是以色列的主要移民来源之一。20世纪50年代初,苏联禁止本国犹太人迁往以色列,并对试图移民的犹太人采取了诸如囚禁和流放的严厉措施。1953年,在苏联还发生了指控几名犹太医生谋杀斯大林的事件,引起了国内的反犹情绪。这些都引起了以色列的一些激进的犹太人的不满,终于在1953年2月,犹太极端分子炸毁了苏联驻以色列大使馆。苏联随后断绝了与以色列的外交关系。以苏关系紧张,是促使以色列外交倒向美国的重要因素之一。

1952年埃及革命的胜利,标志着部分阿拉伯国家由保守转向激进的开始,这推动了苏联采取亲阿反以政策。1955年,苏联和

---

① 〔以色列〕果尔达·梅厄:《梅厄夫人自传》,章仲远、李佩玉译,新华出版社,1986,第217页。
② 孙正达等著《以色列国》,当代世界出版社,1998,第111页。

捷克斯洛伐克向埃及出售了包括坦克和飞机在内的大批武器,对以色列构成重大威胁,这是苏联对以色列和阿拉伯世界政策改变的标志。1956年第二次中东战争爆发后,苏联立即作出强烈反应,强烈要求英、法、以三国停火。除召回驻特拉维夫大使表示抗议外,还停止了两国间的经贸合作,甚至威胁使用核弹。最后,由于美国也向以色列施加压力,以色列不得不撤出西奈半岛。

60年代后,苏联对国内犹太人回归以色列的行动不断阻挠,1966年10月甚至公开批判犹太复国主义,认为它等同于种族主义,这就使两国关系日益恶化。第三次中东战争期间,苏联宣布与以色列断交。但以色列为修复两国关系所做的努力,始终没有停止,但多属民间的秘密运作。即使有两国外交人员的相互往来,也只能在第三国进行接触。

1987年以后,以苏关系开始解冻,双方互派外交代表团访问,并开始恢复领事关系。从1989年起,大批苏联犹太人又开始掀起移居以色列的高潮。1990年8月,以色列外长阿伦斯访问莫斯科,1991年10月中东和会召开之前,两国正式恢复了外交关系,苏联由此参加了马德里和会。在苏联的带动下,从1989年起,以色列逐步与捷克斯洛伐克、波兰、民主德国、保加利亚、南斯拉夫、阿尔巴尼亚等东欧国家恢复了邦交。1989~1991年,从上述东欧国家移居以色列的犹太人约占以色列接纳移民总数的20%。

二 与俄罗斯的关系

1991年12月,苏联解体,在外交政策方面,继承了原苏联地位的俄罗斯主张回归"文明的西方世界",谋求与美国建立"伙伴关系"。由于高加索地区的独立,过去视为重要利益的中东地区因独联体国家的界隔,其地缘政治的重要性下降,加上俄罗斯经济状况的持续恶化,俄罗斯的外交政策以经济优先,重点放在恢复大国地位和处理独联体事务上。因此,俄罗斯对中东传统盟国叙利亚的经济军事援助和对巴勒斯坦问题的关注有所减弱,与以色列的关系进一步趋于和缓。

2000年普京出任总统以后,俄罗斯经济实力逐步恢复,在外交上也开始致力于重振大国声望,逐步"重返中东",其表现就是加强与叙利亚的联系,甚至计划恢复在叙的军事基地,并向伊朗出口军火和核反应堆,积极参与巴勒斯坦和黎巴嫩等热点问题的解决,成为美国主导的中东问题国际四方委员会成员之一。由此,与以色列的矛盾开始出现。2005年2月,以色列总理沙龙表示反对俄罗斯向叙利亚人出售导弹,认为这批武器可能落入恐怖组织之手。俄罗斯则宣称俄叙间仅限于出售"射手"近程导弹系统,尽管以色列认为"射手"系统同样会对以俄关系产生巨大影响,并扬言以色列完全可以将莫斯科排除在巴以冲突调停方之外。2005年4月,普京访问埃及、以色列和巴勒斯坦,访问中提出了在俄罗斯召开中东问题国际峰会的建议。

2006年1月,哈马斯在巴勒斯坦立法委选举中胜出,赢得组织政府,俄罗斯是第一个承认这一具有历史性意义的选举结果的大国。普京在随后召开的记者招待会上表示,俄从不认为哈马斯是恐怖组织。3月初,哈立德·迈沙阿勒等哈马斯领导人应邀访问了俄罗斯,这是哈马斯第一次正式访问伊斯兰世界以外的国家,而俄罗斯的行动在国际上获得了广泛认同。俄罗斯此举的目的,一是重返中东,恢复自己在中东地缘政治中的大国地位,提高对中东和谈的影响力;二是改善与伊斯兰世界的关系,以加强联邦的统一,淡化因车臣问题而与伊斯兰国家之间的龃龉,并展示俄罗斯作为沟通东西方的桥梁的世界角色。[①]

---

① 卿文辉:《俄罗斯与哈马斯对话的背景与影响》,《俄罗斯研究》2006年第1期。

但另一方面，俄罗斯因本国军事工业的衰落而需要以色列的先进武器，加上其他因素，它也无意将与以色列的关系彻底搞僵，两国仍然维持了多方面的密切来往，而以色列也软硬兼施，促使俄罗斯改变其政策。2008年1月，以副总理兼外长利夫尼访俄；3月，俄外长拉夫罗夫访以；10月，以总理奥尔默特访俄。2009年8月，以总统佩雷斯访俄，佩雷斯在访问之后表示俄罗斯已同意重新考虑向伊朗出售S-300防空导弹系统事宜。因此，俄罗斯实际上也把对伊朗的军售作为与以色列和西方讨价还价的筹码。同年，俄罗斯从以色列购买了12架无人机，俄国防部长谢尔久科夫表示从以色列获得的经验与知识将有助于俄罗斯军队的现代化。2010年9月，以色列国防部长巴拉克与俄罗斯国防部长谢尔久科夫签订协议，扩大两国在反恐和核武器防扩散领域的合作。以色列媒体报道称，巴拉克对俄罗斯的访问，目的之一是阻止俄罗斯向叙利亚出售P-800巡航导弹。因此，新世纪俄以关系总的来看是在波折中保持稳定。

第九节　与中亚国家的关系[①]

随着中亚国家的独立，它们开始发展与包括以色列在内的中东国家的关系。根据沙特阿拉伯报纸的报道，以色列阻挠中亚各国与阿拉伯地区发展关系，阻止战略和技术原料运往阿拉伯国家。而且以色列也在努力同美国协调，提出向中亚国家提供援助的共同方案，其中以色列负责提供农业和医药援助，并提供改良荒漠土地的经验，美国负责该项计划的资助。在

[①]　《以色列同印度、中国和中亚国家的关系》，赵清春译，2000年12月31日〔沙特〕《生活报》，http://www.cetin.net.cn/cetin2/servlet/cetin/action/HtmlDocumentAction? baseid = 1&docno = 153483。

乌兹别克斯坦，实验田的棉花作物增产了40%，用水减少了2/3。这一试验引起了所有该地区国家的重视。

大部分前苏联国家都同以色列建立了外交关系，并已同特拉维夫通航。为帮助那些想进入中亚市场的企业家，以色列还建立了一家相关的中心。1991～1992年，以色列同乌兹别克斯坦合作使6万多名犹太人从该国移居以色列。以色列也在努力遏制伊斯兰激进主义的蔓延，包括中亚地区。它还同中亚国家签署了一些有关农业、能源、医药、通信和培训等方面的协议，并在乌兹别克斯坦和其他中亚国家进行直接投资。

以色列在发展与中亚各国的关系时，把外交和贸易摆在首位。1992年，哈萨克斯坦总理捷列先科于9月访以，两国建立政府混合委员会。以色列宣布承认阿塞拜疆、哈萨克斯坦、吉尔吉斯斯坦和塔吉克斯坦，1993年承认土库曼斯坦。1995年，哈萨克斯坦的纳扎尔巴耶夫总统访以，签署了两国基本关系宣言等文件。1993年，吉尔吉斯斯坦总统阿卡耶夫对以色列进行了访问。在经济方面，哈萨克斯坦对以色列发展农业的经验非常感兴趣，以色列派专家帮助哈发展农业并向其推销农业机械设备，已向哈提供主要用于购买农机产品的8000万美元贷款。

第十节　与中国的关系

一　1992年以前

1949年10月1日中华人民共和国成立后，以色列即于1950年1月9日正式宣布承认新中国，成为最早承认中国的7个非社会主义国家之一，也是最早承认中国的中东地区国家。当日，以色列断绝与中国台湾的外交关系。从此以后，以色列除了与中国台湾进行一些民间贸易外，始终坚持不与其建

第七章 对外关系

立任何形式的外交和官方关系，坚持认为中华人民共和国是中国的唯一合法代表。时任外交部长的周总理曾致电以外长夏里特，感谢以对中国的外交承认，并希望两国建立外交关系。但由于以政府瞻前顾后，犹豫不决，两国与建交失之交臂。

1950年6月朝鲜战争爆发后，以色列站在美国一边，为了不得罪美国，在同中国建交的问题上采取拖延战术。在以政府中，有人提出要在政治和外交上支持韩国，有人还提出要派兵加入联合国部队参加朝鲜战争。这样的议案虽然没有获得通过，但是派遣医疗队参与联合国的行动，标志着以色列第一次从中立立场转向与西方结盟，从而为中以双边关系的发展设置了障碍。中以驻缅甸大使还曾经为此做出过努力，试图修补双方的关系。但由于当时大环境的影响，以色列的整个外交都是亲美的，不少人包括驻美大使阿巴·埃班极力反对同中国接近。

万隆会议以后，中国和阿拉伯世界关系升温，进而在同以色列关系上持观望态度。1956年，苏伊士运河战争爆发，中以之间关系彻底中断。① 这期间的交往主要是两国共产党之间的接触，但以色列共产党在很大程度上不能作为双方沟通的桥梁。因为它在当时主要是追随苏共的。尽管中国在阿以冲突问题上明确地站在阿拉伯国家一边，从60年代中期开始又坚决支持巴勒斯坦人民恢复合法权益而开展的武装斗争，但并未否认过以色列的生存权。周恩来总理曾致电以色列总理艾希科尔，说明中国政府在核武器问题上的立场，毛泽东主席还曾应以色列共产党总书记的请求，就苏联犹太人的合法宗教权益问题同赫鲁晓夫进行交涉。

到70年代，中以关系开始逐步恢复。在1971年第26届联

---

① 参见肖宪《1949~1979年的中国—中东关系》，西北大学博士论文，1997，第12页。

合国大会投票表决恢复中国的合法席位时,以色列不顾美国的压力投了赞成票。1977年埃及总统萨达特访以,中国予以支持。1978年9月,埃以在美国签署了《戴维营协议》,结束了两国之间长达30年的战争状态。80年代初,阿拉伯国家又召开了非斯会议,承认以色列有"生存权",这为阿以和谈以及中以接近扫除了重要障碍。此时,中以双边经济、科技接触逐步增加,中国在对阿以冲突表态时,不再持一边倒的立场,而是主张通过政治途径,公正、合理地解决冲突。1989年,中国国际旅行社代表团访以,决定在特拉维夫设立办事处;以方也同意在北京开设以色列科学及人文学院联络处,这两个于1990年正式开设的机构成为双方事实上的领事机构。

冷战结束后,中东地区显露和平曙光。1991年10月,阿以双方在马德里举行了和平谈判,为中以建交提供了新的契机。1992年1月24日,中以双方迈出了历史性的一步,正式建立外交关系,中国随后参加了阿以多边会谈。尽管以色列是中东地区最早承认新中国的国家,但却是该地区最晚同中国建交的,其间相隔了42年。

二 1992年以后

中以建交后,两国关系不断发展。在政治上,双方高层互访不断,政治往来频繁。这为加强双方相互了解和促进双边关系的发展奠定了坚实的基础。1992年9月,中国国务委员兼外交部长钱其琛访问了以色列;当年12月,以色列总统赫尔佐克访华。1993年5月和10月,以色列副总理兼外长佩雷斯和总理拉宾先后访问中国。1994年,中国副总理邹家华访以。1997年,中国领导人李岚清、温家宝、钱其琛等也先后访以。以总理内塔尼亚胡1998年5月率团访华。1999年4月,以总统魏茨曼访华,并出席了在昆明举行的世界园艺博览会开幕式。高层互访证明了中以之间关系的不断发展。①

农业合作是两国应用技术领域合作的亮点。1993年，两国农业部签署了农业合作谅解备忘录，并陆续建立了一些农业合作项目。以色列的滴灌技术已经在中国得到应用，双方2009年确立的"纳米技术在污水资源化及农业安全利用上的应用研究"项目已经完成，中方通过引进以色列纳滤膜组件，自主开发一套"纳米氧化镁—过滤—纳滤"三级组合纳米水处理工艺，并进行了示范应用。

2000年，以色列在美国的压力下违反合同，拒绝向中国出售"费尔康"预警机。虽然以方不断表示"惋惜"、"遗憾"，但中以关系不可避免地陷入低谷。2001年，巴拉克总理原计划来华访问，但因预警机事件及新一轮的巴以冲突，巴拉克未能成行。以色列的毁约行为显然引起了中国政府的强烈不满。事件发生后的3年里，中方没有部长级以上官员访问过以色列，两国间更没有大的军事贸易合同。②

但是，两国的经贸关系仍然发展迅速，双边贸易额不断攀升，2004年约为24.9亿美元，2005年为30.3亿美元（同年11月，以色列正式承认中国完全市场经济地位），2006年约为38.8亿美元，2007年1~11月达48亿美元，年平均增速超过两位数。③在经济形势的带动下，政治领域的对话也逐渐恢复。2004年12月，国务委员唐家璇访以并与以副总理兼外长沙洛姆举行会谈。双方均积极评价中以关系，表示愿共同推动两国关系在现有基础上取得更大发展。唐家璇建议双方保持高层接触和交流；

---

① 肖宪：《中东国家通史·以色列卷》，商务印书馆，2001，第322页。
② 谢宝明：《试析以色列对华军售问题对两国关系的影响——以"费尔康"预警机事件为例》，外交学院硕士论文，2008。
③ 中华人民共和国驻以色列大使馆经济商务参赞处统计数据，http://il.mofcom.gov.cn/static/column/zxhz/tjsj.html/1。

本着互利互惠、共同发展的原则,大力拓展双边经贸合作;鼓励两国文化、教育和民间交往,进一步巩固双边关系的基础。2005年6月,中国外长李肇星访以,并与以副总理兼外长沙洛姆举行会谈。2006年另组新党的以色列总理沙龙,由于突发重病,原定的访华之旅无法成行。2007年1月,以总理奥尔默特来到北京,开始了为期3天的访问。奥尔默特多次重申,中国的发展对以色列来说是机遇不是威胁,以色列欢迎中国的商品,也积极推进对中国的高技术产品出口。

2011年2月27日至3月2日,中国商务部部长陈德铭应邀率中国政府经贸代表团访以。在耶路撒冷举行的中国—以色列经贸合作研讨会上,双方共同交流和探讨合作前景。陈德铭指出,在中以共同努力下,两国经贸合作取得了长足进展,并呈现出以下特点:一是规模扩大,2010年双边贸易额达77亿美元,比建交之初增长150倍;二是方式丰富,从贸易为主向贸易、高技术合作和风险投资共同发展;三是领域拓宽,从最初的农业合作,扩大到海水淡化、生物医药、可再生能源、电子通信、网络技术等多个领域;四是层次多样,两国中央政府间合作稳步推进,地方合作发展迅速。以色列具有较高的科技水平,与中国在市场规模、制造能力等方面形成优势互补,中以合作的潜力很大,具有广阔的发展前景。

主要参考文献

一　中文著作和译著

〔奥〕西奥多·赫茨尔：《犹太国》，肖宪译，北京，商务印书馆，1993。

〔美〕劳伦斯·迈耶：《今日以色列》，钱乃复等译，北京，新华出版社，1987。

〔美〕纳达夫·萨弗兰：《以色列的历史和概况》，北京大学历史系翻译小组译，北京，北京人民出版社，1973。

〔瑞典〕斯德哥尔摩国际和平研究所：《SUPRI 年鉴 2006 军备、裁军和国际安全》，中国军控与裁军协会译，北京，时事出版社，2007。

〔以色列〕果尔达·梅厄：《梅厄夫人自传》，章仲远、李佩玉译，北京，新华出版社，1986。

〔以色列〕埃利·巴尔纳维主编《世界犹太人历史——从〈创世记〉到二十一世纪》，刘精忠等译，黄民兴校注，北京，中国人民大学出版社，2007。

〔英〕诺亚·卢卡斯：《以色列现代史》，杜先菊、彭艳译，北京，商务印书馆，1997。

〔英〕沃尔特·拉克：《犹太复国主义史》，徐方、阎瑞松译，上海，三联书店，1992。

陈腾华：《为了一个民族的中兴：以色列教育概览》，上海，华东师范大学出版社，2005。

郭懋安主编《国际工会运动知识手册》，北京，中国工人出版社，1993。

李伟建等：《以色列与美国关系研究》，北京，时事出版社，2006。

彭树智主编《二十世纪中东史》，北京，高等教育出版社，2001。

上海社会科学院法学研究所编译室编译《各国宪政制度和民商法要览》（亚洲分册），北京，法律出版社，1987。

孙正达等：《世界列国国情习俗丛书·以色列国》，重庆，重庆出版社，2004。

孙正达等：《以色列国》，北京，当代世界出版社，1998。

汤晶阳、张小平主编《世界主要国家军事战略》，北京，国防工业出版社，2005。

王京烈主编《面向二十世纪的中东》，北京，社会科学文献出版社，1999。

肖宪：《中东国家通史·以色列卷》，北京，商务印书馆，2001。

徐向群、余崇健：《第三圣殿以色列的崛起》，上海，上海远东出版社，1994。

徐新、凌继尧主编《犹太百科全书》，上海，上海人民出版社，1993。

阎瑞松主编《以色列政治》，西安，西北大学出版社，1995。

杨光：《中东的小龙——以色列经济发展研究》，北京，社会科学文献出版社，1997。

杨曼苏：《以色列——谜一般的国家》，北京，世界知识出版社，1992。

以色列新闻中心编《以色列概况》（中文版），耶路撒冷，1992。
以色列新闻中心编《以色列概况》（中文版），耶路撒冷，2003。
张俊彦主编《中东国家经济发展战略研究》，北京，北京大学出版社，1987。
张倩红：《以色列史》，北京，人民出版社，2008。
赵克仁：《美国与中东和平进程》，北京，世界知识出版社，2005。
赵伟明：《以色列经济》，上海，上海外语教育出版社，1998。

二　学位论文

肖宪：《1949～1979年的中国—中东关系》，西北大学博士论文，1997。
雷钰：《以色列议会选举制度研究》，西北大学博士论文，2004。
谢宝明：《试析以色列对华军售问题对两国关系的影响——以"费尔康"预警机事件为例》，外交学院硕士论文，2008。
庄建青：《以色列政党制度及其对外政策的影响》，青岛大学硕士论文，2009。

三　英文著作

Cordesman, Anthony H., *Arab-Israeli Military Forces in an Era of Asymmetric Wars*, Westport, Praeger Security International, 2006.

Druks, Herbert, *The Uncertain Friendship: the U. S. and Israel from Roosevelt to Kennedy*, Westport: Green Wood Press, 2001.

International Institute for Strategic Studies (IISS), *Military Balance*, 2007.

Legum, Colin, ed., *Crisis and Conflicts in the Middle East/ the*

Changing Strategy: from Iran to Afghanistan, New York : Holmes & Meier, 1981.

Lambert, L. Walker, D. Zimmerman, D. Cooper, J. Lambert, M. Gardner, and M. Slack, *The Constructivist Leader*, New York: Teachers College Press, 1995.

Nathanson, Roby and Associates, *Union Responses to a Changing Environment: the New Histadrut-the General Federation of Labour in Israel*, Bethesda, Md. : Congressional Information Service, Inc. , 2001.

Rosen, B. , *Health Care System in Transition*, WHO, Geneva, 2002, The Israel Center for Disease Control Website.

United Nations Development Programme, *Human Development Report*, New York, UNDP, 2007/2008.

四 主要网站

以色列驻华大使馆网站
以色列上海领事馆网站
以色列中央统计局网站
中国外交部网站
腾讯网
搜狐网
法制网
科技网
新浪网
百度百科
中国战略网
中国伊斯兰学术城
Wikipedia

后 记

本书的编撰人员是专门或部分从事以色列、犹太研究的研究人员和研究生。由于时间仓促，本书一些章节的内容尚不够完整，失当之处也在所难免，敬希读者指正。

本书分工如下：

导言		雷钰、黄民兴
第一章	国土和人民	雷钰、牛晓东
第二章	历史	韩志斌、雷钰
第三章	政治	孙小虎、黄民兴
第四章	经济	赵继云
第五章	军事	孙小虎
第六章	教育、科学、文化、卫生	吴宝岩、郭磊、龙昭、高岚、黄民兴
第七章	对外关系	连永亮、雷钰
全书统稿		雷钰、黄民兴
照片		蒋真

雷 钰 黄民兴
2011 年 5 月 6 日

《列国志》已出书书目

2003 年度

《法国》,吴国庆编著
《荷兰》,张健雄编著
《印度》,孙士海、葛维钧主编
《突尼斯》,杨鲁萍、林庆春编著
《英国》,王振华编著
《阿拉伯联合酋长国》,黄振编著
《澳大利亚》,沈永兴、张秋生、高国荣编著
《波罗的海三国》,李兴汉编著
《古巴》,徐世澄编著
《乌克兰》,马贵友主编
《国际刑警组织》,卢国学编著

2004 年度

《摩尔多瓦》,顾志红编著
《哈萨克斯坦》,赵常庆编著
《科特迪瓦》,张林初、于平安、王瑞华编著

《新加坡》，鲁虎编著
《尼泊尔》，王宏纬主编
《斯里兰卡》，王兰编著
《乌兹别克斯坦》，孙壮志、苏畅、吴宏伟编著
《哥伦比亚》，徐宝华编著
《肯尼亚》，高晋元编著
《智利》，王晓燕编著
《科威特》，王景祺编著
《巴西》，吕银春、周俊南编著
《贝宁》，张宏明编著
《美国》，杨会军编著
《国际货币基金组织》，王德迅、张金杰编著
《世界银行集团》，何曼青、马仁真编著
《阿尔巴尼亚》，马细谱、郑恩波编著
《马尔代夫》，朱在明主编
《老挝》，马树洪、方芸编著
《比利时》，马胜利编著
《不丹》，朱在明、唐明超、宋旭如编著
《刚果民主共和国》，李智彪编著
《巴基斯坦》，杨翠柏、刘成琼编著
《土库曼斯坦》，施玉宇编著
《捷克》，陈广嗣、姜琍编著

2005 年度

《泰国》，田禾、周方冶编著

《波兰》,高德平编著
《加拿大》,刘军编著
《刚果》,张象、车效梅编著
《越南》,徐绍丽、利国、张训常编著
《吉尔吉斯斯坦》,刘庚岑、徐小云编著
《文莱》,刘新生、潘正秀编著
《阿塞拜疆》,孙壮志、赵会荣、包毅、靳芳编著
《日本》,孙叔林、韩铁英主编
《几内亚》,吴清和编著
《白俄罗斯》,李允华、农雪梅编著
《俄罗斯》,潘德礼主编
《独联体(1991~2002)》,郑羽主编
《加蓬》,安春英编著
《格鲁吉亚》,苏畅主编
《玻利维亚》,曾昭耀编著
《巴拉圭》,杨建民编著
《乌拉圭》,贺双荣编著
《柬埔寨》,李晨阳、瞿健文、卢光盛、韦德星编著
《委内瑞拉》,焦震衡编著
《卢森堡》,彭姝祎编著
《阿根廷》,宋晓平编著
《伊朗》,张铁伟编著
《缅甸》,贺圣达、李晨阳编著
《亚美尼亚》,施玉宇、高歌、王鸣野编著
《韩国》,董向荣编著

2006 年度

《联合国》，李东燕编著
《塞尔维亚和黑山》，章永勇编著
《埃及》，杨灏城、许林根编著
《利比里亚》，李文刚编著
《罗马尼亚》，李秀环编著
《瑞士》，任丁秋、杨解朴等编著
《印度尼西亚》，王受业、梁敏和、刘新生编著
《葡萄牙》，李靖堃编著
《埃塞俄比亚 厄立特里亚》，钟伟云编著
《阿尔及利亚》，赵慧杰编著
《新西兰》，王章辉编著
《保加利亚》，张颖编著
《塔吉克斯坦》，刘启芸编著
《莱索托 斯威士兰》，陈晓红编著
《斯洛文尼亚》，汪丽敏编著
《欧洲联盟》，张健雄编著
《丹麦》，王鹤编著
《索马里 吉布提》，顾章义、付吉军、周海泓编著
《尼日尔》，彭坤元编著
《马里》，张忠祥编著
《斯洛伐克》，姜琍编著
《马拉维》，夏新华、顾荣新编著
《约旦》，唐志超编著

《安哥拉》，刘海方编著
《匈牙利》，李丹琳编著
《秘鲁》，白凤森编著

2007 年度

《利比亚》，潘蓓英编著
《博茨瓦纳》，徐人龙编著
《塞内加尔 冈比亚》，张象、贾锡萍、邢富华编著
《瑞典》，梁光严编著
《冰岛》，刘立群编著
《德国》，顾俊礼编著
《阿富汗》，王凤编著
《菲律宾》，马燕冰、黄莺编著
《赤道几内亚 几内亚比绍 圣多美和普林西比 佛得角》，李广一主编
《黎巴嫩》，徐心辉编著
《爱尔兰》，王振华、陈志瑞、李靖堃编著
《伊拉克》，刘月琴编著
《克罗地亚》，左娅编著
《西班牙》，张敏编著
《圭亚那》，吴德明编著
《厄瓜多尔》，张颖、宋晓平编著
《挪威》，田德文编著
《蒙古》，郝时远、杜世伟编著

2008 年度

《希腊》，宋晓敏编著
《芬兰》，王平贞、赵俊杰编著
《摩洛哥》，肖克编著
《毛里塔尼亚 西撒哈拉》，李广一主编
《苏里南》，吴德明编著
《苏丹》，刘鸿武、姜恒昆编著
《马耳他》，蔡雅洁编著
《坦桑尼亚》，裴善勤编著
《奥地利》，孙莹炜编著
《叙利亚》，高光福、马学清编著

2009 年度

《中非 乍得》，汪勤梅编著
《尼加拉瓜 巴拿马》，汤小棣、张凡编著
《海地 多米尼加》，赵重阳、范蕾编著
《巴林》，韩志斌编著
《卡塔尔》，孙培德、史菊琴编著
《也门》，林庆春、杨鲁萍编著

2010 年度

《阿曼》，仝菲、韩志斌编著
《华沙条约组织与经济互助委员会》，李锐、吴伟、
　金哲编著

社会科学文献出版社网站
www.ssap.com.cn

1. 查询最新图书　　2. 分类查询各学科图书
3. 查询新闻发布会、学术研讨会的相关消息
4. 注册会员，网上购书，分享交流

　　本社网站是一个分享、互动交流的平台，"读者服务"、"作者服务"、"经销商专区"、"图书馆服务"和"网上直播"等为广大读者、作者、经销商、馆配商和媒体提供了最充分的互动交流空间。

　　"读者俱乐部"实行会员制管理，不同级别会员享受不同的购书优惠（最低7.5折），会员购书同时还享受积分赠送、购书免邮费等待遇。"读者俱乐部"将不定期从注册的会员或者反馈信息的读者中抽出一部分幸运读者，免费赠送我社出版的新书或者数字出版物等产品。

　　"网上书城"拥有纸书、电子书、光盘和数据库等多种形式的产品，为受众提供最权威、最全面的产品出版信息。书城不定期推出部分特惠产品。

咨　询/邮购电话：010-59367028　　　邮箱：duzhe@ssap.cn
网站支持（销售）联系电话：010-59367070　　QQ：1265056568　　　邮箱：service@ssap.cn
邮购地址：北京市西城区北三环中路甲29号院3号楼华龙大厦　社科文献出版社　学术传播中心
邮编：100029
银行户名：社会科学文献出版社发行部　开户银行：中国工商银行北京北太平庄支行　账号：0200010009200367306

图书在版编目（CIP）数据

以色列/雷钰等编著． —北京：社会科学文献出版社，2011.7
（列国志）
ISBN 978 – 7 – 5097 – 2498 – 9

Ⅰ.①以… Ⅱ.①雷… Ⅲ.①以色列 – 概况 Ⅳ.①K938.2

中国版本图书馆 CIP 数据核字（2011）第 131415 号

·列国志·
以色列（Israel）

编 著 者 / 雷 钰 黄民兴 等

出 版 人 / 谢寿光
总 编 辑 / 邹东涛
出 版 者 / 社会科学文献出版社
地　　址 / 北京市西城区北三环中路甲 29 号院 3 号楼华龙大厦
邮政编码 / 100029

责任部门 / 人文科学图书事业部（010）59367215　　责任编辑 / 孙以年
电子信箱 / renwen@ ssap. cn　　　　　　　　　　　责任校对 / 牛立明
项目统筹 / 宋月华　范 迎　　　　　　　　　　　　责任印制 / 岳 阳
总 经 销 / 社会科学文献出版社发行部（010）59367081　59367089
读者服务 / 读者服务中心（010）59367028

印　　装 / 三河市尚艺印装有限公司
开　　本 / 880mm × 1230mm　1/32　印　张 / 9
版　　次 / 2011 年 7 月第 1 版　　　字　数 / 225 千字
印　　次 / 2011 年 7 月第 1 次印刷
书　　号 / ISBN 978 – 7 – 5097 – 2498 – 9
定　　价 / 45.00 元

本书如有破损、缺页、装订错误，请与本社读者服务中心联系更换
▲ 版权所有　翻印必究

《列国志》主要编辑出版发行人

出 版 人	谢寿光
总 编 辑	邹东涛
项目负责人	杨 群
发 行 人	王 菲
编辑主任	宋月华
编 辑	（按姓名笔画排序）
	孙以年　朱希淦　宋月华
	宋培军　周志宽　范　迎
	范明礼　袁卫华　黄　丹
	魏小薇
封面设计	孙元明
内文设计	熠　菲
责任印制	郭　妍　岳　阳　吴　波
编 　务	杨春花
责任部门	人文科学图书事业部
电 　话	(010) 59367215
网 　址	renwen@ssap.cn